城市轨道交通车辆牵引及供电系统

（第2版）

主　编　葛党朝　何　鹏

副主编　秦孝峰

主　审　廖军生

重庆大学出版社

内 容 提 要

本书共分4个项目,内容包括城市轨道交通车辆电气控制技术及构成,城市轨道交通车辆牵引电传动系统,城市轨道交通车辆辅助供电系统,城市轨道交通列车控制及监控系统。本书主要读者为地铁相关从业人员及在校学生,对广大读者深入了解城市轨道交通车辆电气控制知识,了解城市轨道交通车辆电器设备、设施的运用、日常维护和检修具有较好的指导作用。

本书可作为城市轨道交通车辆专业高等、中等职业教育教材,也可作为城市轨道交通管理及相关专业人员的培训教材,还可供城市轨道交通企业车辆驾驶及检修人员学习参考。

图书在版编目(CIP)数据

城市轨道交通车辆牵引及供电系统 / 葛党朝,

何鹏主编.--2版.--重庆:重庆大学出版社,2020.1(2021.12重印)

高等职业教育城市轨道交通专业规划教材

ISBN 978-7-5624-7368-8

Ⅰ.①城… Ⅱ.①葛… ②何… Ⅲ.①城市铁路—铁

路车辆—电力牵引—高等职业教育—教材 ②城市铁路—铁

路车辆—供电系统—高等职业教育—教材 Ⅳ.①U239.5

中国版本图书馆CIP数据核字(2020)第021234号

城市轨道交通车辆牵引及供电系统

(第2版)

主 编 葛党朝 何 鹏

主 审 廖军生

策划编辑:周 立

责任编辑:周 立 版式设计:周 立

责任校对:任卓惠 责任印制:张 策

*

重庆大学出版社出版发行

出版人:饶帮华

社址:重庆市沙坪坝区大学城西路21号

邮编:401331

电话:(023)88617190 88617185(中小学)

传真:(023)88617186 88617166

网址:http://www.cqup.com.cn

邮箱:fxk@cqup.com.cn(营销中心)

全国新华书店经销

重庆巍承印务有限公司印刷

*

开本:787mm×1092mm 1/16 印张:12.25 字数:306千

2020年1月第2版 2021年12月第4次印刷

印数:5 571—7 570

ISBN 978-7-5624-7368-8 定价:34.50元

本书编写人员

主　编

葛党朝　工程师　西安地铁运营分公司车辆部部长

何　鹏　教　授　陕西交通职业技术学院信息工程系主任

副主编

秦孝峰　工程师　西安地铁运营分公司车辆部检修车间副主任

主　审

廖军生　副教授　西安地铁运营分公司物资部部长

编　者

项目1　秦孝峰　工程师　西安地铁运营分公司车辆部检修车间副主任

李　涛　工程师　西安地铁运营分公司车辆部技术室主办

项目2　葛党朝　工程师　西安地铁运营分公司车辆部部长

张兴宝　助理工程师　西安地铁运营分公司车辆部检修车间主办

项目3　何　鹏　教授　陕西交通职业技术学院信息工程系主任

廖军生　副教授　西安地铁运营分公司物资部部长

周　浩　西安地铁运营分公司车辆部检修车间技术助理

项目4　李小平　副教授　兰州交通大学

郭楠楠　助理工程师　西安地铁运营分公司车辆部检修车间主办

序

轨道交通以其快捷、舒适等其他交通工具无法比拟的优越性,成为城市交通发展新的热点和重点。当前我国的城市轨道交通正处在大发展、大建设时期,截至 2012 年年底,全国有 16 座城市共开通运营 70 条线,总里程 2 081. 13 千米。

随着城市轨道交通行业的迅猛发展,相应运营专业人才的需求也日益紧迫,尤其是具有理论和实践性的复合型人才尤为紧缺。为适应新形势,近年来,国内的大专院校,尤其是交通职业技术类院校的城市轨道交通专业迅速扩大,早出人才、快出人才、出实用型人才成为学校和业界的共同愿望。通过一系列的调研和准备工作,在重庆大学出版社的倡导下,西安市地下铁道有限责任公司联合多省市交通类高职高专院校(如西安铁路职业技术学院、陕西交通职业技术学院、广东交通技师职业技术学院等)建立了校企合作联盟,组织具有丰富实践经验的轨道企业技术人员和职业院校的一线教师,与地铁运营实际紧密结合,共同编写了高等职业教育城市轨道交通专业规划教材。

这套规划教材是采用校企结合模式编写,结合全国轨道交通发展状况,推出的面向全国、面向未来的教材,既汇集了高校专业教师们的理论知识,也汇聚了城市轨道交通专业技术部门创业者们的宝贵经验。

为做好教材的编写工作,重庆大学出版社专门成立了由著名专家组成的教材编写委员会。这些专家对城市轨道交通专业教学作了深入细致的调查研究,对教材编写提出了许多建设性意见,慎重地对每一本教材一审再审,确保教材本身的高质量水平,对教材的教学思想和方法的先进性、科学性严格把关。

"校企合作"、"理论与实践相结合"是本套系列教材的特点,不但可以满足当前城市轨道交通运营技术管理的需要,也为今后的城市轨道交通运营发展管理提出了新思考。随着运营管理的要求越来越高,以及新技术的不断应用,本系列教材必然还要不断补充、完善,希望该套教材的出版能满足广大职业院校培养城市轨道交通专业人才的需求,能成为城市轨道交通运营技术管理人员的"良师益友"。

建设部地铁轻轨研究中心　　顾问总工
建设部轨道交通建设标准　　主　编
建设部轨道交通专家委员会　专家委员

2013 年 7 月 26 日

第二版
前　言

　　近年来,随着我国城市人口的增加和居住区域的膨胀,地铁逐渐成为各大城市的主要交通工具,作为地铁车辆核心组成的电力传动及供电系统就必须有越来越高的动态调试性能。它涉及电力电子技术、电力拖动、控制工程及微机原理、计算机网络等诸多领域,只有地铁车辆具备优良的牵引性能才能确保正常开通运营的需要,稳定可靠的牵引系统意味着减少车辆的维护工作量,满足人们对地铁列车乘坐舒适性能的要求。

　　本书共分4个项目,内容包括城市轨道交通车辆电气控制技术及构成,城市轨道交通车辆牵引电传动系统,城市轨道交通车辆辅助供电系统,以及城市轨道交通列车控制及监控系统。

　　本书对广大学习者深入了解城市轨道交通车辆电气控制知识,了解城市轨道交通车辆电器设备、设施的运用、日常维护和检修具有较强的指导作用。本书可作为城市轨道交通车辆专业高等、中等职业教育教材,也可作为城市轨道交通管理及相关专业人员的培训教材,还可供城市轨道交通企业车辆驾驶及检修人员学习参考。

　　由于编写时间仓促,水平有限,本书在内容和编排上有疏漏和不当之处,敬请读者批评指正。

编　者

2020 年 1 月

目 录

1

项目 1
城市轨道交通车辆电气控制技术及构成

【项目描述】

本项目主要介绍牵引电传动系统控制技术及发展方向,城市轨道交通车辆电气控制技术特点,系统组成及功能,系统主要电气部件的结构原理、技术参数、性能等。

【学习目标】

通过本项目的学习,要求掌握以下基本知识:

1. 了解牵引电传动系统控制技术及发展方向。
2. 掌握城市轨道交通车辆电气控制原理。
3. 熟悉城市轨道交通车辆系统组成及功能。
4. 掌握牵引系统矢量控制方式。
5. 掌握 PWM 控制原理。
6. 掌握城市轨道交通车辆主要电气产品的结构原理。

【技能目标】

能够熟练掌握城市轨道交通车辆的一般组成及各系统的功能。

任务 1　城市轨道交通车辆电力牵引控制系统的发展方向

【活动场景】

举例讲解轨道交通车辆牵引电传动系统的发展历程及发展方向。

【任务要求】

了解轨道交通车辆牵引电传动系统的发展历程,了解电力传动形式的转变过程以及牵引电传动系统控制技术与发展方向。

1

【知识准备】

在早期采用直流牵引电动机的直流传动系统中,均采用模拟电路来实现开环或闭环的调压调速控制,其控制简单且容易实现,如北京地铁的部分国产直流传动车辆采用调阻的调速控制方案。目前,随着科学技术的进步,尤其是微电子技术的发展,即使直流传动车辆上也采用了计算机控制来实现斩波调压调速,如上海地铁一号线是采用 SIBAS 16 微机控制GTO 斩波调速的直流传动车辆。而现在采用异步牵引电动机的交流牵引电传动系统更离不开计算机控制技术。随着交流异步电动机控制理论的进一步发展,以及计算机芯片及数字信号处理系统的开发与应用,交流传动系统的控制方法从简单的稳态标量控制发展到复杂的瞬态矢量控制。

传动控制技术是牵引传动的核心技术,主要有转差率控制、矢量控制和直接转矩控制 3 种方式。目前,转差评率控制已逐渐被淘汰。

(1)转差频率控制

转差频率控制技术是一种早期的用于控制交流异步电动机的方法,基于异步电动机的稳态数学模型,控制性能远不能与直流调速系统相媲美,系统的动态性能差,已不能适应现代传动控制要求,故逐步被矢量控制与直接转矩控制等方式取代。

(2)矢量控制

矢量控制又称磁场定向控制(FOC),在 20 世纪 70 年代由西门子工程师 F. Blaschke 首先提出。矢量控制实现的基本原理是通过测量和控制异步电动机定子电流矢量,根据磁场定向原理对异步电动机的励磁电流和转矩电流进行控制,从而达到控制异步电动机转矩的目的。具体是将异步电动机的定子电流矢量分解为磁场的电流分量(励磁电流)和产生转矩的电流分量(转矩电流)分别加以控制,并同时控制两分量间的幅值和相位,即控制定子电流矢量,故称这种控制方式为矢量控制方式。矢量控制策略存在一些固有缺点,如转子磁链难以准确观测,对电机参数比较敏感,实际工程应用时矢量控制必须具备异步电动机参数自动辨识功能。

矢量控制与直接转矩控制在应用领域各有侧重,矢量控制适用于宽范围调速系统和伺服系统,而直接转矩控制适用于需要快速转矩响应的大惯量运动控制系统。矢量控制具有直接的电流闭环控制特点,电流控制的稳定性高,有独立的 PWM 调制单元,决定其转矩控制结果是一个开关周期内的平均值。如果在大功率低开关频率应用时,高速区必须采用同步调制技术。同步调制技术与直接转矩控制相比,在一些重要指标上不如直接转矩控制,如开关频率利用、逆变器峰值电流、电机谐波损耗等。因此,通常在小功率高开关频率场合应用矢量控制,在大功率低开关频率场合应用直接转矩控制。

(3)直接转矩控制

直接转矩控制技术是继矢量控制技术之后发展起来的一种高性能异步电动机变频调速

技术。这种"直接自控型"的思想以转矩为中心来进行综合控制,不仅控制转矩,也用于磁链量的控制和磁链自控制。直接转矩控制与矢量控制的区别是,它不是通过控制电流、磁链等量间接控制转矩,而是把转矩直接作为被控量控制,其实质是用空间矢量的分析方法,以定子磁场定向方式,对定子磁链和电磁转矩进行直接控制的。这种方法不需要复杂的坐标变换,而是直接在点击定子坐标上计算磁链的模和转矩的大小,并通过磁链和转矩的直接跟踪实现 PWM 脉宽调制和系统的高动态性能。直接转矩控制可充分利用逆变器的开关频率,从而特别适用于大功率牵引传动领域。

目前,该技术已大量应用于干线电力机车("和谐"型 7 200 kW 交流电力机车)、城市轨道交通领域(上海地铁一号线、深圳五号线、北京房山线、沈阳二号线等)。

(4)其他控制技术

"受流器+异步电机"的模式已成为现代轨道交通牵引的主流模式。但是,此牵引系统产生的谐波及无功分量会增加电网的电流容量,同时造成资源的浪费。为了满足绿色节能的可持续发展理念,须采用高性能的网侧控制技术及高效的主电路形式。

1)四象限脉冲整流技术

四象限脉冲控制策略是基于瞬态电流的控制算法,通过精确的网压锁相检测,实现电网电压与电网电流同相位、低谐波电流、高稳定的直流电压的目标,采用功率因数闭环根据控制技术,可在 20% 的额定负载时,使网侧功率因数仍保持在 98% 以上,同时有效地控制电网电流中的谐波分量。

牵引变流器的输入端与电网密切相连的整流器,它一方面将电能从电网输送到变流器和负载,另一方面将负载和变流器运转产生的谐波、无功分量反馈给电网。为了提高电能品质,只有在牵引传动系统采用四象限脉冲整流技术,以达到对电网侧的高功率因数控制的目的。该技术已成功批量应用于和谐号大功率电力机车。

2)软开关技术

软开关技术是使变流器得以高频化的重要技术之一。它应用谐振的原理,使开关器件中的电流(或电压)按正弦或准正弦规律变化。当电流自然过零时,使开关器件关断(或电压为零时,使器件开关开通),从而减少开关损耗。它不仅解决了硬开关变换器中开关损耗问题、容性开通问题、感性关断问题及二极管反向恢复问题,而且解决了由硬开关引起的EMI 问题。但在电路中并联或串联谐振网络,势必产生谐振损耗,并使电路受到固有问题的影响。组合软开关技术结合了无损耗吸收技术与谐振式零电压技术、零电流技术的优点。其基本原理是通过辅助管实现部分主管的零电流关断或零电压开通,使电路中既可存在零电压开通,也可存在零电流关断,同时既可包含零电流开通,也可包含零电压关断,4 种状态可任意组合,是新的发展趋势。此项技术已广泛应用于城轨车辆、铁路客车、动车组、电力机车等。

【任务实施】

简述轨道交通车辆牵引电传动系统的发展历程,电力传动形式的转变过程及牵引电传动系统控制技术及发展方向,简述当前轨道交通车辆牵引电传动系统技术特点。

【效果评价】

评价表

项目名称	城市轨道交通车辆电气控制技术及构成		学生姓名	
任务名称	任务1 城市轨道交通车辆电力牵引控制系统的发展方向		分数	
项 目			分值	考核得分
1.轨道交通车辆牵引电传动系统相关知识、图片的搜集、整理			10	
2.是否有小组计划			5	
3.城轨车辆传动控制技术分类的认知情况			20	
4.城轨车辆轨道交通车辆牵引电传动系统各自特点的认知情况			25	
5.矢量控制系统原理的认知情况			25	
6.编制学习汇报报告情况			10	
7.基本素养考核情况			5	
教师简要评语: 教师签名:				

任务2 城市轨道交通车辆电气控制系统概述

【活动场景】

使用多媒体展示及现场讲解城市轨道交通车辆控制技术特点。

【任务要求】

了解城市轨道交通车辆电气控制系统的供电方式、组成及控制方式。

【知识准备】

城市轨道交通车辆是确保城市轨道交通安全、正点、高效运行的关键,其投资大、技术复杂,在一定程度上标志着城市轨道交通技术发展的水平。其总体设计是根据线路条件、用户需求来确定城市轨道交通车辆合理的技术参数、结构和机电装备的配置以及各系统、设备之间的接口关系。城市轨道交通车辆的各个设备,通过机械、电气、电磁、网络等联系,形成一个统一的机电一体化设备,通过驾驶员操纵实现列车运行的控制,而对于装置有列车自动控制(ATC)系统的列车,可实现列车的自动驾驶(ATO)、列车自动保护(ATP)等功能。

城市轨道交通车辆电气控制系统主要由牵引传动系统(VVVF)、辅助供电系统(SIV)、列车控制及监控系统(TCMS)等组成。

(1)城市轨道交通车辆供电方式

城市轨道交通车辆供电方式是由主变电站来的高压电流通过牵引变电所,经由馈电线输送给接触网,城市轨道交通车辆通过受电弓(三轨)从接触网的 DC1500 V(DC750 V)受电,然后经地铁车辆逆变器逆变(VVVF,SIV)成交流电(分别给牵引电机和辅助照明系统供电),再经由车辆的接地回流装置通过钢轨反馈到回流线,最终再由回流线将电流反馈回牵引变电所。其原理图如图 1.1 所示。

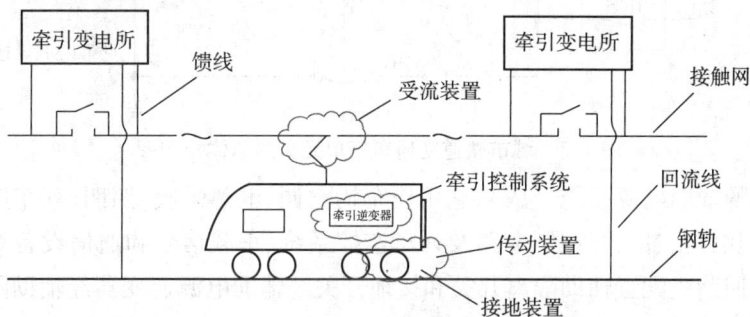

图 1.1　城市轨道交通车辆供电方式原理图

(2)城市轨道交通车辆电气与设备

城市轨道交通车辆电气控制系统包括车辆上的各种电气部件、设备及其控制电路。如图 1.2 所示为城市轨道交通车辆单元车的总体控制。

城市轨道交通车辆的主牵引传动系统是列车牵引动力和电制动力得以实现的载体,它为单节车辆的两个转向架上的 4 台牵引电机提供电能,通过控制系统对电动机和牵引力进行调节,驱动车轮从而牵引列车,以满足车辆牵引和制动性能的要求。当在电制动工况时,牵引电机当作发电机运行,通过牵引电机将列车的动能转化为电能,并经牵引逆变器(VVVF)、高速断路器(HB)、受电弓(PAN)将电能反馈给电网。如果不能反馈到电网,则通过牵引逆变器调节制动电阻以热量的形式散发出去。

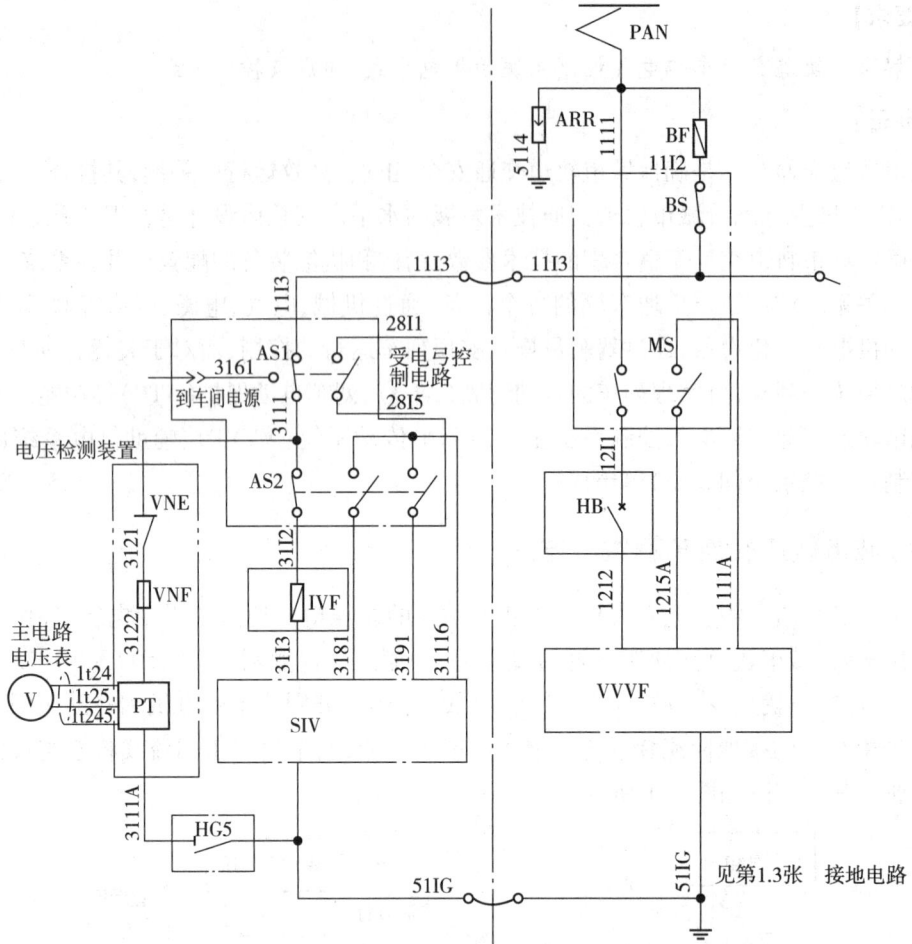

图 1.2   城市轨道交通车辆单元车的总体控制图

地铁车辆的辅助电源系统(SIV),它用作车辆空调、电热采暖、照明、列车广播及乘客信息显示、空气压缩机、各系统控制电路及列车监控系统、车载信号和通信设备等的电源。辅助电源逆变器回路应配置辅助隔离开关和接地开关。辅助电源逆变器经辅助隔离开关与辅助系统高压母线/车间电源装置相连。

图 1.3 给出了长春客车股份有限公司给西安地铁二号线生产的城市轨道交通车辆主要配置。该车采用 B2 型地铁车辆,3 动 3 拖 6 辆编组,编组方式为: =TC * MP * M * T * Mp * Tc = ,TC 为有司机室的拖车,MP 为无司机室带受电弓的动车,M 车为无司机室的动车,T 车为无司机室的拖车。车辆采用受电弓供电方式,供电制式为 DC1500 V。

【任务实施】

简述城市轨道交通车辆电气控制系统的供电方式、组成及控制方式以及车辆电气与设备特点,以西安地铁二号线轨道交通车辆为例简述电气控制系统组成。

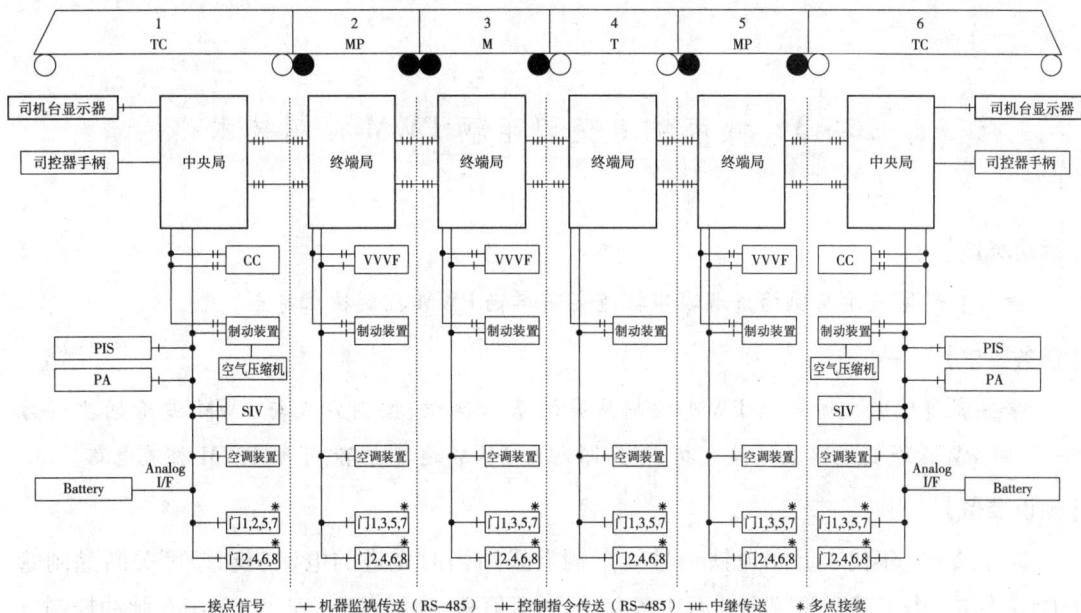

图1.3 西安地铁车辆主要设备配置图

【效果评价】

评价表

项目名称	城市轨道交通车辆电气控制技术及构成		学生姓名	
任务名称	任务2　城市轨道交通车辆电气控制系统概述		分数	
项　　目			分值	考核得分
1.轨道交通车辆电气与设备系统相关知识、图片的搜集、整理			10	
2.是否有小组计划			5	
3.城轨车辆供电方式、组成及控制方式的认知情况			20	
4.城轨车辆轨道交通车辆电气与设备特点的认知情况			25	
5.西安地铁二号线轨道交通车辆电气与设备的认知情况			25	
6.编制学习汇报报告情况			10	
7.基本素养考核情况			5	
教师简要评语： 教师签名：				

任务3 城市轨道交通车辆 PWM 控制技术

【活动场景】

使用多媒体展示及现场讲解城市轨道交通车辆 PWM 控制技术特点。

【任务要求】

掌握城市轨道交通车辆 PWM 控制系统的基本原理、控制方式与 PWM 波形的生成方法,了解 PWM 逆变电路的谐波分析,了解跟踪型 PWM 逆变电路,了解 PWM 整流电路。

【知识准备】

20 世纪 80 年代末上海地铁一号线车辆上采用当时先进的电流驱动型可关断晶闸管 GTO 来构成,由于其开关频率低而功率大,但耐压值高,为可靠安全工作,采用 6 脉冲控制方式,由 50 Hz 变压器降压隔离、给用电设备供电。

20 世纪 90 年代新一代电压驱动型绝缘栅双极型晶体管 IGBT 迅速发展,其性能优良,很快取代了在该领域内的 GTO。1995 年以后国外生产的地铁或轻轨车辆辅助系统几乎都采用 IGBT 器件,而且方案也多种多样。

IGBT 是单一模块化嵌入二极管式结构,模块内部电介质强度高,轨道交通车辆交流传动系统(VVVF)及辅助供电系统(SIV)采用 IGBT 器件替代 GTO 器件是电力电子技术进步的必然趋势。表 1.1 为 GTO 与 IGBT 的性能比较。

表 1.1 GTO 与 IGBT 的性能比较

No.	项目	IGBT 双极晶体管绝缘电源	GTO 门半导体闸流管电源关
1	符号	C:收集器 E:发射器 G:门	A:阳极 K:阴极 G:门
2	结构	IGBT芯片 IGBT芯片	GTO装置 GTO单元
3	电压	(3 300 V)中等	(4 500 V)高
4	电流	(~1 200 A)低	(~4 000 A)高
5	转换损失	1小	大
6	缓冲器损失	小	大

No.	项目	IGBT 双极晶体管绝缘电源	GTO 门半导体闸流管电源关
7	转换频率	高(~2 kHz)	低(~500 Hz)
8	门 驱动电源	通过电压驱动 低	通过电流驱动 高

轨道交通车辆静止逆变器逆变功能实现主要采用大功率电力电子元件 IGBT,其中采用 PWM 高级矢量控制,通过输出电压的流量对输出电压进行控制,以至于实现控制的灵活性,并具有自诊断功能。本文着重介绍车辆用 PWM 控制技术。

(1)PWM 控制基础

冲量相等而形状不同的窄脉冲加在具有惯性的环节上时,其效果基本相同。冲量是指窄脉冲的面积。效果基本相同是指环节的输出响应波形基本相同。低频段非常接近,仅在高频段略有差异。

面积等效原理是,分别将如图 1.4 所示的电压窄脉冲加在一阶惯性环节(R-L 电路)上,如图 1.5(a)所示。其输出电流 $i(t)$ 对不同窄脉冲时的响应波形如图 1.5(b)所示。从波形可知,在 $i(t)$ 的上升段,$i(t)$ 的形状也略有不同,但其下降段则几乎完全相同。脉冲越窄,各 $i(t)$ 响应波形的差异也越小。如果周期性地施加上述脉冲,则响应 $i(t)$ 也是周期性的。用傅里叶级数分解后将可知,各 $i(t)$ 在低频段的特性将非常接近,仅在高频段有所不同。

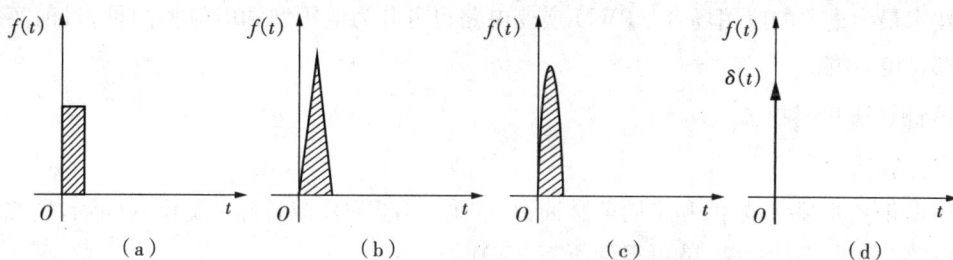

图 1.4　形状不同而冲量相同的各种窄脉冲

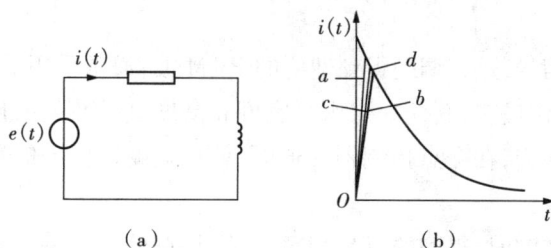

图 1.5　冲量相同的各种窄脉冲的响应波形

用一系列等幅不等宽的脉冲来代替一个正弦半波(见图 1.6),正弦半波 N 等分,看成 N 个相连的脉冲序列,宽度相等,但幅值不等;用矩形脉冲代替,等幅,不等宽,中点重合,面积(冲量)相等,宽度按正弦规律变化。

SPWM 波形是指脉冲宽度按正弦规律变化而与正弦波等效的 PWM 波形。

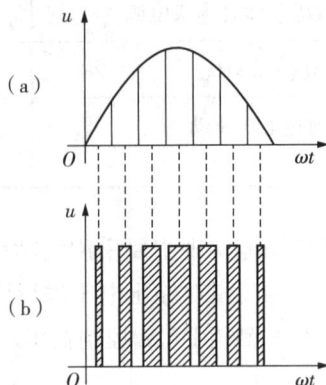

图 1.6　用 PWM 波代替正弦半波

要改变等效输出正弦波幅值,按同一比例改变各脉冲宽度即可。

PWM 电流波:

电流型逆变电路进行 PWM 控制,得到的就是 PWM 电流波。

PWM 波形可等效的各种波形:

直流斩波电路:等效直流波形。

SPWM 波:等效正弦波形,还可以等效成其他所需波形,如等效所需非正弦交流波形等,其基本原理和 SPWM 控制相同,也基于等效面积原理。

PWM 逆变电路及其控制方法:目前逆变电路几乎都采用 PWM 技术。逆变电路是 PWM 控制技术最为重要的应用场合。PWM 逆变电路也可分为电压型和电流型两种,目前实用的几乎都是电压型。

1)计算法和调制法

①计算法

根据正弦波频率、幅值和半周期脉冲数,准确计算 PWM 波各脉冲宽度和间隔,据此控制逆变电路开关器件的通断,就可得到所需 PWM 波形。

其缺点:烦琐,当输出正弦波的频率、幅值或相位变化时,结果都要变化。

②调制法

输出波形作调制信号,进行调制得到期望的 PWM 波;通常采用等腰三角波或锯齿波作为载波;等腰三角波应用最多,其任一点水平宽度和高度呈线性关系且左右对称;与任一平缓变化的调制信号波相交,在交点控制器件通断,就得宽度正比于信号波幅值的脉冲,符合 PWM 的要求。

调制信号波为正弦波时,得到的就是 SPWM 波;调制信号不是正弦波,而是其他所需波形时,也能得到等效的 PWM 波。

结合 IGBT 单相桥式电压型逆变电路对调制法进行说明:设负载为阻感负载,工作时 V_1 和 V_2 通断互补,V_3 和 V_4 通断也互补。

控制规律:

u_o 正半周,V_1 通,V_2 断,V_3 和 V_4 交替通断,负载电流比电压滞后,在电压正半周,电流有一段为正,一段为负,负载电流为正区间。V_1 和 V_4 导通时,u_o 等于 U_d;V_4 关断时,负载电流通过 V_1 和 VD_3 续流,$u_o=0$,负载电流为负区间,i_o 为负,实际上从 VD_1 和 VD_4 流过,仍有 $u_o=U_d$,V_4 断,V_3 通后,i_o 从 V_3 和 VD_1 续流,$u_o=0$,u_o 总可得到 U_d 和零两种电平。

u_o 负半周,让 V_2 保持通,V_1 保持断,V_3 和 V_4 交替通断,u_o 可得 $-U_d$ 和零两种电平。单相桥式 PWM 逆变电路如图 1.7 所示。

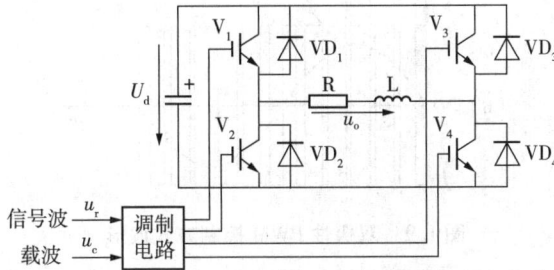

图 1.7　单相桥式 PWM 逆变电路

单极性 PWM 控制方式(单相桥逆变):

在 u_r 和 u_c 的交点时刻控制 IGBT 的通断。u_r 正半周,V_1 保持通,V_2 保持断,当 $u_r>u_c$ 时,使 V_4 通,V_3 断,$u_o=U_d$;当 $u_r<u_c$ 时,使 V_4 断,V_3 通,$u_o=0$。u_r 负半周,V_1 保持断,V_2 保持通。当 $u_r<u_c$ 时,使 V_3 通,V_4 断,$u_o=-U_d$;当 $u_r>u_c$ 时,使 V_3 断,V_4 通,$u_o=0$,虚线 u_{of} 表示 u_o 的基波分量。其波形如图 1.8 所示。

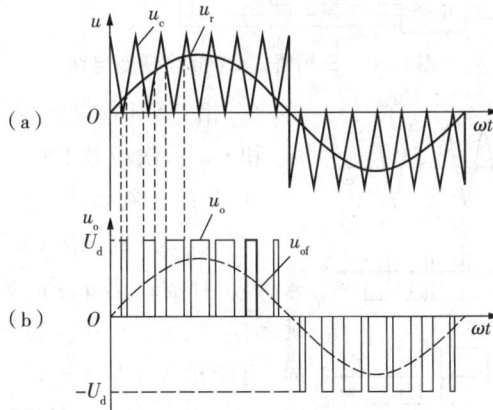

图 1.8　单极性 PWM 控制方式波形

双极性 PWM 控制方式(单相桥逆变):

在 u_r 半个周期内,三角波载波有正有负,所得 PWM 波也有正有负。在 u_r 一个周期内,输出 PWM 波只有 $\pm U_d$ 两种电平,仍在调制信号 u_r 和载波信号 u_c 的交点控制器件通断。u_r 正负半周,对各开关器件的控制规律相同。当 $u_r>u_c$ 时,给 V_1 和 V_4 导通信号,给 V_2 和 V_3 关断信号,如 $i_o>0$,V_1 和 V_4 通,如 $i_o<0$,VD_1 和 VD_4 通,$u_o=U_d$;当 $u_r<u_c$ 时,给 V_2 和 V_3 导通信号,给 V_1 和 V_4 关断信号,如 $i_o<0$,V_2 和 V_3 通,如 $i_o>0$,VD_2 和 VD_3 通,$u_o=-U_d$。其波形如图 1.9 所示。

单相桥式电路既可采取单极性调制,也可采用双极性调制。

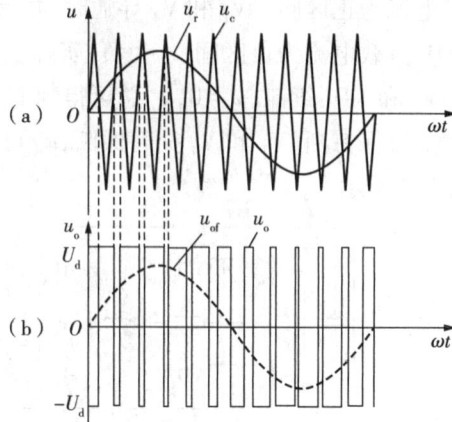

图 1.9 双极性 PWM 控制方式波形

双极性 PWM 控制方式(三相桥逆变)如图 1.10 所示。

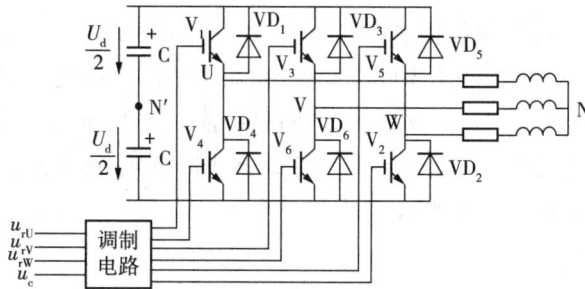

图 1.10 三相桥式 PWM 型逆变电路

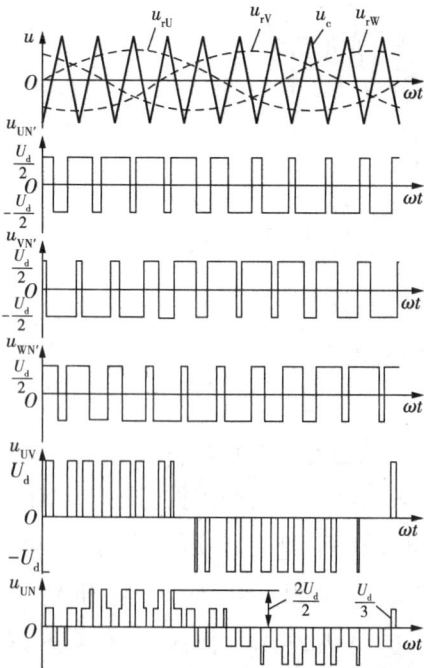

图 1.11 三相桥式 PWM 逆变电路波形

三相 PWM 控制公用 u_c,三相的调制信号 u_{rU},u_{rV} 和 u_{rW} 依次相差 120°。

U 相的控制规律:

当 $u_{rU} > u_c$ 时,给 V_1 导通信号,给 V_4 关断信号,$u_{UN'} = U_d/2$,当 $u_{rU} < u_c$ 时,给 V_4 导通信号,给 V_1 关断信号,$u_{UN'} = -U_d/2$;当给 V_1(V_4)加导通信号时,可能是 V_1(V_4)导通,也可能是 VD_1(VD_4)导通。$u_{UN'}$,$u_{VN'}$ 和 $u_{WN'}$ 的 PWM 波形只有 $\pm U_d/2$ 两种电平,u_{UV} 波形可由 $u_{UN'} - u_{VN'}$ 得出,当 V_1 和 V_6 通时,$u_{UV} = U_d$,当 V_3 和 V_4 通时,$u_{UV} = -U_d$,当 V_1 和 V_3 或 V_4 和 V_6 通时,$u_{UV} = 0$。其波形如图 1.11 所示。

输出线电压 PWM 波由 $\pm U_d$ 和 0 这 3 种电平构成,负载相电压 PWM 波由 $(\pm 2/3)U_d$,$(\pm 1/3)U_d$ 和 0 共 5 种电平组成。

防直通死区时间:

同一相上下两臂的驱动信号互补,为防止上下臂直通造成短路,留一小段上下臂都施加关断信号的死区时间。死区时间的长短主要由器件关断时间决定。死区时间会给输出PWM波带来影响,使其稍稍偏离正弦波。

特定谐波消去法(Selected Harmonic Elimination PWM,SHEPWM):

计算法中一种较有代表性的方法如图 1.12 所示。输出电压半周期内,器件通、断各 3 次(不包括 0 和 π),共 6 个开关时刻可控。为减少谐波并简化控制,要尽量使波形对称。

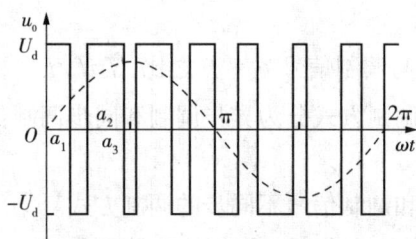

图 1.12   特定谐波消去法的输出 PWM 波形

首先,为消除偶次谐波,使波形正负两半周期镜对称,即

$$u(\omega t) = - u(\omega t + \pi) \qquad (1.1)$$

其次,为消除谐波中余弦项,使波形在半周期内前后 1/4 周期以 π/2 为轴线对称,即

$$u(\omega t) = u(\pi - \omega t) \qquad (1.2)$$

1/4 周期对称波形,用傅里叶级数表示为

$$u(\omega t) = \sum_{n=1,3,5,\cdots}^{\infty} a_n \sin n\omega t \qquad (1.3)$$

式中

$$a_n = \frac{4}{\pi} \int_0^{\frac{\pi}{2}} u(\omega t) \sin n\omega t \mathrm{d}\omega t$$

如图 1.12 所示,能独立控制 a_1,a_2 和 a_3 共 3 个时刻。该波形的 a_n 为

$$a_n = \frac{4}{\pi} \Big[\int_0^{a_1} \frac{U_d}{2} \sin n\omega t \, \mathrm{d}\omega t + \int_{a_1}^{a_2} \Big(-\frac{U_d}{2} \sin n\omega t \Big) \mathrm{d}\omega t +$$

$$\int_{a_2}^{a_3} \frac{U_d}{2} \sin n\omega t \, \mathrm{d}\omega t + \int_{a_3}^{\frac{\pi}{2}} \Big(-\frac{U_d}{2} \sin n\omega t \Big) \mathrm{d}\omega t \Big]$$

$$= \frac{2U_d}{n\pi} (1 - 2\cos n\alpha_1 + 2\cos n\alpha_2 - 2\cos n\alpha_3) \qquad (1.4)$$

式中,$n = 1,3,5,\cdots$

确定 a_1 的值,再令两个不同的 $a_n = 0$,就可建 3 个方程,求得 a_1,a_2 和 a_3。

消去两种特定频率的谐波:

在三相对称电路的线电压中,相电压所含的 3 次谐波相互抵消,可考虑消去 5 次和 7 次谐波,得联立方程为

$$a_1 = \frac{2U_d}{\pi} (1 - 2\cos \alpha_1 + 2\cos \alpha_2 - 2\cos \alpha_3)$$

$$a_5 = \frac{2U_d}{5\pi} (1 - 2\cos 5\alpha_1 + 2\cos 5\alpha_2 - 2\cos 5\alpha_3) = 0 \qquad (1.5)$$

$$a_7 = \frac{2U_\mathrm{d}}{7\pi}(1 - 2\cos 7\alpha_1 + 2\cos 7\alpha_2 - 2\cos 7\alpha_3) = 0$$

给定 a_1，解方程可得 a_1，a_2 和 a_3。a_1 变，a_1，a_2 和 a_3 也相应改变。

一般在输出电压半周期内器件通、断各 k 次，考虑 PWM 波 1/4 周期对称，k 个开关时刻可控，除用一个控制基波幅值，可消去 $k-1$ 个频率的特定谐波，k 越大，开关时刻的计算越复杂。

2）异步调制和同步调制

载波比是指载波频率 f_c 与调制信号频率 f_r 之比，$N = f_\mathrm{c}/f_\mathrm{r}$。根据载波和信号波是否同步及载波比的变化情况，PWM 调制方式分为异步调制和同步调制：

①异步调制

异步调制是指载波信号和调制信号不同步的调制方式。

通常保持 f_c 固定不变，当 f_r 变化时，载波比 N 是变化的。在信号波的半周期内，PWM 波的脉冲个数不固定，相位也不固定，正负半周期的脉冲不对称，半周期内前后 1/4 周期的脉冲也不对称。当 f_r 较低时，N 较大，一周期内脉冲数较多，脉冲不对称的不利影响都较小，当 f_r 增高时，N 减小，一周期内的脉冲数减少，PWM 脉冲不对称的影响就变大。因此，在采用异步调制方式时，希望采用较高的载波频率，以使在信号波频率较高时仍能保持较大的载波比。

②同步调制

同步调制是指 N 等于常数，并在变频时使载波和信号波保持同步。

基本同步调制方式，f_r 变化时 N 不变，信号波一周期内输出脉冲数固定。三相，共用一个三角波载波，且取 N 为 3 的整数倍，使三相输出对称。为使一相的 PWM 波正负半周镜对称，N 应取奇数。当 $N=9$ 时，同步调制三相 PWM 波形如图 1.13 所示。

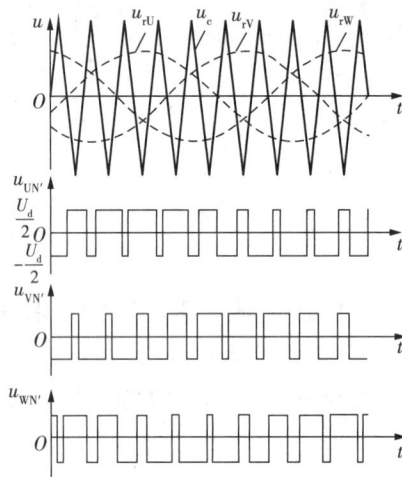

图 1.13　同步调制三相 PWM 波形

f_r 很低时，f_c 也很低，由调制带来的谐波不易滤除；f_r 很高时，f_c 会过高，使开关器件难以承受。为了克服上述缺点，可采用分段同步调制的方法。

③分段同步调制

把 f_r 范围划分成若干个频段,每个频段内保持 N 恒定,不同频段 N 不同。在 f_r 高的频段采用较低的 N,使载波频率不致过高,在 f_r 低的频段采用较高的 N,使载波频率不致过低。

3)规则采样法

按 SPWM 基本原理,自然采样法中要求解复杂的超越方程,难以在实时控制中在线计算,工程应用不多。

①规则采样法特点

工程实用方法,效果接近自然采样法,计算量小得多。

②规则采样法原理

如图 1.14 所示,三角波两个正峰值之间为一个采样周期 T_c。自然采样法中,脉冲中点不与三角波一周期中点(即负峰点)重合。规则采样法使两者重合,每个脉冲中点为相应三角波中点,计算大为简化。三角波负峰时刻 t_D 对信号波采样得 D 点,过 D 作水平线和三角波交于 A,B 点,在 A 点时刻 t_A 和 B 点时刻 t_B 控制器件的通断,脉冲宽度 δ 和用自然采样法得到的脉冲宽度非常接近。

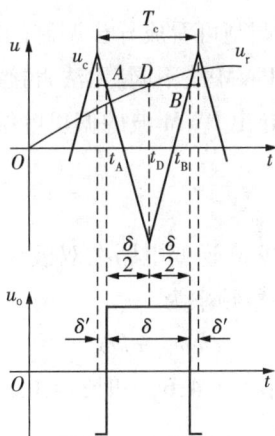

图 1.14　规则采样法

③规则采样法计算公式推导

正弦调制信号波公式中,a 称为调制度,$0 \leq a < 1$;ω_r 为信号波角频率。由图 1.14 可得

$$u_r = a \sin \omega_r t \qquad (1.6)$$

三角波一周期内,脉冲两边间隙宽度为

$$\frac{1 + a \sin \omega_r t_D}{\dfrac{\delta}{2}} = \frac{2}{\dfrac{T_c}{2}} \qquad (1.7)$$

④三相桥逆变电路的情况

通常三相的三角波载波公用,三相调制波相位依次差 120°,同一三角波周期内三相的脉宽分别为 δ_U,δ_V 和 δ_W,脉冲两边的间隙宽度分别为 δ'_U,δ'_V 和 δ'_W,同一时刻三相正弦调制波电压之和为零,由式(1.6)得

$$\delta = \frac{T_c}{2}(1 + a \sin \omega_r t_D) \tag{1.8}$$

由式(1.7)得

$$\delta' = \frac{1}{2}(T_c - \delta) = \frac{T_c}{4}(1 - a \sin \omega_r t_D) \tag{1.9}$$

故由式(1.8)可得

$$\delta_U + \delta_V + \delta_W = \frac{3T_c}{2} \tag{1.10}$$

故由式(1.9)可得

$$\delta'_U + \delta'_V + \delta'_W = \frac{3T_c}{4} \tag{1.11}$$

利用以上两式可简化三相 SPWM 波的计算。

4)PWM 逆变电路的谐波分析

使用载波对正弦信号波调制,产生了和载波有关的谐波分量。谐波频率和幅值是衡量 PWM 逆变电路性能的重要指标之一。

分析双极性 SPWM 波形:同步调制可看成异步调制的特殊情况,只分析异步调制方式。

分析方法:不同信号波周期的 PWM 波不同,无法直接以信号波周期为基准分析,以载波周期为基础,再利用贝塞尔函数推导出 PWM 波的傅里叶级数表达式,分析过程相当复杂,结论却简单而直观。

①单相的分析结果

不同调制度 a 时的单相桥式 PWM 逆变电路在双极性调制方式下输出电压的频谱图如图 1.15 所示。其中,所包含的谐波角频率为

$$n\omega_c \pm k\omega_r$$

式中,$n=1,3,5,\cdots$ 时,$k=0,2,4,\cdots$;$n=2,4,6,\cdots$ 时,$k=1,3,5,\cdots$。

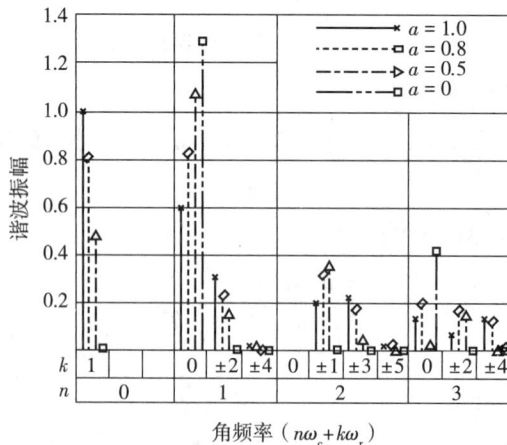

图 1.15 单相 PWM 桥式逆变电路输出电压频谱图

由此可知,PWM 波中不含低次谐波,只含有角频率为 ω_c 及其附近的谐波,以及 $2\omega_c$,$3\omega_c$

等及其附近的谐波。在上述谐波中,幅值最高影响最大的是角频率为 ω_c 的谐波分量。

②三相的分析结果

三相桥式 PWM 逆变电路采用公用载波信号时不同调制度 a 时的三相桥式 PWM 逆变电路输出线电压的频谱图如图 1.16 所示。在输出线电压中,所包含的谐波角频率为

$$n\omega_c \pm k\omega_r$$

式中,$n=1,3,5,\cdots$ 时,$k=3(2m-1)\pm1,m=1,2,\cdots;$

$$n=2,4,6,\cdots \text{时},k=\begin{cases}6m+1,m=0,1,\cdots;\\6m-1,m=1,2,\cdots。\end{cases}$$

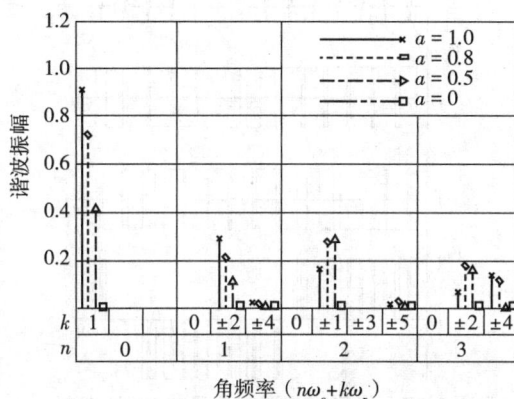

图 1.16　三相桥式 PWM 逆变电路输出线电压频谱图

与单相比较,共同点是都不含低次谐波,一个较显著的区别是载波角频率 ω_c 整数倍的谐波被消去了,谐波中幅值较高的是 $\omega_c\pm2\omega_r$ 和 $2\omega_c\pm\omega_r$。

SPWM 波中谐波主要是角频率为 ω_c,$2\omega_c$ 及其附近的谐波,很容易滤除。当调制信号波不是正弦波时,谐波由两部分组成:一部分是对信号波本身进行谐波分析所得的结果,另一部分是由于信号波对载波的调制而产生的谐波。后者的谐波分布情况和 SPWM 波的谐波分析一致。

5)提高直流电压利用率和减少开关次数

直流电压利用率是指逆变电路输出交流电压基波最大幅值 U_{1m} 和直流电压 U_d 之比。

提高直流电压利用率可提高逆变器的输出能力;减少器件的开关次数可以降低开关损耗;正弦波调制的三相 PWM 逆变电路,调制度 a 为 1 时,输出相电压的基波幅值为 $U_d/2$,输出线电压的基波幅值为 $\left(\dfrac{\sqrt{3}}{2}\right)U_d$,即直流电压利用率仅为 0.866。这个值是比较低的,其原因是正弦调制信号的幅值不能超过三角波幅值,实际电路工作时,考虑到功率器件的开通和关断都需要时间,如不采取其他措施,调制度不可能达到 1。采用这种调制方法实际能得到的直流电压利用率比 0.866 还要低。

①梯形波调制方法的思路

采用梯形波作为调制信号,可有效提高直流电压利用率。当梯形波幅值和三角波幅值相等时,梯形波所含的基波分量幅值更大。

梯形波调制方法的原理及波形,如图 1.17 所示。梯形波的形状用三角化率 $s=U_t/U_{to}$ 描述,U_t 为以横轴为底时梯形波的高,U_{to} 为以横轴为底边把梯形两腰延长后相交所形成的三角形的高。$s=0$ 时,梯形波变为矩形波;$s=1$ 时,梯形波变为三角波。梯形波含低次谐波,PWM 波含同样的低次谐波,低次谐波(不包括由载波引起的谐波)产生的波形畸变率为 δ。

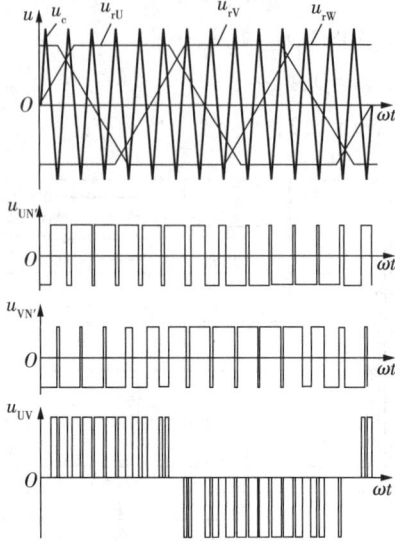

图 1.17　梯形波为调制信号的 PWM 控制

如图 1.18 所示,δ 和 U_{1m}/U_d 随 s 变化的情况。

如图 1.19 所示,s 变化时各次谐波分量幅值 U_{nm} 和基波幅值 U_{1m} 之比。$s=0.4$ 时,谐波含量也较少,δ 约为 3.6%,直流电压利用率为 1.03,综合效果较好。

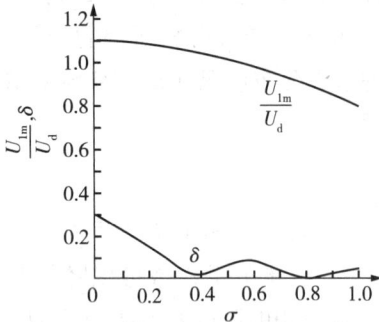

图 1.18　s 变化时的 d 和直流电压利用率

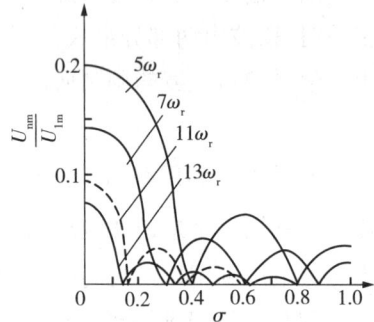

图 1.19　s 变化时的各次谐波含量

梯形波调制的缺点:输出波形中含 5 次、7 次等低次谐波。

实际使用时,可考虑当输出电压较低时用正弦波作为调制信号,使输出电压不含低次谐波;当正弦波调制不能满足输出电压的要求时,改用梯形波调制,以提高直流电压利用率。

②线电压控制方式(叠加 3 次谐波)

对两个线电压进行控制,适当地利用多余的一个自由度来改善控制性能。

控制目标是使输出线电压不含低次谐波的同时尽可能提高直流电压利用率,并尽量减少器件开关次数。

直接控制手段仍是对相电压进行控制,但控制目标却是线电压。

相对线电压控制方式,控制目标为相电压时称为相电压控制方式。

在相电压调制信号中叠加 3 次谐波,使之成为鞍形波,输出相电压中也含 3 次谐波,且三相的 3 次谐波相位相同。合成线电压时,3 次谐波相互抵消,线电压为正弦波,如图 1.20 所示。鞍形波的基波分量幅值大。

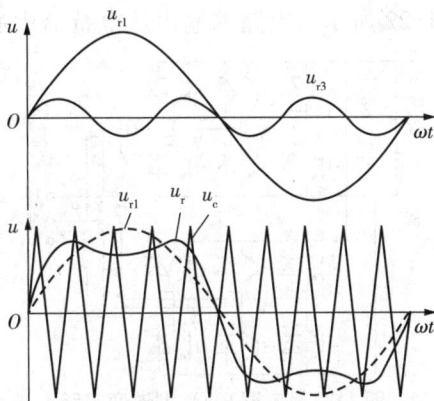

图 1.20　叠加 3 次谐波的调制信号

除叠加 3 次谐波外,还可叠加其他 3 倍频的信号,也可叠加直流分量,都不会影响线电压。

③线电压控制方式(叠加 3 倍次谐波和直流分量)

叠加 u_p,既包含 3 倍次谐波,也包含直流分量,u_p 大小随正弦信号的大小而变化。设三角波载波幅值为 1,三相调制信号的正弦分别为 u_{rU1},u_{rV1} 和 u_{rW1},并令

$$u_p = -\min(u_{rU1}, u_{rV1}, u_{rW1}) - 1 \qquad (1.12)$$

则三相的调制信号分别为

$$u_{rU} = u_{rU1} + u_p$$
$$u_{rV} = u_{rV1} + u_p \qquad (1.13)$$
$$u_{rW} = u_{rW1} + u_p$$

不论 u_{rU1},u_{rV1} 和 u_{rW1} 幅值的大小,u_{rU},u_{rV},u_{rW} 总有 1/3 周期的值和三角波负峰值相等。在这 1/3 周期中,不对调制信号值为-1 的相进行控制,只对其他两相进行控制,因此,这种控制方式也称为两相控制方式,如图 1.21 所示。

其优点如下:

a. 在 1/3 周期内器件不动作,开关损耗减少 1/3。

b. 最大输出线电压基波幅值为 U_d,直流电压利用率提高。

c. 输出线电压不含低次谐波,优于梯形波调制方式。

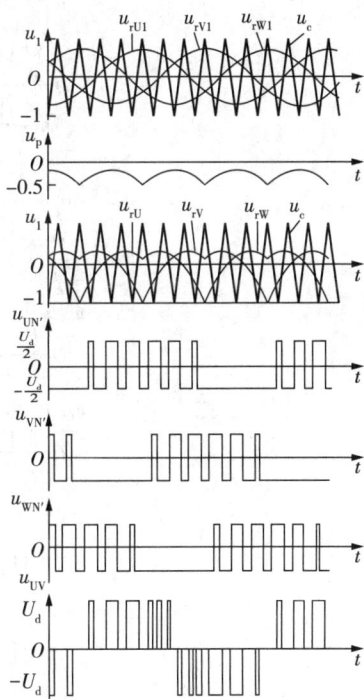

图 1.21　线电压控制方式举例

6)PWM 逆变电路的多重化

与一般逆变电路一样,大容量 PWM 逆变电路也可采用多重化技术。采用 SPWM 技术理论上可不产生低次谐波,因此,在构成 PWM 多重化逆变电路时,一般不再以减少低次谐波为目的,而是为了提高等效开关频率,减少开关损耗,减少和载波有关的谐波分量。

PWM 逆变电路多重化连接方式有变压器方式和电抗器方式,利用电抗器连接实现二重 PWM 逆变电路的例子如图 1.22 所示。电路的输出从电抗器中心抽头处引出,图中两个逆

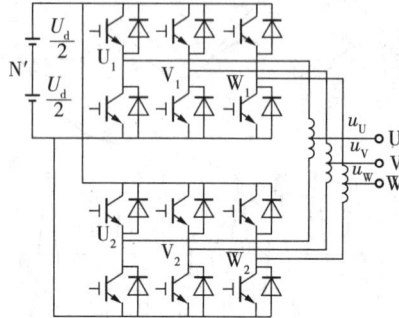

图 1.22　二重 PWM 型逆变电路

变电路单元的载波信号相互错开 180°,所得到的输出电压波形如图 1.23 所示。图 1.23 中,输出端相对于直流电源中点 N' 的电压 $u_{UN'} = (u_{U1N'} + u_{U2N'})/2$,已变为单极性 PWM 波了。输出线电压共有 $0, \pm(1/2)U_d, \pm U_d$ 这 5 个电平,比非多重化时谐波有所减少。

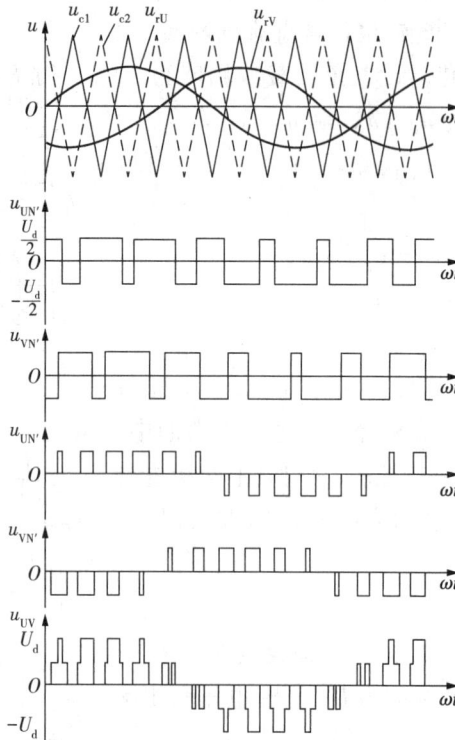

图 1.23　二重 PWM 型逆变电路输出波形

一般多重化逆变电路中电抗器所加电压频率为输出频率,因而需要的电抗器较大。而在多重PWM型逆变电路中,电抗器上所加电压的频率为载波频率,比输出频率高得多,因此只要很小的电抗器即可。

二重化后,输出电压中所含谐波的角频率仍可表示为 $n\omega_c + k\omega_r$,但其中当 n 奇数时的谐波已全部被除去,谐波的最低频率在 $2\omega_c$ 附近,相当于电路的等效载波频率提高了1倍。

电抗器上所加电压频率为载波频率,比输出频率高得多,并且很小。输出电压所含谐波角频率仍可表示为 $nw_c + kw_r$,但其中 n 为奇数时的谐波已全被除去,谐波最低频率在 $2w_c$ 附近,相当于电路的等效载波频率提高1倍。

(2) PWM 跟踪控制技术

PWM波形生成的第三种方法是跟踪控制方法。

把希望输出的波形作为指令信号,把实际波形作为反馈信号,通过两者的瞬时值比较来决定逆变电路各器件的通断,使实际的输出跟踪指令信号变化,常用的有滞环比较方式和三角波比较方式。

1)滞环比较方式

①电流跟踪控制

基本原理是,把指令电流 i^* 和实际输出电流 i 的偏差 $i^* - i$ 作为滞环比较器的输入,比较器输出控制器件 V_1 和 V_2 的通断。V_1(或 V_{D1})通时,i 增大,V_2(或 V_{D2})通时,i 减小。通过环宽为2DI的滞环比较器的控制,i 就在 $i^* + DI$ 和 $i^* - DI$ 的范围内,呈锯齿状地跟踪指令电流 i^*。

滞环环宽对跟踪性能的影响是,环宽过宽时,开关频率低,跟踪误差大;环宽过窄时,跟踪误差小,但开关频率过高。

电抗器 L 的作用是,L 大时,i 的变化率小,跟踪慢;L 小时,i 的变化率大,开关频率过高(见图1.24、图1.25)。

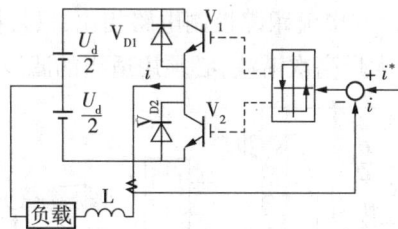

图1.24　滞环比较方式电流跟踪控制举例

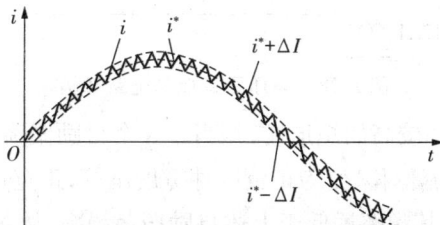

图1.25　滞环比较方式的指令电流和输出电流

三相的情况如图 1.26、图 1.27 所示。

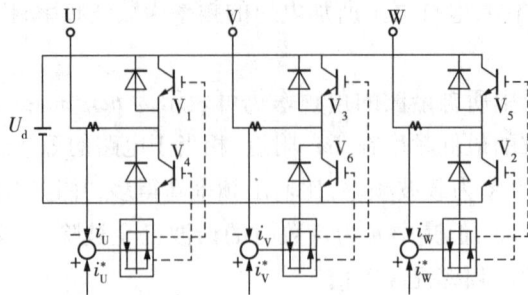

图 1.26　三相电流跟踪型 PWM 逆变电路

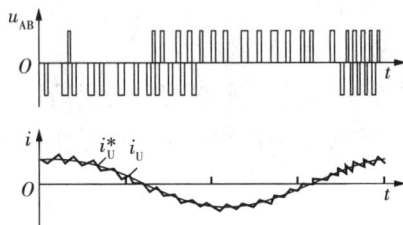

图 1.27　三相电流跟踪型 PWM 逆变电路输出波形

采用滞环比较方式的电流跟踪型 PWM 变流电路有以下特点：

a. 硬件电路简单。

b. 实时控制,电流响应快。

c. 不用载波,输出电压波形中不含特定频率的谐波。

d. 与计算法及调制法相比,相同开关频率时输出电流中高次谐波含量多。

e. 闭环控制,是各种跟踪型 PWM 变流电路的共同特点。

②电压跟踪控制

采用滞环比较方式实现电压跟踪控制,如图 1.28 所示。把指令电压 $u*$ 和输出电压 u 进行比较,滤除偏差信号中的谐波,滤波器的输出送入滞环比较器,由比较器输出控制开关通断,从而实现电压跟踪控制。与电流跟踪控制电路相比,只是把指令和反馈从电流变为电压。输出电压 PWM 波形中含大量高次谐波,必须用适当的滤波器滤除。

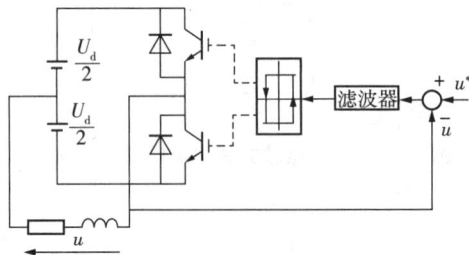

图 1.28　电压跟踪控制电路举例

$u* = 0$ 时,输出 u 为频率较高的矩形波,相当于一个自励振荡电路。

$u*$ 为直流时,u 产生直流偏移,变为正负脉冲宽度不等,正宽负窄或正窄负宽的矩形波。

$u*$ 为交流信号时,只要其频率远低于上述自励振荡频率,从 u 中滤除由器件通断产生的高次谐波后,所得的波形就几乎和 u^* 相同,从而实现电压跟踪控制。

2)三角波比较方式

①基本原理

不是把指令信号与三角波直接进行比较,而是闭环控制。把指令电流 i_U^*,i_V^* 和 i_W^* 和实际输出电流 i_U,i_V,i_W 进行比较,求出偏差,放大器 A 放大后,再与三角波进行比较,产生 PWM 波形。

放大器 A 通常具有比例积分特性或比例特性,其系数直接影响电流跟踪特性,如图 1.29 所示。

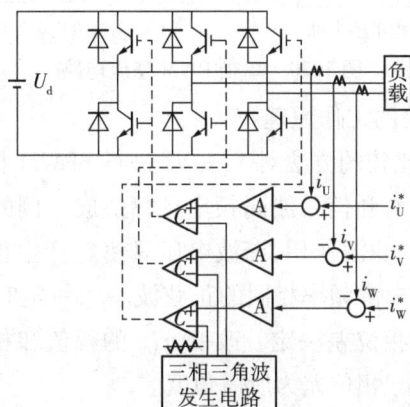

图 1.29　三角波比较方式电流跟踪型逆变电路

②特点

开关频率固定,等于载波频率,高频滤波器设计方便;为改善输出电压波形,三角波载波常用三相;与滞环比较控制方式相比,这种控制方式输出电流谐波少。

③定时比较方式

不用滞环比较器,而是设置一个固定的时钟。以固定采样周期对指令信号和被控量采样,按偏差的极性来控制开关器件通断。在时钟信号到来时刻,如 $i<i^*$,令 V_1 通,V_2 断,使 i 增大;如 $i>i^*$,令 V_1 断,V_2 通,使 i 减小。每个采样时刻的控制作用都使实际电流与指令电流的误差减小。

采用定时比较方式时,器件最高开关频率为时钟频率的 1/2,与滞环比较方式相比,电流误差没有一定的环宽,控制的精度低一些。

(3)PWM 整流电路及其控制方法

实用的整流电路几乎都是晶闸管整流或二极管整流。

晶闸管相控整流电路:输入电流滞后于电压,且谐波分量大,因此功率因数很低。

二极管整流电路:虽位移因数接近1,但输入电流谐波很大,因此功率因数也很低。

把逆变电路中的 SPWM 控制技术用于整流电路,就形成了 PWM 整流电路。

可使其输入电流非常接近正弦波,且和输入电压同相位,功率因数近似为1,也称单位功率因数变流器(或称高功率因数整流器)。

PWM 整流电路也可分为电压型和电流型两大类。目前,电压型的较多。

①单相 PWM 整流电路

如图 1.30(a)和(b)所示分别为单相半桥和全桥 PWM 整流电路。半桥电路直流侧电容必须由两个电容串联,其中点和交流电源连接。全桥电路直流侧电容只要一个即可。交流侧电感 L_s 包括外接电抗器的电感和交流电源内部电感,是电路正常工作所必需的。

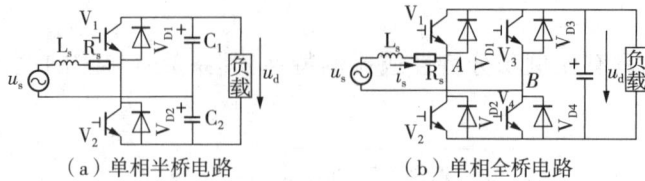

（a）单相半桥电路　　　　　　　　　（b）单相全桥电路

图 1.30　单相 PWM 整流电路

单相全桥 PWM 整流电路的工作原理:

正弦信号波和三角波相比较的方法对 V_1—V_4 进行 SPWM 控制,就可在交流输入端 AB 产生 SPWM 波 u_{AB}。u_{AB} 中含有和信号波同频率且幅值成比例的基波和载波有关的高频谐波,不含低次谐波。由于 L_s 的滤波作用,谐波电压只使 i_s 产生很小的脉动。当信号波频率和电源频率相同时,i_s 也为与电源频率相同的正弦波。u_s 一定时,i_s 幅值和相位仅由 u_{AB} 中基波 u_{ABf} 的幅值及其与 u_s 的相位差决定。改变 u_{ABf} 的幅值和相位,可使 i_s 和 u_s 同相或反相,i_s 比 u_s 超前90°,或 i_s 与 u_s 相位差为所需角度。

相量图如图 1.31 所示。

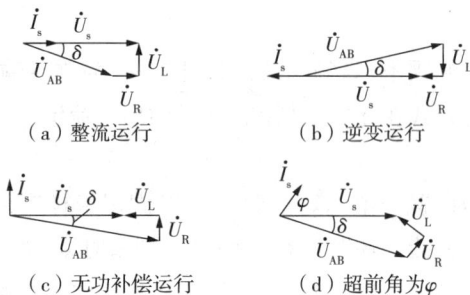

（a）整流运行　　　　　　　　　　（b）逆变运行

（c）无功补偿运行　　　　　　　　（d）超前角为 φ

图 1.31　PWM 整流电路的运行方式相量图

a. 滞后相角 δ,I_s 和 U_s 同相,整流状态,功率因数为1,PWM 整流电路最基本的工作状态。

b. 超前相角 δ,I_s 和 U_s 反相,逆变状态,说明 PWM 整流电路可实现能量正反两方向流动,这一特点对于需再生制动的交流电动机调速系统很重要。

c. 滞后相角 δ,I_s 超前 U_s90°,电路向交流电源送出无功功率,这时称为静止无功功率发送器(Static Var Generator,SVG)。

d. 通过对幅值和相位的控制,可使 I_s 比 U_s 超前或滞后任一角度 φ。

对单相全桥 PWM 整流电路工作原理的进一步说明是,整流状态下,$u_s>0$ 时,V_2,V_{D4},V_{D1},L_s 和 V_3,V_{D1},V_{D4},L_s 分别组成两个升压斩波电路,以 V_2,V_{D4},V_{D1},L_s 为例。V_2 通时,u_s 通过 V_2,V_{D4} 向 L_s 储能。V_2 关断时,L_s 中的储能通过 V_{D1},V_{D4} 向 C 充电。$u_s<0$ 时,V_1,V_{D3},V_{D2},L_s 和 V_4,V_{D2},V_{D3},L_s 分别组成两个升压斩波电路。由于是按升压斩波电路工作,如控

制不当,直流侧电容电压可能比交流电压峰值高出许多倍,对器件形成威胁。

另一方面,如直流侧电压过低,如低于 u_s 的峰值,则 u_{AB} 中就得不到图 1.29(a)中所需的足够高的基波电压幅值,或 u_{AB} 中含有较大的低次谐波,这样就不能按需要控制 i_s,i_s 波形会畸变。

可知,电压型 PWM 整流电路是升压型整流电路,其输出直流电压可从交流电源电压峰值附近向高调节,如要向低调节就会使性能恶化,以致不能工作。

②三相 PWM 整流电路(见图 1.32)

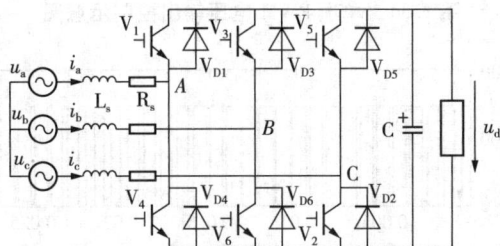

图 1.32　三相桥式 PWM 整流电路

工作原理和前述的单相全桥电路相似,只是从单相扩展到三相进行 SPWM 控制,在交流输入端 A,B 和 C 可得 SPWM 电压,按图 1.31(a)的相量图控制,可使 i_a,i_b,i_c 为正弦波且和电压同相且功率因数近似为 1。与单相相同,该电路也可工作在逆变运行状态及图 1.31(c)或图 1.31(d)的状态。

(4)城市轨道交通车辆 PWM 控制技术

对于城市轨道交通车辆用 PWM 控制来说,一般采用一个 3 相 PWM 逆变器是(由 6 个 IGBT 元件和反向平行的二极管组成),二极管装在 IGBT 模块里面。逆变器主回路原理如图 1.33 所示。

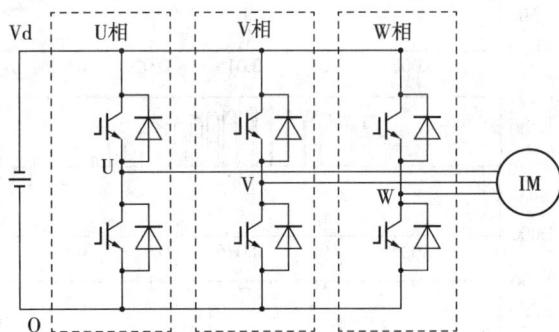

图 1.33　逆变器主回路原理图

电压和功率:当上面的 IGBT 被开启时,那相的输出电压就变高,当下面的 IGBT 被开启时,那相的输出电压就变为零。如图 1.34 所示为单项 PWM 电压输出控制示意图。

由于两相之间 1 相相差 120°,导通和关断重复进行,获得了 3 相交流的输出,输出电压变成间歇波,频率非常高,以至于获得了平滑的正弦曲线输出,电流波动减小。双极调制的 PWM 脉冲的相电压如图 1.35 所示。

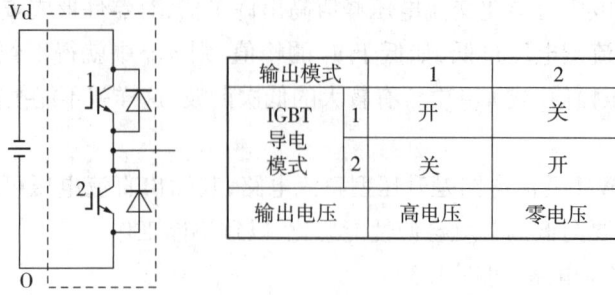

输出模式		1	2
IGBT 导电 模式	1	开	关
	2	关	开
输出电压		高电压	零电压

图 1.34　单项 PWM 电压输出控制示意图

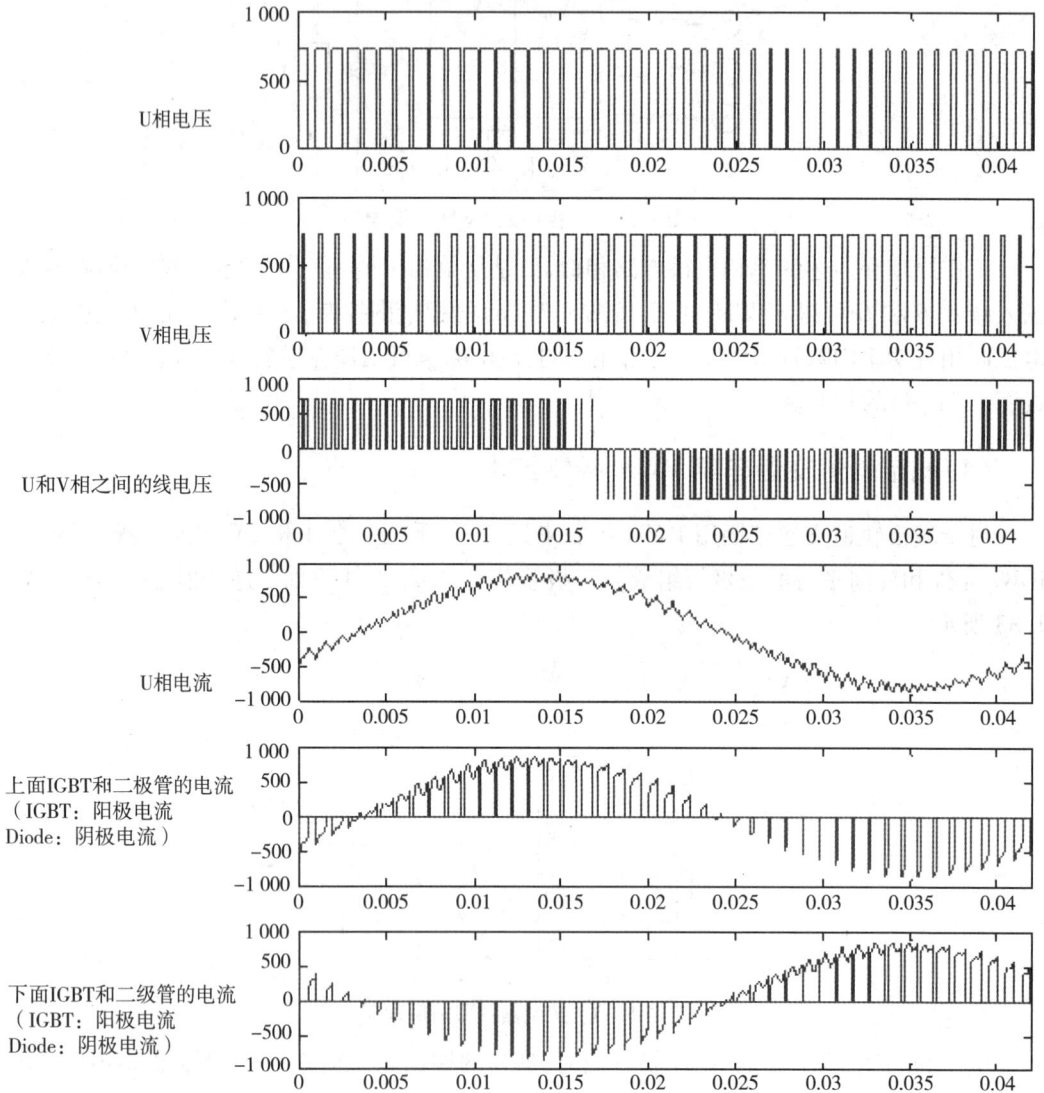

图 1.35　双极调制的相电压

用一个脉宽调制器的动力获得和制动控制：一个脉宽调制器是直流或交流的逆变器，它具有在车辆得到动力的同时，能使电压降低的功能，也具有在制动的同时使电压升高的功能。

1）动力估计

当电压大于由TM定子产生的最初电动势时,就使用线圈,电流将流过TM。这里脉宽调制器在主回路断路器驱动下同样提供电源(在主回路断路器工作时,断路器开)和飞轮时间(在主回路断路器工作时,断路器关),电源不断地供给TM。相应的主回路端路器的MSL反应堆不被提供,但TM定子线圈完成了这一角色。

2）再生制动

为了把TM产生的电能返回到电源,电压必须做得比电源电压高,这里脉宽调制器同样在主回路断路器的再生制动下提供电能储备期(主回路断路器驱动时断路器开)和能量再生期(在主回路断路器驱动时断路器开),这样再生的电能不断地供给滤波电容器。

【任务实施】

简述PWM控制系统的概念基本原理,控制方式与PWM波形的生成方法,分析简单PWM逆变电路、跟踪型PWM逆变电路、PWM整流电路。简述城市轨道交通车辆用PWM逆变电路原理及特点。

【效果评价】

评价表

项目名称	城市轨道交通车辆电气控制技术及构成		学生姓名	
任务名称	任务3　城市轨道交通车辆PWM控制技术		分数	
项 目			分值	考核得分
1.PWM控制系统相关知识、图片的搜集、整理			10	
2.是否有小组计划			5	
3.PWM控制基础概念的认知情况			20	
4.PWM逆变电路、整流电路认知情况			25	
5.城市轨道交通车辆PWM控制技术的认知情况			25	
6.编制学习汇报报告情况			10	
7.基本素养考核情况			5	
教师简要评语:　　　　　　　　　　　　　　　　　　　　　　　　　　　　　　教师签名:				

任务4　城市轨道交通车辆牵引电机矢量控制技术

【活动场景】

使用多媒体展示及现场讲解城市轨道交通车辆矢量控制技术特点。

【任务要求】

城市轨道交通车辆三相异步电动机为研究对象,从电动机调速的实质出发,对异步电机的矢量控制进行了分析讲解,要求掌握异步电机的数学模型及其矢量控制原理,根据矢量控制原理给出了交流异步电机矢量控制系统总体设计方案及矢量控制技术的基本原理、控制方式。

【知识准备】

在城市轨道交通车辆中,用电动机驱动车辆的传动控制方式,称为电力牵引控制。它是以牵引电机作为控制对象,通过控制系统对电动机的速度和牵引力进行调节,满足车辆牵引矢量控制的要求。根据驱动电动机的形式不同,传动系统分为两大类:采用直流牵引电动机的直流传动系统和采用交流(同步、异步)牵引电动机的交流传动系统。

电传动系统主电路一般是指一个车辆单元的牵引动力电路,主要由受流器(受电弓、三轨)、牵引逆变器(VVVF)、制动电阻箱、电抗器及高速断路器等组成。如图1.36所示为牵引逆变器模块示意图。

图1.36　牵引逆变器模块示意图

传统的牵引电机通过安装速度传感器来测量电机的转速,而无速度传感器则通过检测定子电压、电流等容易检测到得物理量进行速度估计以取代速度传感器。无速度传感器控制系统无须检测硬件,免去了速度传感器带来的种种麻烦,提高了系统的可靠性,降低了系统的成本,同时使得系统的体积小,质量轻,而且减小了电机与控制器的连线。本文将以西安地铁二号线地铁车辆电机控制采用无速度传感器为例着重介绍城市轨道交通车辆用矢量控制技术。

在车辆驱动控制上引进矢量控制具有以下可期待的优点:

①优化空转再黏着的控制性能。

②提高轻负荷再生时的再生效率。

③提高乘坐舒适性(无扭矩冲击)。

④提高匀速驾驶和 ATO 驾驶的精度。

(1)感应电机的原理

如图 1.37 所示为感应电机的定子所产生的旋转磁场(2 极机)例子。如图 1.38 所示为感应电流通过旋转磁场流向转子片的模式图。感应电机的驱动机理可概括如下:

①通过供给定子的交流 3 相电流,产生旋转磁场。

②根据右手法则,起电力感应到转子片,产生感应电流。

③根据左手法则,在感应电流与旋转磁场之间产生电磁力,转子旋转。

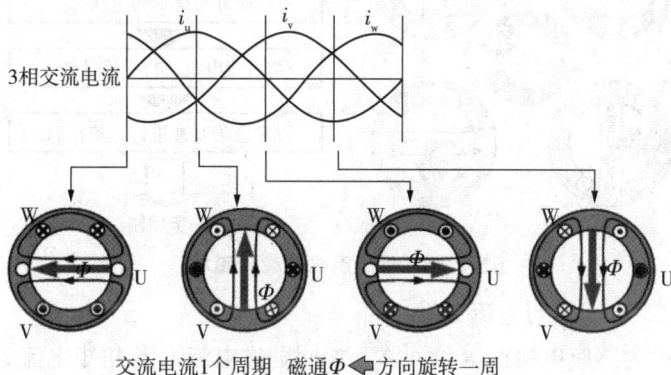

图 1.37　感应电机定子产生的旋转磁场(2 极)

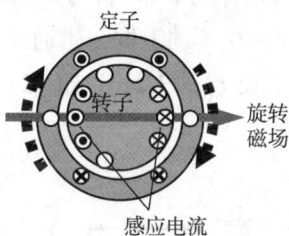

图 1.38　感应电机的转子感应电流

(2)矢量控制的基本原理

如图 1.39 所示为直流电机的原理模式与扭矩控制原理。结构上磁通与电枢电流垂直相交,通过对调节磁通的磁场电流和电枢电流的分离控制,能够轻易地进行扭矩控制。

另一方面,如图 1.40 所示,感应电机的磁场时刻处于旋转之中。但是,一旦升到旋转磁场的上方,磁场的旋转就会同磁极物理位置固定的直流电机一样,呈现停止状态。因此,可采取与直流电机等价处理的方法。这种以外观上静止的磁通为基准所进行的电流控制就是矢量控制。

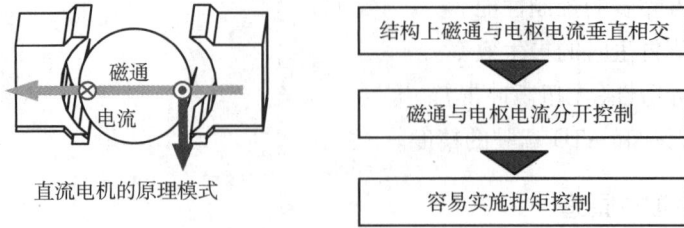

图 1.39　直流电机的扭矩控制

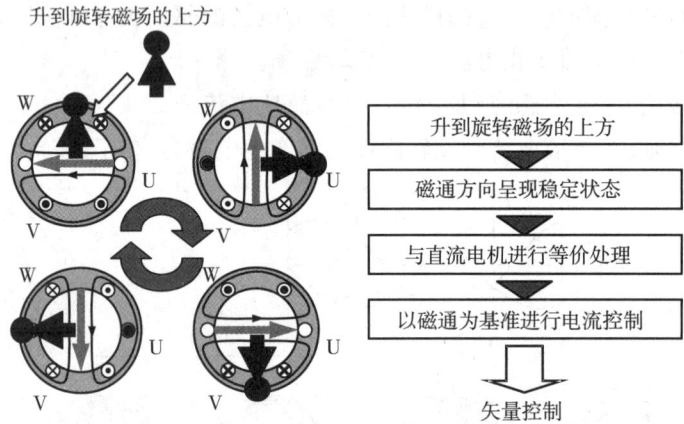

图 1.40　感应电机的旋转磁场

①感应电机的等价回路与电流矢量

如图 1.41 所示为感应电机的等价回路。如同励磁电流 I_d 与扭矩电流 I_q 垂直相交一样，将串联在 2 次电阻上的 2 次漏电感同 1 次作等价交换，只以 2 次作为电阻。

如图 1.42 所示，将磁通 Φ 的方向作为 d 轴、将与 d 轴垂直相交的方向作为 q 轴，以这些为基准轴对电机电流进行矢量处理。在 d 轴上取与磁通 Φ 同相的励磁电流 I_d、在 q 轴上取扭矩电流 I_q。励磁电流 I_d 与扭矩电流 I_q 的矢量合成(二乘和的平方根)得出电机电流的实效值 I_m。

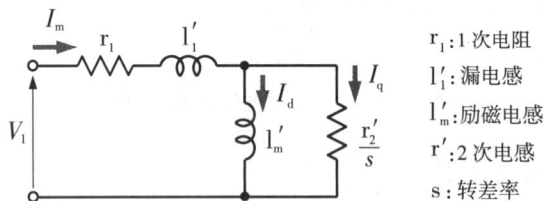

r_1:1 次电阻
l_1':漏电感
l_m':励磁电感
r':2 次电感
s:转差率

图 1.41　感应电机的等价回路

②矢量控制时的扭矩

感应电机因为发生的扭矩与磁通和 2 次电流(扭矩电流)之积成比例关系,磁通与励磁电流成比例关系,因此,矢量控制时的扭矩为

$$T = K \times \Phi \times I_q$$
$$= K' \times I_d \times I_q \tag{1.14}$$

式中　K, K'——比例常量;

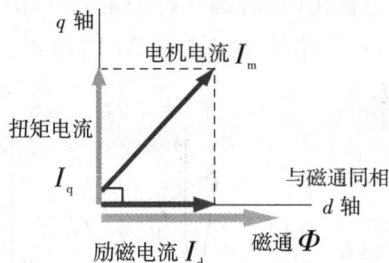

图 1.42 磁通与电流矢量

Φ——磁通；

I_q——扭矩电流；

I_d——励磁电流。

由于感应电机发生的扭矩是由励磁电流与扭矩电流之积所得,因此通过分离励磁电流和扭矩电流并进行单独调整,便能够像直流电机一样对感应电机进行控制,无论是正常控制还是过渡控制,都能获得灵敏的扭矩控制。

由于感应电机的励磁电感比漏电感大,因此在磁通(励磁电流)调节时需要大能量的进出,时间长。对于要求反应快速的扭矩控制来讲,通常采取在保持稳定励磁电流的情况下调整扭矩电流的方法。如图 1.43 所示为电流矢量的扭矩控制实例。

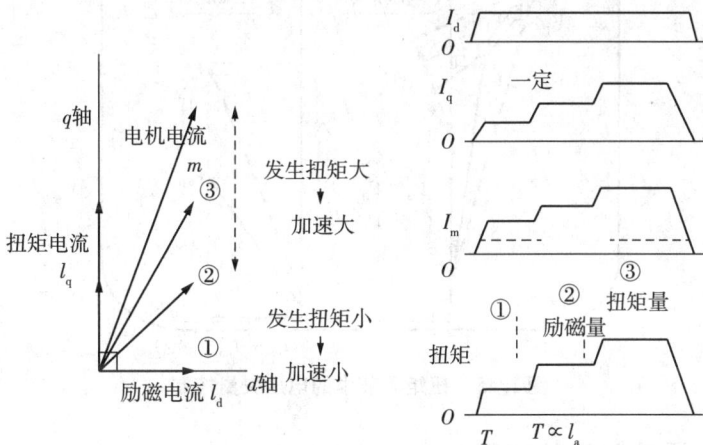

图 1.43 电流矢量的扭矩控制

③电压矢量控制

如图 1.44 所示为电压、电流的矢量图。为了得到规定的励磁电流 I_d 与扭矩电流 I_q,需要把电机的端子电压 V_1(相当于逆变器的输出电压)由电机常量设定为规定值。也就是说,感应电机的端电压 V_1 是通过励磁电感电压 V_0(相当于 2 次电阻的电压)和电机电流 I_q 产生的电压下降量 V_r,V_1 矢量合成获得。相对于电机端子电压 V_1 的 V_0 的位相角 δ 是控制信息,对于传统 V/f 控制来说,它增加了电压控制的自由度,是矢量控制中的重要控制信息。

如图 1.45 所示为扭矩调节时电压矢量控制方法的概念。它设想一种情况,即保持磁通电流指令 I_{dp} 不变,而将扭矩电流 I_{qp} 变成 I'_{qp}。此时,将电机电流(指令) I_{mp} 变成 I'_{mp}。矢量演算器为了不使励磁电流 I_d 发生变化(使磁通保持一定),在保持励磁电感的电压 V_0 不变的情况下,分别把端子电压的大小 V_1 和位相角 δ 修正为 V_1' 与 δ'。由于磁通不会同时发生变化,因而可获得高速的扭矩反应。

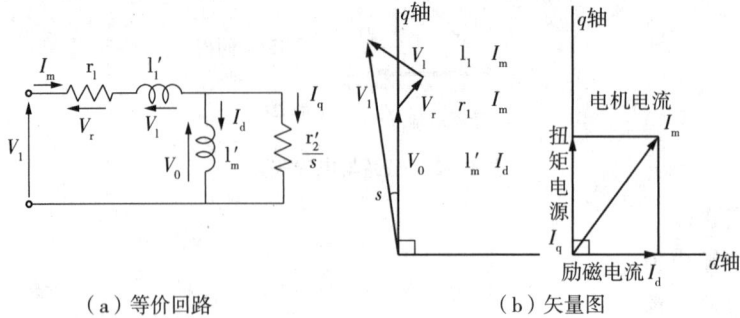

(a)等价回路　　　　　(b)矢量图

图1.44　电压、电流的矢量图

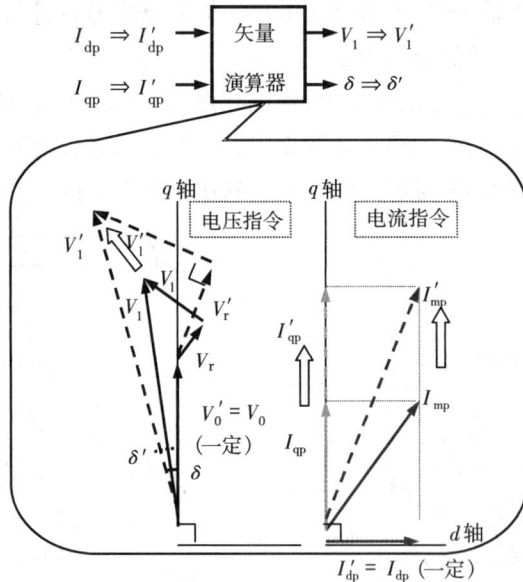

图1.45　扭矩调节中的电压矢量控制

(3)车用矢量控制及其应用

由于逆变器控制要最大限度地使用电源电压,因此不能将一般工业上广泛使用的众多的控制方式直接用于车用驱动控制上。用于车辆驱动的逆变器,要特别考虑到以下情况:

①以单一系统涵盖所有工作领域的控制系统。

②在最大电压领域(1 个脉冲模式)中的弱磁场控制功能。

③适应电机常量波动的扭矩控制。

如图1.46所示为能够实现上述目标的差频控制式矢量控制的基本结构实例。它的最大特点是,励磁电流 I_d 为开口回路控制,只有扭矩电流 I_q 为反馈控制。实际的励磁电流根据逆变器输出电压设定,在车辆特有的最大电压领域(1 个脉冲模式)时,自动进入弱磁场控制,差频则通过扭矩电流控制系统的工作得到自动修正。因此,不必切换控制系统便可对整个驾驶领域进行驾驶,由此构成一个可靠性高、简单的控制系统。不仅如此,还可实现无扭矩冲击的控制。并且根据扭矩电流反馈的信息对差频加以调整,使其具备了对电机常量波动所产生的扭矩变化进行自动修正的功能。此外,它的另一个优点是不必像过去那样对每个产品进行 V/f 曲线调整,启动时也不必对差频固定电压控制进行调整,因此可缩短调整时间。

通过使用高性能的微处理器,从软件方面讲,已经可实现 CPU 大演算量的矢量控制。如图 1.47 所示为列车特性与矢量控制的关系。

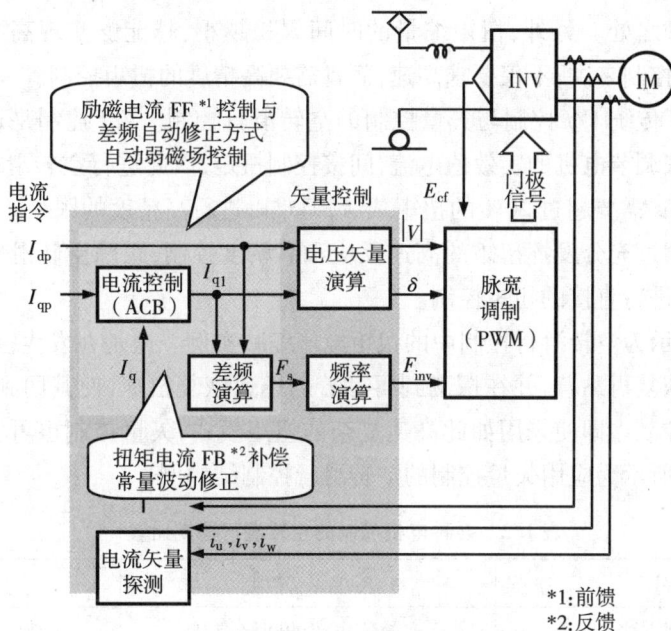

图 1.46　车用矢量控制的基本结构例

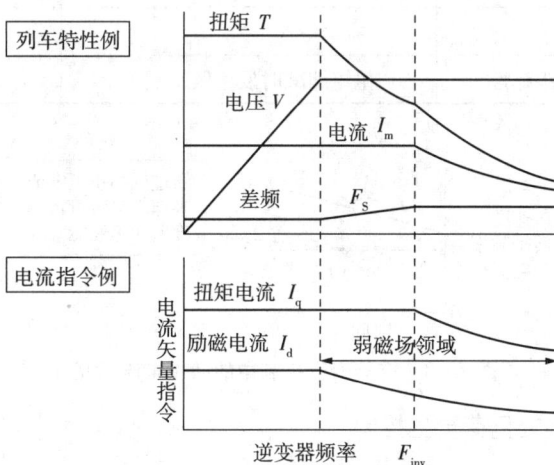

图 1.47　列车特性与矢量控制

33

1）应用矢量控制的空转滑行控制

黏着控制对于利用铁制车轮与铁制轮轨之间摩擦的铁路来讲是最重要的课题之一。为了追求高黏着化，迄今为止已经做出了各种努力。高黏着化的关键是要将车轮与轮轨之间的黏着限界充分利用到极限，以及如何从超过黏着限界后所发生的空转、滑行状态迅速恢复到再黏着化（空转滑行控制）。由于黏着限界受轨道状态的影响而时刻发生着很大的变化，因此控制上要求做到精细。

空转滑行控制就是探测出空转滑行的状态，通过降低电机产生的扭矩，控制其重新恢复再黏着状态。因此，如何尽早发现空转滑行状态，并以最小的扭矩减量迅速恢复再黏着状态是提高性能的关键之处。另外，扭矩缩量的时间累积越小，越能够实现高黏着力控制。因此，对于空转滑行控制来讲，不仅要求高速，而且需要高精度的扭矩控制。

表1.2比较了传统 V/f 控制与矢量控制的空转滑行控制。V/f 控制是通过对感应电机差频的瞬时控制来调节电机的实效值电流，间接控制扭矩，以此进行空转滑行控制。它在再黏着控制时，100 ms 需要超过20%的扭矩减量，但难以进行高精度的跟踪。

矢量控制是通过充分发挥扭矩的高速反应和高精度控制，跟踪空转滑行控制所要求的细微的扭矩模式，进行直接的扭矩控制。

如图1.48所示为空转滑行控制中的扭矩电流缩减实例。这是在发生空转时，通过快速缩减扭矩来迅速恢复再黏着，并在探测到再黏着后迅速恢复扭矩，使其回到推定黏着力，以此实现高黏着力控制。即使采用如此高速复杂的扭矩模式，矢量控制也可实现良好的扭矩控制。如图1.49所示为应用矢量控制的空转滑行控制结构例子。

表1.2　各种电机控制的空转滑行控制比较

项　目	传统 V/f 控制	矢量控制
扭矩控制方法	实效值电流的间接控制	扭矩电流的直接控制
扭矩控制指令	差频指令	扭矩电流指令
扭矩控制精度	中	高
对再黏着控制模式的跟踪性	扭矩缩减时发生跟踪延迟	良好

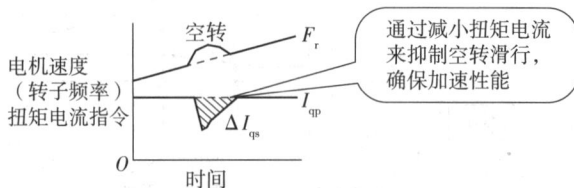

图1.48　空转滑行控制中的扭矩电流缩减

2）应用矢量控制的轻负荷再生控制

如图1.50所示为轻负荷再生控制中的扭矩电流缩减实例。在电源轻负荷的再生驾驶时，能够抑制住直流电压的快速上升和过电压保护等产生的再生失效频率。另外，保护动作的回路断路所产生的扭矩冲击也会受到抑制，这将会提高乘坐的舒适性。如图1.51所示为

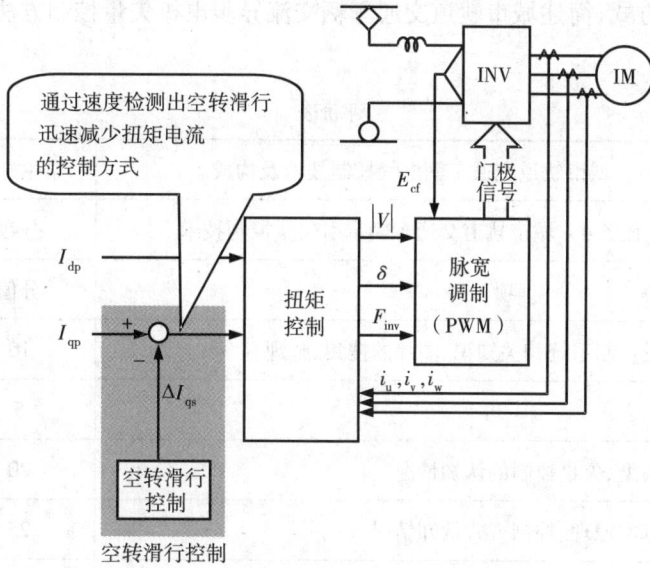

图 1.49　应用矢量控制的空转滑行控制结构

应用矢量控制的轻负荷再生控制结构例子。

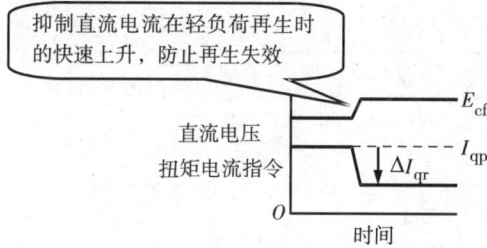

图 1.50　轻负荷再生控制的扭矩电流缩减

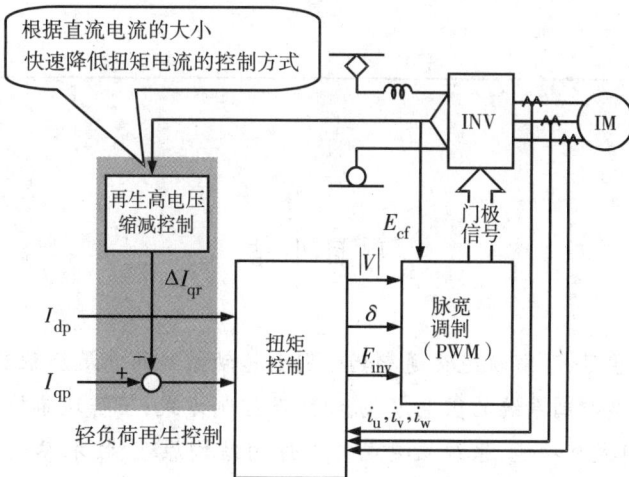

图 1.51　应用矢量控制的轻负荷再生控制结构

【任务实施】

简述异步电机的数学模型、交流异步电机矢量控制系统总体设计方案及矢量控制技术的基本原理、控制方式,简述城市轨道交通车辆交流异步电机矢量控制方法原理及特点。

【效果评价】

评价表

项目名称	城市轨道交通车辆电气控制技术及构成	学生姓名	
任务名称	任务4 城市轨道交通车辆牵引矢量控制技术	分数	
项 目		分值	考核得分
1.交流异步电机矢量控制系统相关知识、图片的搜集、整理		10	
2.是否有小组计划		5	
3.异步电机的数学模型、矢量控制的认知情况		20	
4.矢量控制技术的基本原理、控制方式认知情况		25	
5.城市轨道交通车辆交流异步电机矢量控制方法原理认知情况		25	
6.编制学习汇报报告情况		10	
7.基本素养考核情况		5	
教师简要评语: 教师签名:			

项目小结

通过本项目的学习,了解轨道交通车辆牵引电传动系统的发展历程及发展方向;初步认识轨道交通车辆电气控制系统的供电方式、组成及控制方式;了解城市轨道交通车辆电气控制技术特点,系统组成及功能,系统主要电气部件的结构原理、技术参数、性能等;掌握牵引系统矢量控制方式、PWM控制原理。系统认识城市轨道交通车辆主要电气产品的结构原理,扩展轨道交通车辆牵引电传动系统。

思考与练习

1. 简述城市轨道交通车辆电气控制系统的供电方式、组成及控制方式。
2. 简述城市轨道交通车辆电气控制技术特点,系统组成及功能。
3. 简述牵引系统矢量控制方式及其特点。
4. 简述 PWM 控制原理及其特点。
5. 简述城市轨道交通车辆主要的电气产品,并举例。

项目 2
城市轨道交通车辆牵引电传动系统

【项目描述】

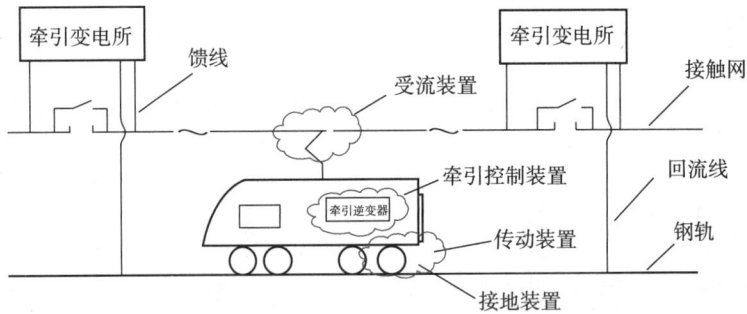

图 2.1

牵引电传动系统在地铁车辆上是一个非常重要的系统,由于它与其他专业有诸多接口,如车顶和接触网的接口,车下和钢轨的接口,列车运行时和车载信号的接口等,从而使得系统更加复杂。如上图所示,首先通过受电弓将接触网的电流引入牵引逆变器,逆变器通过逆变将直流电变为电压、频率可变的交流电供给牵引电机,然后从牵引电机出来的电通过齿轮箱的接地装置(或轴端接地装置)将电流引入钢轨,最后通过钢轨、回流线将电流引入牵引变电所,从而形成"牵引变电所—受电弓—牵引逆变器—齿轮箱接地装置—轮对—钢轨—牵引变电所"一个回路。

由于牵引电传动系统的可靠性直接关系到行车及乘客的安全,因此,在牵引系统内部对重要元器件的状态及相关数据时时进行监控。当监控到系统出现异常时,系统根据严重程度封锁牵引,从而避免了故障的扩大。当系统封锁牵引后,根据故障的严重程度设有不同的复位方式,从而在保证安全的情况下尽可能将正线影响降低到最小。同时,牵引系统内部对 VVVF 故障及保护动作也具有记录功能,这些记录的数据对于事后分析故障提供有力的证据。

由于牵引电传动系统与其他专业的接口多,涉及的专业广,要想学好本系统,首先必须学好电机拖动控制技术、电力电子技术、微机控制技术等基础课程等。

【学习目标】

通过本项目的学习,要求掌握以下基本知识:

1. 了解目前国内地铁车辆的几种受流方式。
2. 了解地铁车辆牵引逆变器的种类及控制策略。
3. 掌握牵引电机的种类及工作原理。
4. 掌握车辆牵引系统与空气制动系统的接口。
5. 了解地铁车辆司控器的结构及工作原理。
6. 了解空转、滑行的概念,以及出现空转、滑行时的控制策略。

【技能目标】

1. 了解空转/滑行的发生机理,并能通过理论分析现场出现的一些实际问题。
2. 了解司控器的结构,能够掌握司控器日常维护要点。

任务 1　牵引系统的基本组成及电路分析

【活动场景】

本部分内容以现场对照实物学习和课堂讲授为主,右图为维修人员现场下载 VVVF 故障数据并进行分析故障的场景。

【任务要求】

1. 掌握牵引主回路的基本组成。
2. 了解回路各器件的基本参数及作用。
3. 了解不同工况下,主回路的工作原理。

图 2.2

【知识准备】

我国的城市轨道交通起步于 19 世纪末,1899 年北京有了第一辆有轨电车;1906 年在天津,1908 年在大连相继出现了有轨电车线路;以后又在长春、哈尔滨等其他城市出现了有轨电车,这些有轨电车线路绝大部分于 20 世纪 50 年代末到 60 年代初被拆迁,目前保留的只有大连和长春。

进入 21 世纪后人们对城市有轨电车有了新的认识,有轨电车开始了升级换代,一些城市重新开始规划有轨电车的线路、设计,制造新型的低地板电车。

城市有轨电车均采用直流架空线供电,早期的牵引系统的驱动都是直流牵引电动机,调速方式为变阻器调压;目前,新型的有轨电车均采用交流牵引电动机,变频调速。新型有轨电车由于低地板的要求,其牵引电动机需要独立驱动,因此对牵引系统的控制有很高的要求,技术难度和复杂大大增加。普遍认为,新型低地板有轨电车的技术含量要求高于一般的

39

地铁车辆牵引技术,可以说是目前牵引系统控制技术的最新体现。

中国第一条地铁线路于 1969 年在北京建成,1971 年投入运营,从此开始了我国城市轨道交通中地铁列车的发展。1976 年天津建成地铁一号线的第一段,1984 年一号线全线运营;1984 年第二条北京地铁(环线)投入运营;1995 年 4 月上海地铁一号线投入运营。由此从 20 世纪 90 年代起我国进入了一个大规模的城市轨道交通建设时期,相继进行规划和建设城市有 40 多个,包括有地铁列车、轻轨列车、跨座式列车、直线电机列车等多种模式。直线电机转动时利用直线电动机定子绕组产生磁场金和轨道之间安装的感应板之间的电磁效应产生的推力作为列车额牵引力或电制动力,此牵引或电制动力与轮对之间的黏着无关,因此列车爬坡能力远大于采用旋转电机的车辆,广州地铁四号线的列车为全动车,爬坡能力可达到 70% 以上。

我国初期地铁牵引系统采用的都是直流传动系统,北京地铁一号线和环线牵引系统采用凸轮变阻调压调速牵引,上海地铁一号线列车采用的直流斩波器调压调速牵引和微机控制系统。北京地铁采用 DC750 V 第三轨供电;而上海采用 DC1 500 V 架空线供电。

从我国城市轨道交通的发展可以看到,我国城市轨道交通列车牵引系统起点高、技术新。牵引系统无一例外地采用 VVVF 驱动的交流传动系统和微机控制技术,这些技术已经达到国际先进的水平,这是国家采取技术引进、合作生产的政策和结果。与此同时,我国城市轨道交通列车的自主设计、制造方面也取得了很大的进展,已经在北京设计、生产了具有自主知识产权的地铁 B 型车,在上海设计、生产了地铁 A 型车。这两种车型已经成为成熟车型在国内各大城市采用。

城市轨道列车牵引系统供货商不同,牵引系统的组成也不尽相同。但基本结构和控制原理是相通的,本节以西安地铁一、二号线牵引系统为例进行讲解。

(1)牵引主回路的基本组成

如图 2.1 所示为西安地铁二号线车辆牵引主回路。

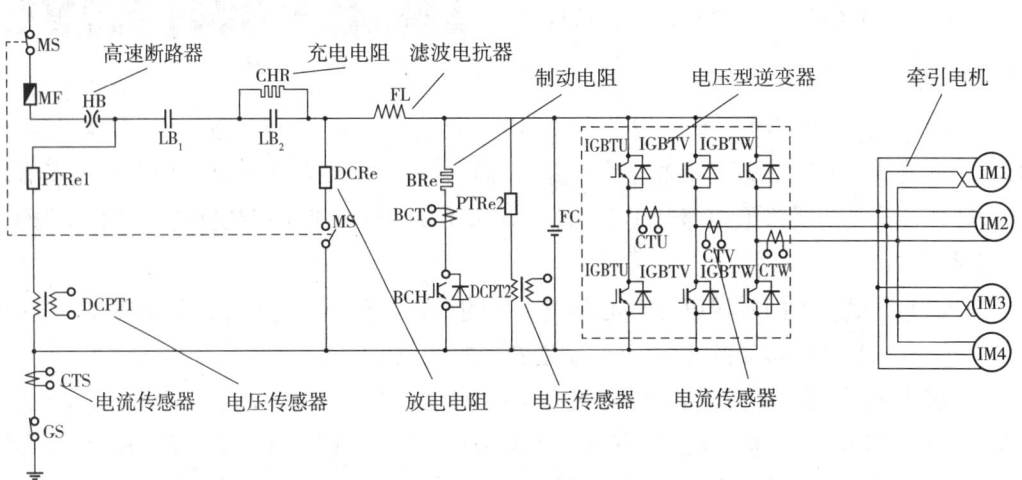

图 2.1 牵引主回路

1)避雷器

避雷器与主回路并联,当列车遇见雷击时,此时电流急剧突变,当超出避雷器的设定值时,避雷器开始动作,从而与车体接通,最后将大电流通过车体通过轮对、钢轨流入大地,从而对主回路设备进行了保护。

2)高速断路器

高速断路器是主回路上第一个保护设备,当高速断路器上流过的电流超出设定的值时,此时高速断路器断开。高速断路器的分断非常迅速,一般主接点动作时间:接通70~150 ms,断开8~15 ms。高速断路器在分断时,伴随拉弧现象,故在主触点上方设置了灭弧罩,有效防止拉弧现象的恶化。

3)线路接触器、充电接触器和充电电阻

主电路开始投入,门级还未动作时,为给逆变器一恒定的电压,首先主回路给电容充电,当电容值达到规定数值后,门级开始动作。在给电容进行充电时,为防止接触网大电压对电容的冲击,在进行充电时首先通过一个充电电容进行限压,当电容电压达到一定数值后,充电电容被短路。不同的牵引供货商,充电电路的设计不尽相同,主要两种充电电路如图2.2所示。

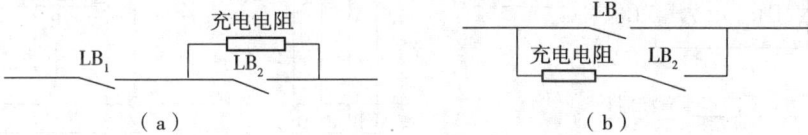

图2.2　充电电路

如图2.2(a)所示,首先闭合LB_1,电流通过LB_1充电电阻给电容充电,当电容电压达到某一数值后LB_2闭合,充电电阻被短路,此时逆变器门级开始投入工作。如图2.2(b)所示,首先闭合LB_2,电流通过LB_2、充电电阻给充电电容充电,当电容电压达到规定数值后,此时LB_2断开,LB_1闭合,将充电电阻断开,此时逆变器门级开始投入工作。如图2.3所示,西安地铁二号线主回路的充电电路就采用第一种方式。

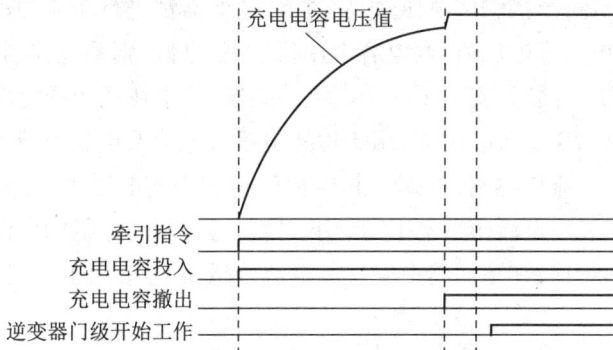

图2.3　充电时序图

4）制动电阻

制动电阻按照冷却方式,可分为自然风冷和强迫风冷;按照安装的位置,可分为车辆上悬挂的方式和地面安装的方式;按照制动电阻的投入情况,可分为一次性投入和分组交叉投入,等等。

电阻制动采用制动斩波器控制的形式,斩波器的开关元件采用IGBT。每台VVVF逆变器设置一套电阻制动装置。在电制动过程中,再生制动优先。随着再生吸收条件的变化,再生制动与电阻制动能连续调节,且平滑转换。

一般制动电阻的设计容量满足无再生条件,重电阻制动下可满足制动要求,且制动电阻有充分的耐热裕度。在制动电阻斩波器中设有温度检测,制动电阻中根据计算预测设有温度检测保护,当制动电阻温度上升值大于455 ℃时制动电阻自动停止工作,同时给ATI故障信息。电阻器上方采取隔热措施,其发热不对车下其他设备及车体产生任何不良影响。

如图2.4为广州地铁二号线车辆电阻制动的控制及结构图,采用强迫风冷,并制动电阻分两组交替投入。

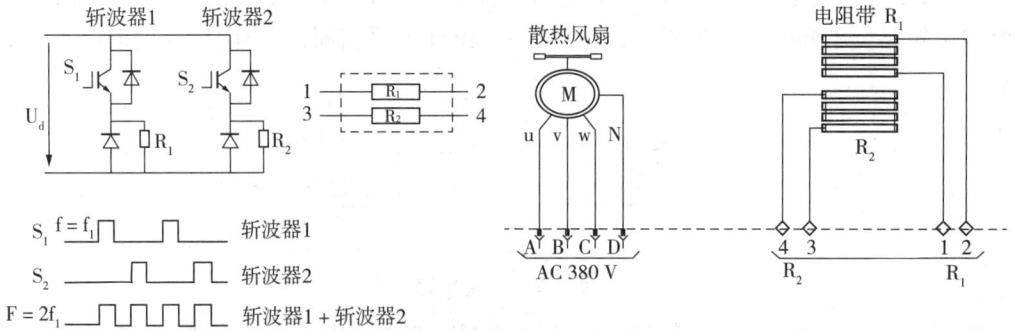

图2.4 广州二号线车辆制动电阻

5）电压传感器、电流传感器

为对主回路电压、电流进行时时检测,发生异常能够及时进行保护,在主回路上关键部位安装了电流、电压传感器(见图2.1),在主回路上安装两个电压传感器$DCPT_1$,$DCPT_2$。$DCPT_1$检测接触网电压,当接触网电压过高/过低,逆变器都进行相应的动作,对逆变器进行保护,$DCPT_2$检测充电电容电压值,当电容电压值过高/过低,则系统控制相关的元件进行开闭,对逆变器进行保护。同时,安装了5个电流传感器,其中在逆变器的输出端U,V,W各项安装一个电流传感器CTU,CTV,CTW,用于检测电机过电流及电机电流三相电流不平衡,在部分系统中安装两个电流传感器,根据三相电流矢量和为零的原则,计算出第三项电流值,在制动电阻回路上安装一电流传感器BCT,用于检测通过制动电阻的电流,同时通过采集电流值计算电阻的发热情况,在主回路上安装一电流传感器CTS,用于检测主回路电流值。

6）主隔离开关

在进行电客车月检及以上修程时,为安全起见,保证逆变器内电容充分放电,首先进行操作隔离开关,此闸刀有两对触点,一对常开触点将放电电阻与电容形成闭合回路,从而对电容进行充分放电,另一个常闭触点断开,保证意外情况进行送电时,不对正在检修的人员造成高压伤害。

7)滤波电抗器

每台 VVVF 逆变器配备一个滤波电抗器。滤波电抗器由电抗器、电容器及其他高压器件组成。滤波电抗器的设计与高速断路器的分断能力协调一致,以保证当滤波电抗器突然接地时,不损坏任何其他设备。滤波电抗器的安装采用屏蔽板结构,减小磁通密度对各室的影响。

8)电压型逆变器

牵引逆变器一般都采用电压型逆变器,即在逆变器前面并一电容,保证给门极提供一恒定的电压。如图 2.5 所示,门极驱动单元(GDU)直接与 IGBT 相连。牵引逻辑部的控制信号先转换为光信号后,使用光纤送入 GDU,在 GDU 上进行光电转换并将信号放大驱动 IGBT 工作。同时将由 GDU 返回一个反馈信号(同样使用光电模式,是信号送入的逆过程)指示 IGBT 当前状态。GDU 驱动 IGBT 门极的脉冲信号。正极电压打开,负极电压关闭。

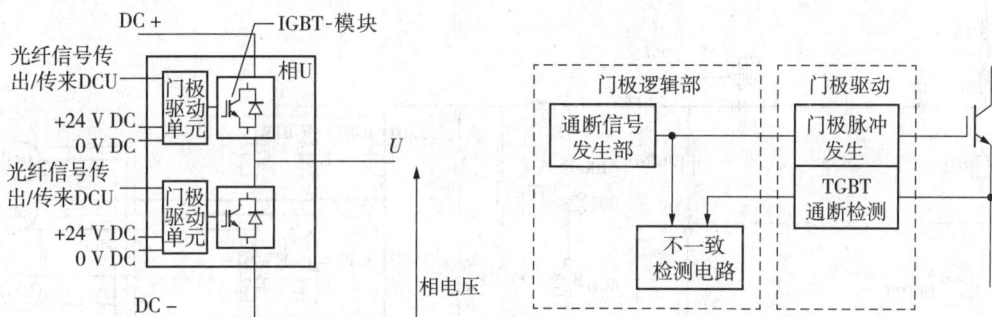

图 2.5 IGBT 控制

除此之外,牵引主回路设备还有受电弓、牵引电机,具体在后面有专门介绍。

(2)牵引系统主电路分析

牵引系统按不同的工作工况,可分为充电阶段、牵引阶段、再生制动阶段、电阻制动阶段及放电阶段。下面对照牵引回路对这几个阶段进行分析。

1)充电回路

列车在牵引时,首先按下 HB 合按钮,HB 闭合,再推方向手柄,当推牵引手柄时,断流器 LB_1 合,此时网侧电压通过 LB_1、充电电阻(10 Ω)给电容 FC 充电,相隔 0.32 s,断流器 LB_2 合,充电电阻短路,此时牵引控制单元同时控制逆变器中 6 个 IGBT 的通与断,从而给电机提供电能。充电回路如图 2.6 所示。

2)牵引回路

列车在牵引时,牵引控制单元通过控制逆变器中 6 个 IGBT 的导通时间和周期来改变输入给牵引电机的电压与频率,从而控制牵引力的大小。牵引主回路如图 2.7 所示。

3)电制动回路

牵引逆变器除了具有牵引功能外还具有电制动功能,其中电制动包括再生制动和电阻

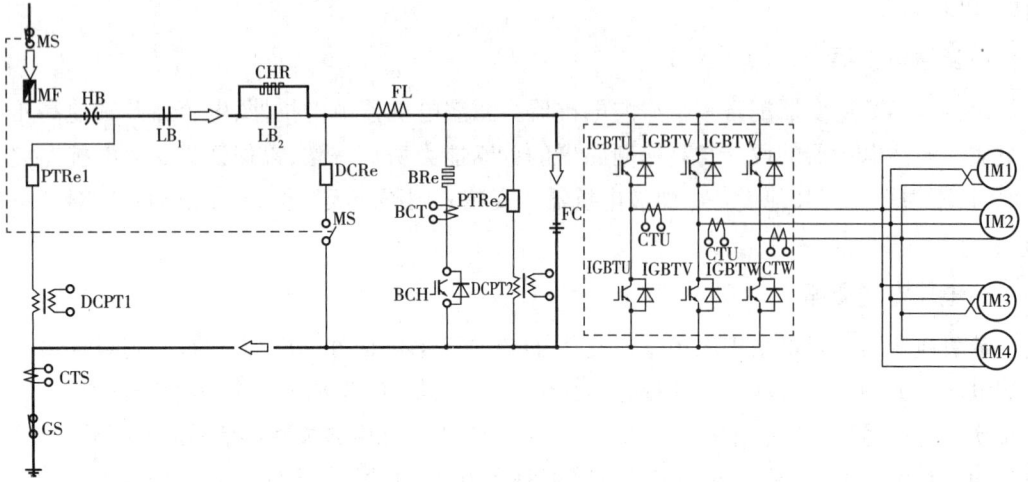

图 2.6　充电回路

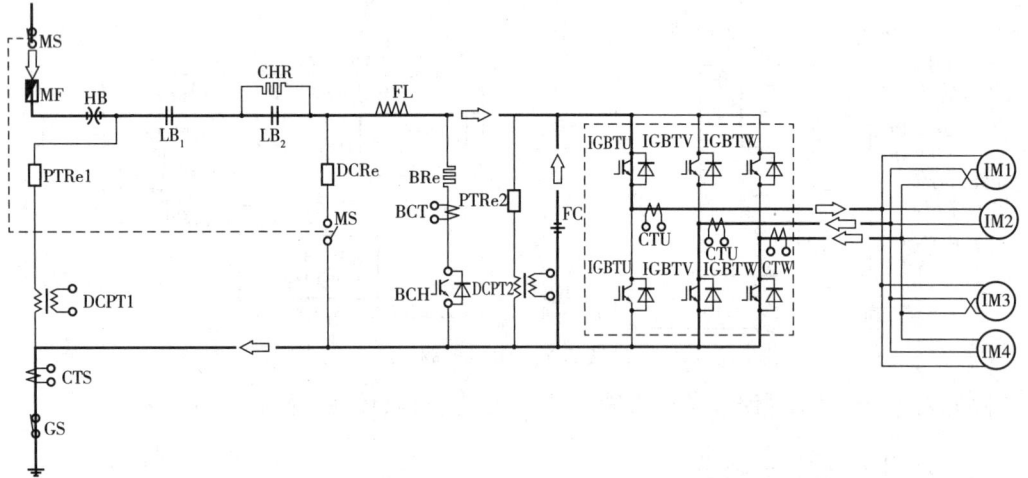

图 2.7　牵引回路

制动。

如图 2.8 所示为西安地铁二号线电制动时电阻制动与再生制动转换的示意图。当制动时,列车优先使用再生制动,当随着网压的抬高,电压传感器检测到网压值大于 1 720 V 后,此时系统开始逐渐投入电阻制动,这时再生制动与电阻制动同时参与,随着再生电能的反馈,当检测到网压值大于 1 800 V 时,此时再生的能量不能反馈到电网,全部通过制动电阻以热能的形式散发到周围环境。

①再生制动

再生制动是在制动时把车辆的动能转化成电能馈送到电网或储存起来,而不是变成无用的热。其工作原理是将电动机变为发电机,把列车的动能转成电能储起来或反馈回电网供其他列车用电。再生制动回路如图 2.9 所示。

②电阻制动

制动电阻就其安装位置不同主要分两种,即制动电阻安装在车辆上和安装在地面上。

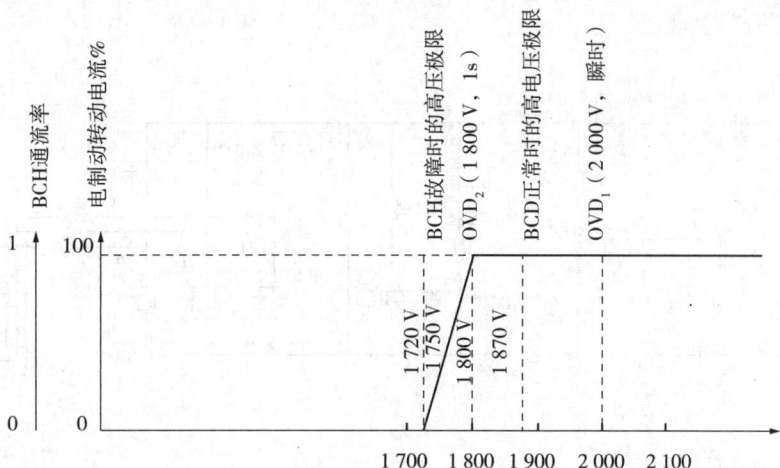

图2.8　电阻制动与再生制动的投入时机

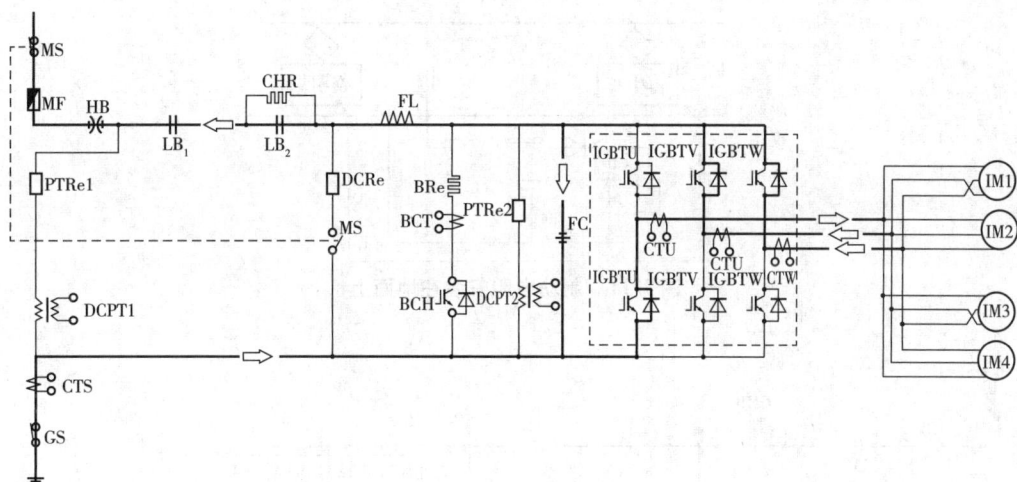

图2.9　再生制动回路

A.制动电阻安装在车辆上

再生制动产生的能量不断地增加,从而使电网的电压抬高,当超出一定的范围时,再生的电能就不能继续反馈到电网上,此时系统就打开制动斩波相,投入制动电阻,从而将再生的电能通过制动电阻转化为热能散发到周围,如图2.10所示。

B.制动电阻安装在地面上

再生制动产生的能量不断地增加,从而使电网的电压抬高,当超出一定的范围时,为了保证设备的正常使用,就必须要进行强制降压,此时就投入制动电阻,从而使网压值降低。如图2.11所示为广州四号线车辆制动电阻就安装在地面上的示意图。

4)放电回路

当列车在进行主回路高压设备箱的开箱检修时,为保证人身安全,防止触电,此时必须手动操作主隔离开关MS,将电容与放电电阻接通形成放电回路对电容放电。具体回路如图2.12所示。

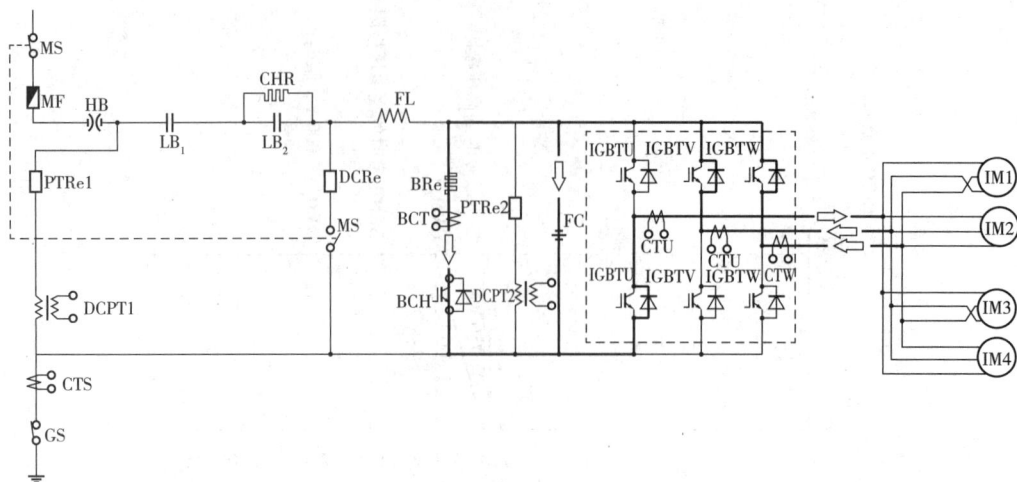

图 2.10　制动电阻安装在车辆上

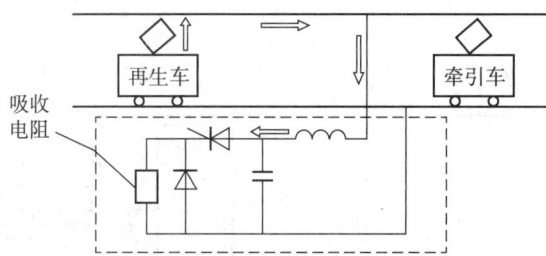

图 2.11　制动电阻安装在地面上

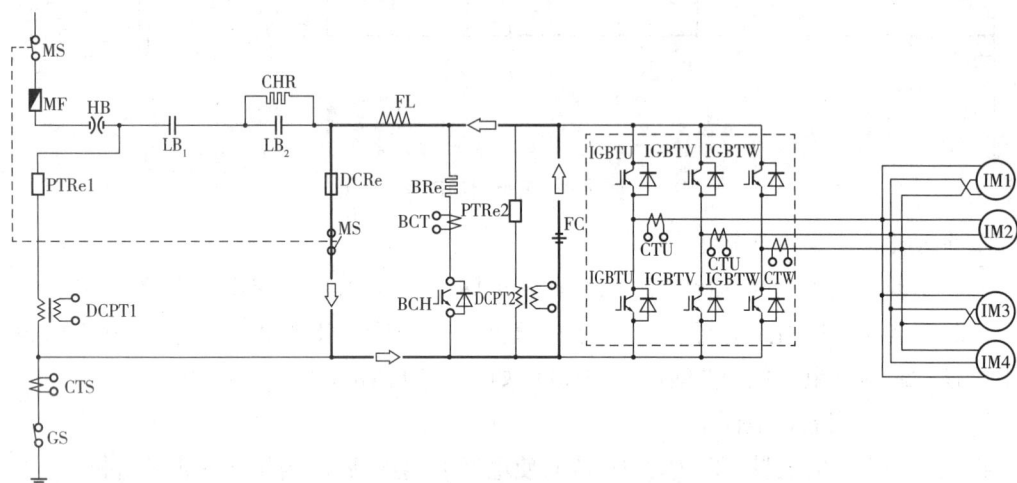

图 2.12　电阻制动回路

【任务实施】

1. 现场询问学员车辆牵引系统车下悬挂件的名称、功能及工作原理。

2. 现场指导学员了解车辆牵引系统电路在车下的布线情况。

3. 进行牵引、制动试验时，让学员观察列车监控系统屏内牵引、制动系统各参数的变化。

4. 打开列车监控屏界面，让学员对列车在日常运行时牵引系统从接触网上输送电能和再生反馈回电网的电能的关系。

【效果评价】

评价表

项目名称	城市轨道交通车辆牵引电传动系统	学生姓名	
任务名称	任务1　牵引系统的基本组成及电路分析	分数	
项　目		分值	考核得分
1.列车牵引系统的主要组成的掌握情况		20	
2.牵引主回路电流的流向是否熟悉		5	
3.牵引系统在工作时,都有哪些工况,电流的流向如何		15	
4.电阻制动与再生制动的区别及转换条件是否了解		10	
5.在刚开始启动牵引逆变器时,为何首先通过充电电阻给电容充电,充电的目的是否了解		15	
6.牵引系统中各部件的工作原理及作用是否掌握		15	
7.通过学习本任务,能否口述牵引系统工作的基本过程		20	
教师简要评语: 　　　　　　　　　　　　　　　　　　　　　　　教师签名:			

任务2　受流器的种类及工作原理

【活动场景】

　　如图为电客车维修人员对受电弓进行维修保养的场景。

【任务要求】

　　1.了解国内城市轨道交通车辆的受流方式。

　　2.了解受电弓的结构及工作原理,掌握受电弓日常检修流程及维护的方法。

　　3.了解集电靴的组成及工作原理。

【知识准备】

(1)地铁车辆的受流方式

目前国内城市轨道车辆的受流方式主要有两种形式,即第三轨-集电靴受流和接触网-受电弓受流。第三轨-集电靴受流方式按照第三轨与集电靴相对位置又可分3种形式,即上接触式第三轨、下接触式第三轨和侧接触式第三轨。采用第三轨-集电靴受流方式应用的城市线路有北京地铁,天津地铁二号线,广州地铁四、五号线。受电弓-接触网受流方式又可分为刚性接触网受流和柔性接触网受流,应用的城市有广州地铁一、二、三号线,沈阳地铁一、二号线,西安地铁一、二号线,等等。

(2)受电弓的基本组成及工作原理

1)基本参数

表 2.1　受电弓基本参数(西安地铁二号线)

项　　目	参　　数
额定电压	DC 1 500 V
网线电压变化范围	DC 1 000 ~ 1 800 V
额定电流	1 500 A
最大工作电流(14 s)	2 800 A
额定静态压力	120±10 N
静态压力调整范围	70 ~ 140 N
升弓时间	≤8 s
降弓时间	≤8 s
额定工作气压	0.45 MPa
最小工作气压	0.32 MPa
碳滑条数量	2 根

2)基本组成

①下臂杆及导杆

下臂由焊接钢管构成,它包括中心连接支撑的所有部分,支撑点由密封的重型旋转头组成。拉杆是由无缝不锈钢管和重型自润滑的关节轴承组合而成。当拉杆绕底架的回转中心转动时,受电弓弓头的位置被改变。同时,下臂杆、拉杆与其他设备形成以四边形结构,保证了受电弓的稳定性。

②上臂杆及平衡杆

上臂为封闭的框架设计,由焊接铝结构组成,它由拉伸型管、环形的上臂十字管和上臂连接组成,它支撑

图 2.13　受电弓实物图

下臂的旋转头和下导杆,框架由斜的不锈钢支柱支撑。

平衡杆是使受电弓弓头在整个工作高度范围内保持水平,车辆在运动过程中通过缓冲调整装置消除外力对弓头在运动过程中的干扰。

③升降装置

目前国内受电弓的升降装置有两种方式:一种是弹簧弓,另一种是气囊弓。

A.弹簧弓

为提升受电弓并在碳触条和上部接触网间产生接触力,在底架和下臂主轴间安装一拉伸弹簧,要求的提升力由拉伸弹簧产生,下降力由气压升弓传动装置产生。弹簧弓结构如图2.14所示。

图2.14 弹簧弓结构

拉伸弹簧由一螺旋状的钢弹簧组成,弹簧力使滚子链在下臂上产生一力矩,滚子链沿凸轮槽导向,且与下臂的主轴相链接,凸轮槽的形状改变了控制杆的有效长度,这样在整个工作范围内接触压力基本相同。广州地铁一、二号线地铁车辆受电弓的升降采用弹簧弓。

B.气囊弓

升弓动力来源于气囊组装,当车内压缩空气进入气囊组装后气囊向水平方向移动,安装在气囊组装前推板上的钢丝绳推动下臂杆旋转,使受电弓升起。西安地铁一、二号线地铁车辆就采用气囊弓,如图2.15所示。

图2.15 气囊弓结构

④液压阻尼器

受电弓的缓冲是通过安装在下臂杆和上臂杆上的液压阻尼器来实现的。通过安装液压阻尼器使弓头的碳滑条有很好的随网性。

⑤导流线

为了避免电流直接通过受电弓转动部位,从而使转动部位产生电腐蚀及出现拉弧等意外情况,受电弓在每个转动部位都加装了一定数量的软连线,使电流由软连线流过,对转动部位起到保护作用。

⑥弓头总装

受电弓弓头采用两根碳滑板条,同时横托架内设计有减震弹簧,受电弓在工作时可有效地保护滑板条。

⑦绝缘子

为保证受电弓底架与车体绝缘,在车顶与支架4个固定处安装4个绝缘子上,绝缘子由环脂充填树脂制成,由一个不锈钢M20的螺母安装在车顶。

⑧脚踏泵

当由于列车风管风压下降到某一规定时后,受电弓将不能升起,此时可通过踩客室内安装的受电弓脚踏泵进行升弓。在部分地铁列车上安装电气泵,当列车风压下降导致不能升弓时,此时通过蓄电池的电带动电动泵让受电弓升起。脚踏泵如图2.16所示。

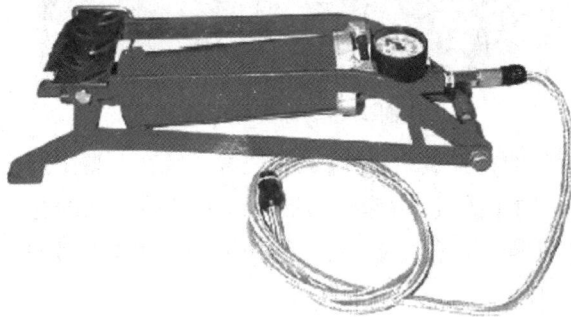

图2.16 脚踏泵实物图

⑨气源控制装置

气源控制箱安装在车顶(见图2.17)受电弓的升降弓时间及受电弓与接触网的接触压力都是通过气源控制箱内各元器件来调整的。

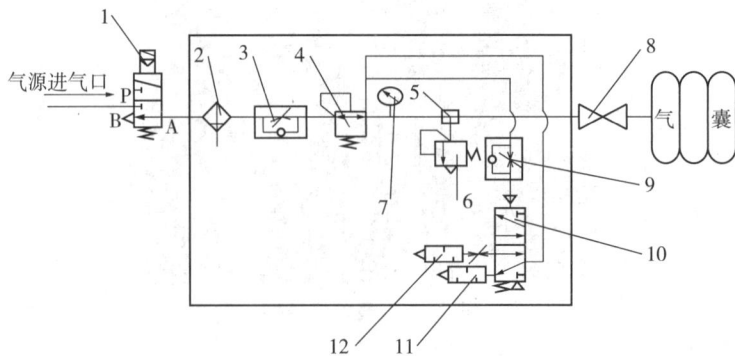

图2.17 控制阀板气路简图

1—电磁阀;2—空气过滤器;3—节流阀;4—精密减压阀;5—三通阀;6—安全阀;

7—压力表;8—球阀;9—节流阀;10—换向阀;11—消声器;12—消声节流阀

3）受电弓的升降弓原理

①气囊弓

升、降弓动作主要通过空气回路进行控制。当在司机室按下升弓按钮,受电弓控制气路中的电磁阀得电,压缩空气通过受电弓气阀箱进入气囊升弓装置,气囊膨胀并带动钢丝绳对下臂杆产生升弓转矩,直到弓头上的碳滑板与接触网接触,并保持在设定的接触压力。

当按下降弓按钮时,电磁阀失电,车辆对受电弓的供风被切断,受电弓气路中的压缩空气通过电磁阀排向大气,受电弓靠自重下降,脱离与接触线的接触,从而使接触网与车辆之间的电力源供应被切断。受电弓最后下降至弓头转轴保持在受电弓底架的橡胶止挡上。

②弹簧弓

受电弓的气压升弓传动装置由弹簧式蓄能器缸、活塞、带有控制杆的活塞杆及带阀的风管组成。气压升弓传动装置的作用是需要时将受电弓从最低位置提升到上部接触网。它通过允许压缩空气进入弹簧式蓄能器缸来完成。

压缩空气使活塞在弹簧式蓄能器中移动,受电弓的主要拉伸弹簧松开,使受电弓升高。

弓头与接触网接触后,电流将依次通过碳滑板、弓头电流连接组装、受电弓框架等传导到底架,最后由底架上的接线端与接线端相连接的主电缆将电流传送到列车牵引及辅助系统。

4）受电弓的检测及控制

受电弓是给车辆牵引以及辅助系统提供电能的设备,升降弓是否到位关系到车辆安全。故受电弓的升降到位情况必须准确反馈给列车监控系统。

降弓到位指示在国内地铁车辆上有不同的检测方法,有采用接触式的机械行程开关方式,也有采用非接触式的位置感应传感器方式等。西安地铁二号线车辆受电弓降弓到位检测采用压力继电器来提供降弓到位信号(见图2.18),当压力小于0.28 MPa时,压力继电器将1,2触点相接,此时将降弓信号反馈给ATI。

升弓到位指示在国内地铁车辆上也有不同的检测方法。一般采用电压反馈或气压反馈到位信号。由于接触网的高度不是一个确定的值,如西安地铁二号线接触线距轨面高度在4 040 mm(隧道内刚性接触网高度)到5 040 mm(车辆段接触网高度)之间,与降弓检测到位一样采用机械式或者位置传感式等的反馈方式不现实。西安地铁二号线车辆受电弓升弓到位检测采用气压继电器来提供升弓到位信号(见图2.18),当压力大于0.36 MPa时,压力继电器将1,3触点相接,此时将升弓信号反馈给监控系统。

图2.18　升降弓检测电路

同时,为防止碳滑板开裂等异常情况导致刮弓,目前很多受电弓设置了ADD保护装置。ADD自降弓保护系统主要包括与升弓气囊相连接的气路、滑板内的硅胶管气道、快排阀及相应的管路组成。碳滑板的气道用于监测碳滑板运行状态,快排阀用于故障时保护功能的执行。

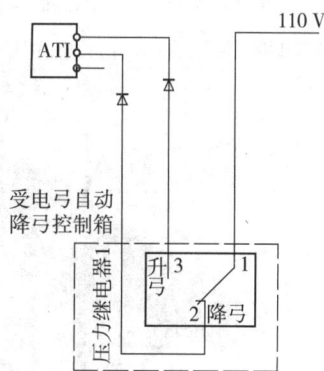

当由于受电弓碳滑板磨损到极限或弓网事故造成碳滑板出现大的掉块甚至断裂等情况时,滑板内的硅胶气管自动爆裂,气压迅速下降。碳滑板气道的气压与快排阀出气口的气压保持同步。快排阀进气口与大气连通,由于快排阀进气口与气囊通过气管直接连通,气囊的压缩空气经过快排阀排向大气,受电弓开始迅速地降下,从而可有效地避免故障发生时弓网之间进一步的严重破坏。

如果没有 ADD 的保护,受电弓将被继续供以额定工作气压,弓网之间的破坏将会进一步加剧,甚至引起更加严重的事故。

5)受电弓各参数的调整

受电弓与接触网的接触压力以及升降弓时间是受电弓的两个非常重要的参数,对于维修人员来说,这些数据日常维护时都必须进行测量并进行相应的调整。

①接触压力的调整

弓网接触压力能直观地反映受电弓碳滑板和接触线间的接触情况,它必须在一定范围内波动。如果太小,会增加离线率;如果太大,会使碳滑板和接触线间产生较大的机械磨耗。因此,为保证受电弓具有可靠的受流质量,西安地铁二号线弓网接触压力为120±10 N。当测量接触压力不符合要求时,可通过如图 2.17 所示的控制阀板上的精密减压阀 4 进行调整。

②升降弓时间的调整

升降弓时间也是受电弓正常工作性能的一个非常重要参数,西安地铁二号线升降弓时间为≤8 s。在日常检查时,确保受电弓弓头从离开止挡开始动作到最高工作位置的时间≤8 s,且对接触网线没有有害冲击。同时,受电弓从最高工作位置下降到静止位置的时间≤8 s,且对车顶无有害冲击。当在检查时发现升弓时间>8 s 时,可通过调整如图 2.17 所示控制阀板上的节流阀 3 进行调整。当降弓时间大于 8 s 时,可通过节流阀 9 进行调整。

(3)集电靴的组成的工作原理

如图 2.19 所示,集电靴安装在转向架上,集电靴主要由底座、摆臂、锁定机构及电缆线 4 部分组成。

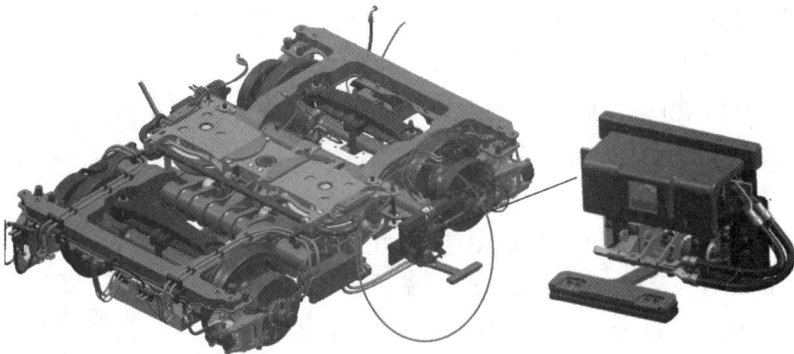

图 2.19　集电靴的安装位置

1）底座

如图 2.20 所示,底座负责承载集电靴的全部其他元件。底座为螺栓连接型板状结构。采用这种结构可避免元件发生焊接变形和焊缝边缘区域的稳定性降低。采用赤条结构在确保集电靴与转向架安全连接的同时,还便于竖直方向的调整和集电靴的水平对准。

滑动轴承可确保摆臂的水平运行,另外,此轴承采用的橡胶件可确保转向架免受第三轨振动的影响。

为了便于摆臂下摆范围的调整,通过螺栓将橡胶缓冲垫固定到底座内。这些缓冲垫在作为摆臂机械终点挡板的同时,还用来限制摆臂的上下摆动范围。

底座的全部金属件均经过高温热蘸镀锌。

图 2.20   集电靴底座

1—底座;2—摆臂 LH/RH;3—锁定装置;4—电缆线

2）摆臂

摆臂通过枢轴运行转动,从而确保集电靴与第三轨间保持接触。

摆臂的全部金属件经过高温热蘸镀锌。摆臂上配有安全分离接头,从而在意外撞到障碍物时可防止集电靴彻底损坏。

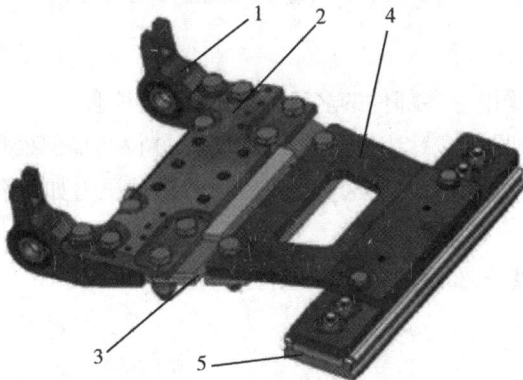

图 2.21   摆臂

1—底座支撑凸缘;2—连接板;3—安全分离接头;4—集电靴支架;5—集电靴

全部紧固件均采用不锈钢或镀锌钢制成。

3)锁定机构

锁定结构的用途是将集电靴的摆臂永久、牢固的固定到第三轨上。必须通过手动机械操作才能达到此目的。

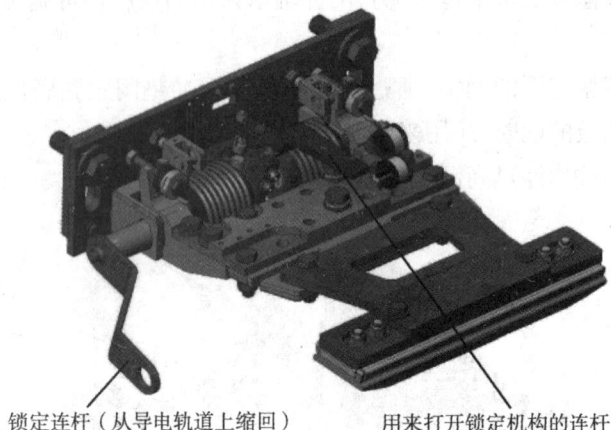

锁定连杆（从导电轨道上缩回）　　用来打开锁定机构的连杆

图2.22　锁定机构

同时,按照集电靴与第三轨的配合关系,第三轨又可分为上接触式第三轨、下接触式第三轨和侧接触式第三轨,如图2.23所示。

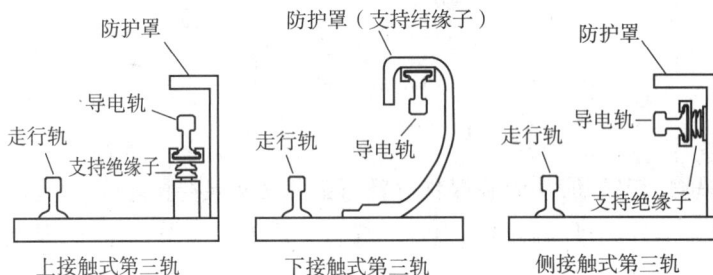

图2.23　集电靴与第三轨的配合形式

【任务实施】

1.现场让学员指出受电弓各部件的名称、作用及工作原理。

2.现场模拟受电弓机械故障,让学员找出故障点,并说明如何处理。

3.现场让学员口述受电弓升降弓时间如何调整、接触压力如何调整以及两碳滑板的水平度如何调整。

4.让员工指出集电靴各部件的名称、作用。

【效果评价】

评价表

项目名称	城市轨道交通车辆牵引电传动系统	学生姓名	
任务名称	任务 2　受流器的种类及工作原理	分数	
项　目		分值	考核得分
1. 能够说出目前国内地铁常用的几种受流方式		15	
2. 能够列出受电弓的基本组成及各部件的作用		20	
3. 能够说明受电弓升降弓到位的检测方法		20	
4. 会对受电弓升降弓时间、接触压力进行调整		25	
5. 能够列出集电靴的基本组成		10	
6. 掌握受电弓有电无气的升弓方法		10	
教师简要评语： 教师签名：			

任务 3　牵引逆变器的基本组成及控制策略

【活动场景】

　　如图为西安地铁二号线车辆牵引逆变器的外部组成。

【任务要求】

　　1. 了解牵引逆变器的基本构成。

　　2. 了解电压型逆变器与电流型逆变器的区别。

　　3. 了解逆变器在进行调速时,电机电流、电压、频率、转差等的参数变化。

　　4. 了解逆变器的控制策略以及常用几种控制方法。

【知识准备】

逆变器是交流牵引系统中最重要的组成部分,是能量转换中的一个重要环节,可以说交流牵引系统是随着逆变器的发展而发展起来的。在交流牵引系统中,逆变器不但实现直流到交流的变换,而且还需要实现牵引特性曲线上的牵引力要求,直流到交流的变换由逆变器主回路实现;给定牵引力即电机转矩的实现则依靠控制的策略和方法。

牵引逆变器的发展过程中根据中间环节电源性质的不同有两种类型的逆变器,即电压型逆变器和电流型逆变器。直流环节表现为理想电流源的是电流型逆变器;直流环节表现为理想电压源的为电压源逆变器。两种逆变器有各自的特点,但随着电力电子器件的发展,电压型逆变器获得了广泛的应用。目前,在牵引系统中均采用电压型逆变器。

(1)牵引逆变器的种类

1)两电平逆变器的结构及工作原理

所谓的两电平逆变器,就是通过控制 IGBT 等开关的导通和关断,在输出端把直流电源的正极和负极电压分别引出,从而将直流电能变换成为交流电能,即在直流侧,电压只有 U_d 和 0 两种电位,如图 2.24 所示。

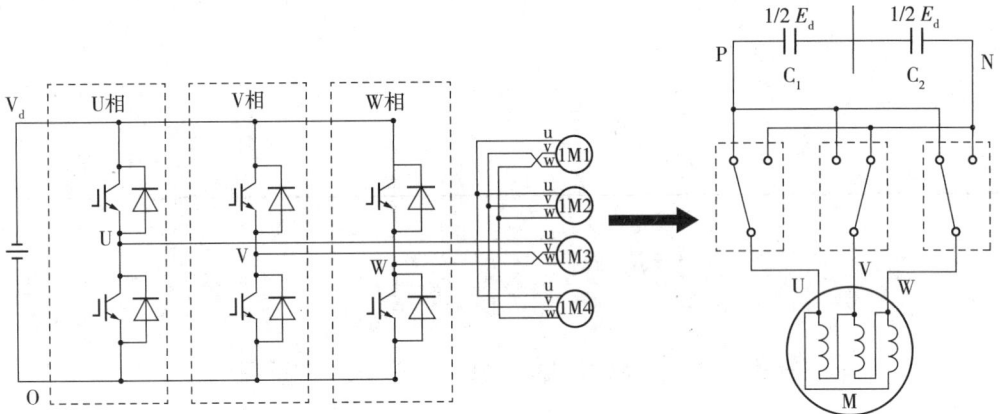

图 2.24　两电平逆变器

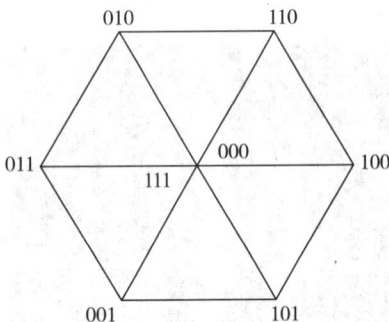

图 2.25　两电平矢量图

两电平逆变器每个桥臂有两个开关器件,同时同一个桥臂上的两个开关不能同时导通(相差 180°)。规定某个桥臂上臂开关导通时,此臂状态为"1",下臂导通时此臂状态为"0",故电压矢量组合为 $2^3 = 8$,但同时不同桥臂上的同一位置的开关不能同时闭合(相差 120°),故有效电压矢量为 6 种(000,111 为无效电压),这样电压矢量图如图 2.25 所示。

2)三电平逆变器的结构及工作原理

三电平逆变器的电路原理图如图 2.26 所示。其主电路采用两开关元件串联与中点带钳位二极管的方案,可使开关元件的耐压值降低一半。

开关元件一半采用 IGBT 或 IPM 等新型全控型元件。

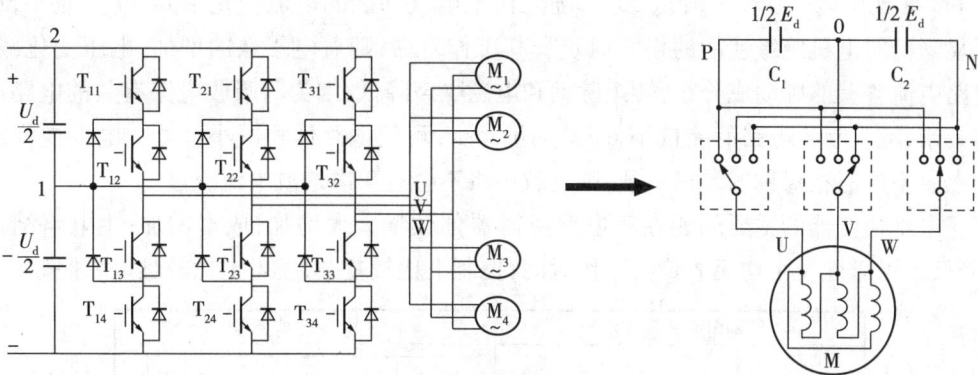

图 2.26　三电平逆变器

由图 2.26 可知，每相桥臂有 4 个开关元件 3 种不同的组合，对应 3 种不同的输出电位，以 U 相为例，T_{11} 与 T_{12} 导通为模式 1，接通正端，输出电压为 $U_{d/2}$；T_{12} 与 T_{13} 导通为模式 2，接通中点 N，输出电压为 0；T_{13} 与 T_{14} 导通为模式 3，接通负端，输出电压为 $-U_{d/2}$；

此外，为了防止同一相上下两桥臂的开关元件同时导通而引起直流侧电源短路，电压型逆变器中上述开关元件通断转换必须遵守先断后开的原则，即先给应关断的元件关断信号，待其关断后留一定的时间裕量，然后再给应导通的元件发出导通信号，在两者之间留有一个短暂的死区时间，死区时间的长短根据开关元件的开关速度而定。

三电平逆变器是多电平逆变器中对简单，又是最有实际意义的一种电路（见图 2.27）。三电平逆变器每个桥臂有 4 个开关器件，引入开关函数 S_a，S_b，S_c，则其对应的两态开关变量（分别为 0，1，2），如表 2.2 所示，对应的输出相电压为 $-U_{d/2}$，0，$+U_{d/2}$（U_d 为直流回路电压）。故三相两电平逆变器合成电压矢量数为 $3^3 = 27$，同时，三电平逆变器要求开关元件 T_{11} 与 T_{14} 不能同时导通，并且 T_{11} 与 T_{13}，T_{12} 与 T_{14} 控制是相反的，故有效电压矢量为 19 种，如图 2.27 所示。

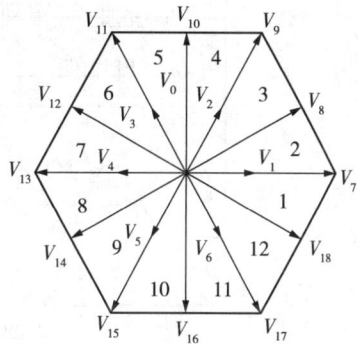

图 2.27　三电平矢量图

表 2.2　两电平矢量图

U_a	T_{11}	T_{12}	T_{13}	T_{14}	S_a
$+U_{d/2}$	1	1	0	0	2
0	0	1	1	0	1
$-U_{d/2}$	0	0	1	1	0

3）两电平与三电平逆变器的区别

三电平逆变器与传统两电平逆变器相比，三电平逆变器能有效地降低开关频率并能减小谐波，从而使系统损耗减小，如从达到同样输出性能指标来衡量，三电平的开关频率将是两电平逆变器的 1/5;而且还有一个对异步电动机工作性能极为有利的显著优点是其电压变化率 du/dt 比两电平逆变器降低 50%,随之污染电气性能的电流变化率 di/dt 也减小,这样将明显降低对电机绝缘性能的损害而延长其工作寿命;随着电平数的增加,电压变化减小,主电路电流含有的脉动成分小,转矩脉动和电磁噪声降低;因为与吸收电路有关的电路电压只有一半,流入吸收电路的能量小,即发热量减少,可使电路体积减小。若三电平逆变器接上中点悬空的三相对称的星形负载,则负载中将不会有 3 次谐波电流流过。

三电平逆变器的主要问题在于电路所需器件数量大大增加,成本增加;主电路结构复杂,降低了可靠性及平均无故障的工作时间;控制上比较复杂,技术上比较难以掌握。

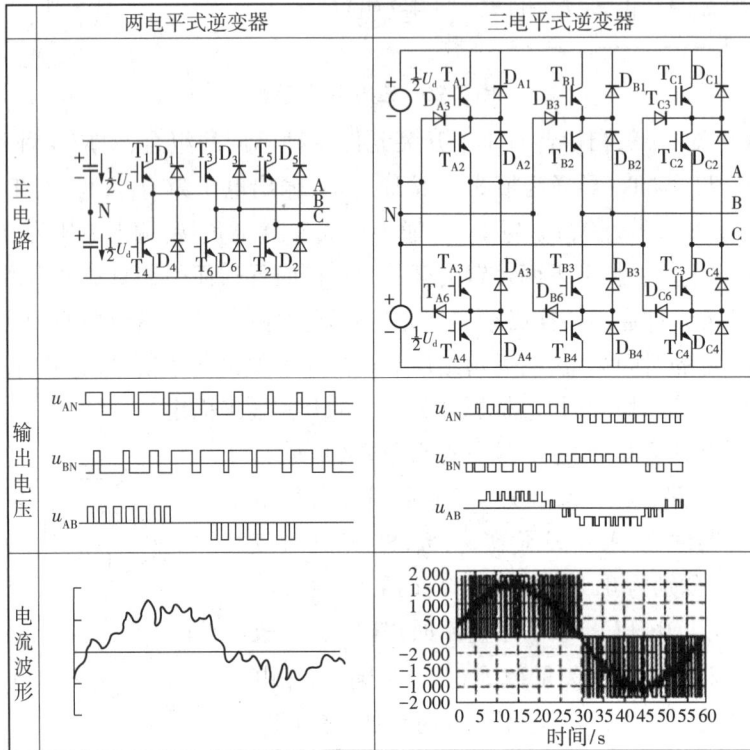

图 2.28 两电平与三电平输出电能质量比较

(2)牵引逆变器基本控制原理

牵引逆变器是通过改变 VVVF 逆变器各开关元件(如 IGBT,GTO 等)的开通时间来改变负载的电压,通过改变 VVVF 逆变器各开关元件开通的周期来改变输出的频率。异步电动机的转矩公式为

$$T = K_1 \cdot \Phi \cdot I_r = K_2 \cdot \left(\frac{U}{f_i}\right)^2 \cdot f_s$$

式中　T——转矩;

　　　Φ——磁通;

　　　I_r——转子电流;

  U——电机电压；

  f_i——电源频率；

  f_s——转差频率；

  K_1，K_2——比例系数。

  由上式可知，转矩 T 与电机电压和电源频率之比（U/f_i）的平方成正比，与转差频率 f_s 成正比。同时还说明，当转差频率 f_s 为负值时，转矩 T 为负值，产生了制动力。因此，在采用 VVVF 逆变器的电动车中，只要控制压频比（U/f_i）和转差频率（f_s）即可自由地控制牵引力和再生制动力，即只需控制 3 个因素，即逆变器输出电压 U、逆变频率 f_i 和转差频率 f_s。地铁列车在从启动到减速停车大概经过 6 个阶段。

  在 6 个模式中，电机电压 U、转差频率 f_s、电机电流 I_r、牵引/制动力与速度 v 的对应关系曲线如图 2.29 所示。

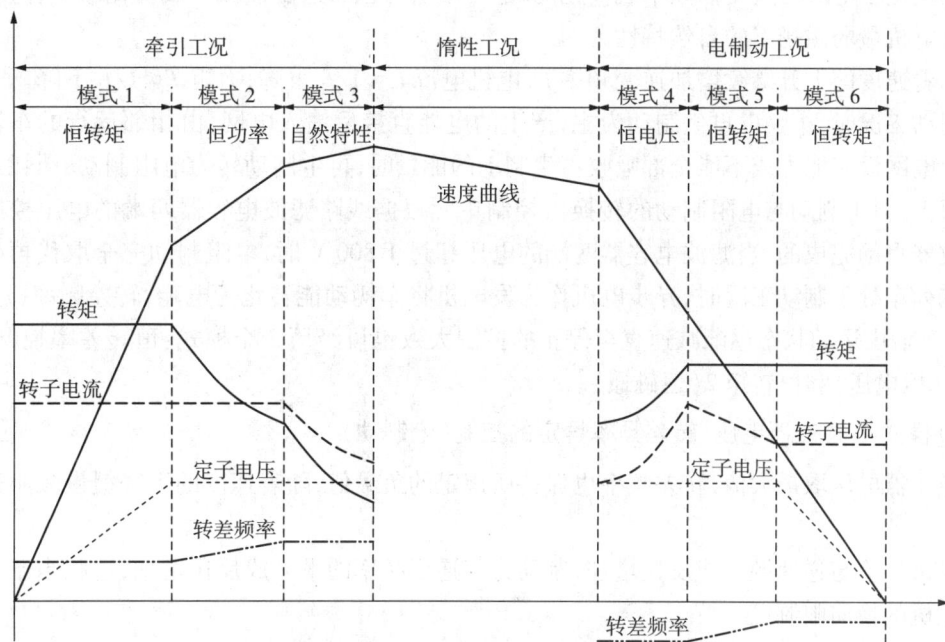

图 2.29　牵引/制动时各参数的变化曲线

  牵引工况时，异步电机作为电动机将逆变器提供的电能转化为动能，转差频率 f_s 大于零。车辆由静止状态开始启动、加速的控制大致可经历 3 个模式：恒转矩控制、恒功率控制和自然特性区。

  1）模式 1：恒转矩控制区

  恒转矩控制在控制转差频率的同时，慢慢提高逆变频率 f_i，使其值与速度相符合。当速度逐渐地增加，异步电机转子的实际旋转频率 f_m 随之增加。若要保持转差频率 f_s 恒定，则要增加逆变频率 f_i。保持压频比 U/f_i 恒定，则异步电机的磁通 Φ 恒定，保持转差频率 f_s 恒定，则异步电机转子电流 I_r 恒定，结果力矩恒定。保持压频比 U/f_i 恒定，则异步电机电压 U 随逆变频率 f_i 成正比上升，电压控制为 PWM 控制。当逆变器输出电压达到上限时，转为恒功率控制。

2)模式 2:恒功率控制区

逆变器电压 U 达到上限后,其保持恒定,控制转差频率 f_s 随速度增大而增大以控制电机电流 I_r 恒定。由于电压电流都不变,故为恒功率控制。转差频率 f_s 增大,则逆变频率 f_i 随之增大,则力矩 T 下降,这相当于直流电机的弱磁调速。恒功率运行到转差频率 f_s 上升到最大值时,转到自然特性区。如果逆变器容量有较大裕量,也可在电机电压达到最大值后,在一段时间内提高转差频率使它随着速度(频率)较快增大,从而增大电流,以延长恒力矩运行时间,直到电流达到逆变器或电机最大允许值,然后再进入恒功率运行。

3)模式 3:自然特性区控制

逆变电压保持可控最大值,补偿由于增加逆变频率 f_i 而导致 U/f_i 降低的转差频率 f_s 无法再增加,即转差频率也保持最大值,随着速度的上升缓慢增加逆变器频率。

电机定子电流与逆变器频率成反比的减少,牵引力也与逆变器频率成反比减少,这相当于直流电机最弱磁场下的自然特性区。

随着速度的上升继续增加逆变频率 f_i,电机电流 $I_r \propto 1/f_i$ 下降,力矩 $T \propto 1/f_i$ 下降。

制动工况时,车辆以再生制动为主,产生的电能直接反馈入电网,由相邻运行的车辆吸收。当电网没有能力或不能全部吸收再生制动的能量时,再生制动转为电阻制动,消耗在制动电阻上,再生制动与电阻制动的转换由控制单元根据线路滤波电容器两端的电压控制制动斩波器自动完成的,当滤波电容器两端的电压超过 1 800 V 时,电阻制动完全取代再生制动。在列车处于制动工况时,异步电机作为发电机将车辆动能转化为电能,转差频率(f_s)小于 0。车辆由运动状态逐渐减速直至停止的控制大致也可经历 3 个模式:恒转差率控制、恒转矩 1(恒电压)和恒转矩 2(恒磁通)。

4)模式 4:逆变器电压、转差频率恒定的控制(电制动)

逆变器电压取最大值,转差频率也保持所规定的负最值,随着速度的下降缓慢减小逆变频率。

电机电流与逆变频率成反比增加,制动力与逆变频率的平方成反比增加,这相当于直流复励电机的换向限制区。

使电机电流增加到与下述模式(恒转矩控制)相符合的值,但是在达到恒转矩控制模式之前,电机电流已达到逆变器容量所制约的上线值的情况下,则要从电机电流达到最大值的时刻起保持电机电流恒定,进行恒流控制。在这种情况下,制动力将随逆变频率成反比增加,这相当于直流复励电机的电流限制区。

5)模式 5:恒转矩控制 1(电制动)

逆变电压区最大值,在控制转差频率(负值)与逆变频率的平方成反比的同时使逆变频率随速度下降而缓慢减小。

电机电流将随逆变频率成反比减小,制动力大致保持一定,这相当于直流复励电机的磁场控制恒制动力区。

6)模式 6:恒转矩控制 2(电制动)

保持转差平率为最小值,使逆变频率随速速下降而缓慢减小。

采用 PWM 控制,在保持 U/f_i 恒定的条件下减小逆变控制。

其结果是制动力保持恒定,电机电流也大致保持一致。

在这种模式下,再生制动可持续到列车停止前(理论上再生制动可维持到速度为0)。

以上的方法只是用于开环控制系统,如果采用闭环控制,则可使 E_1/f_1 为常数,这样在包括低频在内的整个频率范围内可得到恒磁通运行。

目前,用于城市轨道交通车辆的闭环系统有转差-电流控制、矢量控制和直接转矩控制等。

逆变器电压 U 保持恒定最大值,控制转差频率 f_s 与逆变频率 f_i 的平方成反比的同时,随着速度的下降减小逆变频率 f_i,则转差频率 f_s 值变小直至最小值。电机电流 I_r 与逆变器频率成正比减小,制动力保持恒定。恒转矩2,恒磁通,转差频率 f_s 保持恒定最小值,此时电机电流 I_r 也为恒定。随着车辆速度的下降减小逆变频率 f_i。采用 PWM 控制电机电压 U 减小,即保持(U/f_i)恒定,则磁通恒定,制动力恒定。

列车牵引/制动时各参数之间的关系如表 2.3 所示。

表 2.3 列车牵引/制动时各参数之间的关系

工 况	模 式	状 态	控制参数的变化		转 矩	定子电流
牵引工况	模式1	恒转矩	f_i 提高	U/f_i 一定,f_s 一定	T 一定	I_r 一定
	模式2	恒功率		U 一定,$f_s \propto f_i$	$T \propto 1/f_i$	
	模式3	U, f_s 一定(自然特性)		U 一定,f_r 一定	$T \propto 1/f_i^2$	$I_r \propto 1/f_i$
惰性工况						
制动工况	模式4	U, f_s 一定	f_i 降低	U 一定,f_s 一定	$T_e \propto 1/f_i^2$	$I_r \propto 1/f_i$
	模式5	恒转矩		U 一定,$|f_s| \propto f_i^2$	T_e 一定	$I_r \propto f_i$
	模式6			U/f_i 一定,f_s 一定		I_r 一定

(3)牵引逆变器的控制策略

1)矢量控制

①矢量控制的基本思想

采用矢量控制方式控制异步牵引电动机,是以异步电机的转子磁场为基准,基于直流调速系统的控制思想对异步电机进行矢量结构,把一次电流转换为励磁电流分量和转矩电流分量进行单独控制,在保持磁通一定的情况下控制转矩电流分量,即使转矩目标值急剧变化时也不至于产生显著的振荡和超调,从而实现快速动态响应控制,调速范围宽,使电机扭矩迅速变化到目标值,从而大大提高对空转滑行控制的效率。矢量控制最大的缺点是经过两次坐标变换,并且求矢量的模和相角的计算比较复杂。

②坐标变化的基本方法

直流电机的数学模型比较简单,先分析一下直流电机的磁链关系。图 2.30 中绘出了二极直流电机的物理模型,图中 F 为励磁绕组,A 为电枢绕组,C 为补偿绕组。F 和 C 都在定子上,只有 A 是在转子上。把 F 的轴线称为直轴或 d 轴(direct axis),主磁通 Φ 的方向就是沿着 d 轴的;A 和 C 的轴线则称为交轴或 q 轴(quadrature axis)。

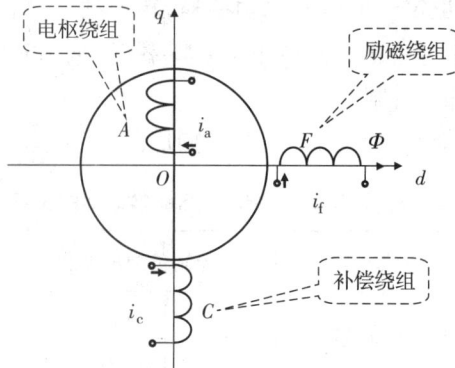

图 2.30　二极直流电机的物理模型

主极磁场在空间固定不动,由于换向器作用,电枢磁动势的轴线始终被电刷限定在 q 轴位置上,其效果好像一个在 q 轴上静止的绕组一样。

但它实际上是旋转的,会切割 d 轴的磁通而产生旋转电动势,这又与真正静止的绕组不同,通常把这种等效的静止绕组称为"伪静止绕组"(pseudo-stationary coils)。

虽然电枢本身是旋转的,但其绕组通过换向器电刷接到端接板上,电刷将闭合的电枢绕组分成两条支路。当一条支路中的导线经过正电刷归入另一条支路中时,在负电刷下又有一根导线补回来。

电枢磁动势的作用可用补偿绕组磁动势抵消,或者由于其作用方向与 d 轴垂直,而对主磁通影响甚微,故直流电机的主磁通基本上唯一地由励磁绕组的励磁电流决定,这是直流电机的数学模型及其控制系统比较简单的根本原因。

如果能将交流电机的物理模型(见图 2.31)等效地变换成类似直流电机的模式,分析和控制就可以大大简化。坐标变换正是按照这条思路进行的。

在这里,不同电机模型彼此等效的原则是,在不同坐标下所产生的磁动势完全一致。

众所周知,交流电机三相对称的静止绕组 A,B,C,通以三相平衡的正弦电流时,所产生的合成磁动势是旋转磁动势 F,它在空间呈正弦分布,以同步转速 ω_s(即电流的角频率)顺着 $A—B—C$ 的相序旋转。这样的物理模型绘于图 2.31 中。

然而,旋转磁动势并不一定非要三相不可,除单相以外,二相、三相、四相等任意对称的多相绕组,通以平衡的多相电流都能产生旋转磁动势,当然以两相最为简单。

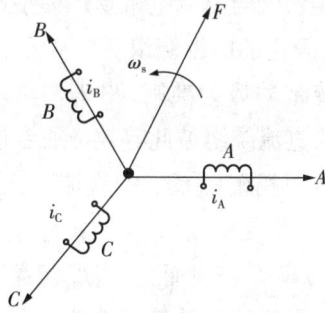

图 2.31　三相交流绕组

图 2.32 绘出了两相静止绕组 α 和 β，它们在空间互差 90°，通以时间上互差 90°的两相平衡交流电流，也产生旋转磁动势 F。

当图 2.32 的两个旋转磁动势大小和转速都相等时，即认为图 2.32 的两相绕组与图 2.31 的三相绕组等效。

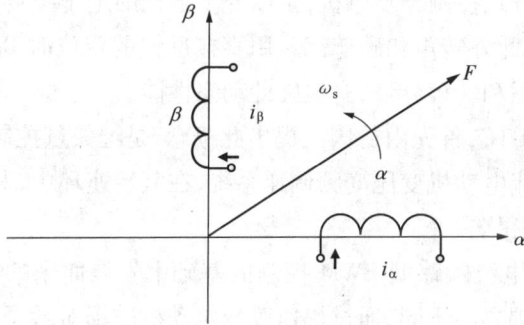

图 2.32　两相交流绕组

再看图 2.33 中的两个匝数相等且互相垂直的绕组 d 和 q，其中分别通以直流电流 i_d 和 i_q，产生合成磁动势 F，其位置相对于绕组来说是固定的。

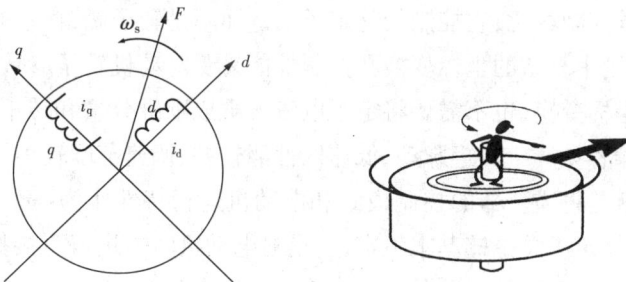

图 2.33　旋转的直流绕组

如果让包含两个绕组在内的整个铁芯以同步转速旋转，则磁动势 F 自然也随之旋转起来，成为旋转磁动势。

把这个旋转磁动势的大小和转速也控制成与图 2.32 和图 2.33 中的磁动势一样，那么这套旋转的直流绕组也就与前面两套固定的交流绕组都等效了。当观察者也站到铁芯上和绕组一起旋转时，在观察者的角度来看，d 和 q 是两个通以直流而相互垂直的静止绕组。

如果控制磁通的位置在 d 轴上,就与直流电机物理模型没有本质上的区别了。这时,绕组 d 相当于励磁绕组,q 相当于伪静止的电枢绕组。

由此可知,以产生同样的旋转磁动势为准则,图 2.31 的三相交流绕组、图 2.32 的两相交流绕组和图 2.33 中整体旋转的直流绕组彼此等效。或者说,在三相坐标系下的 i_A,i_B,i_C,在两相坐标系下的 i_α,i_β 与在旋转两相坐标系下的直流 i_d,i_q 是等效的,它们能产生相同的旋转磁动势。

有意思的是,就图 2.33 的 d,q 两个绕组而言,当观察者站在地面看上去,它们是与三相交流绕组等效的旋转直流绕组;如果跳到旋转着的铁芯上看,它们就的的确确是一个直流电机模型了。这样通过坐标系的变换,可找到与交流三相绕组等效的直流电机模型。

现在的问题是,如何求出 i_A,i_B,i_C 与 i_α,i_β 和 i_d,i_q 之间准确的等效关系,这就是坐标变换的任务。关于坐标变化在这就不再叙述。

2)直接转矩控制

采用直接转矩控制方式控制异步电机,是以异步电机的定子磁场为基准,使控制性能不受转子参数变化的影响,此外转矩和磁链都采用直接反馈的双位时 Band-Band 控制,从而不用将定子电流分解为励磁和转矩分量,有很好的动态性能。

直接转矩控制简称 DTC,首先由德国人提出此概念,是继矢量控制系统之后发展起来的另一种高动态性能的交流电动机变压变频调速系统,在其转速环中,利用转矩反馈直接控制电动机的电磁转矩,因而得名。

DTC 在矢量控制和电流跟踪型 PWM 控制的基础上发展而来的一种新型的控制方法。它与矢量控制采用的解耦方法不同,通过快速改变电动机磁场对转子的瞬时转差速度,直接控制电动机的转矩和转矩增率。在直接转矩控制系统中,用电动机定子侧参数计算出磁通和转矩,并用两电平调节器产生 PWM 信号,直接控制逆变器的开关状态,对电动机磁通和转矩直接进行自调整控制,它不仅能够获得快速的动态响应,而且具有最佳的开关频率和最小的开关损耗。与矢量控制相比,它控制的是定子磁链而不是转子磁链,不受转子参数变化的影响,解决了矢量控制中复杂的坐标变换和控制性能易受电动机转子参数变化的影响问题,不需要进行复杂的坐标变换,也不需要将定子电流解耦成励磁分量和转矩分量,使控制电路变得简单。但存在着容易产生转矩脉动、低速区性能较差、调速范围较小等问题。

直接转矩控制就是将逆变器的控制模式和电动机运行特性作为一个整体来考虑,它包含两重意义:一是保持定子总磁链基本恒定,二是对电动机转矩进行直接控制。通过对逆变器的开关控制,既可实现磁链的幅值控制,又能实现电动机的转矩控制,这两者可以闭环控制实现。

目前,电动机与逆变器控制功能包括电动机闭环控制盒逆变器的 PWM 控制两部分。在列车牵引领域采用电动机闭环控制策略,主要有转差电流控制、磁场定向控制盒直接转矩控制。在转差电流控制盒磁场定向控制中,电动机闭环控制盒 PWM 控制任务是独立的,而在直接转矩控制中,逆变器的开关动作是直接由磁链和转矩控制器产生的,无须另外的 PWM 控制器。

异步电动机定子磁链的控制是通过控制电动机的输入电压来实现的。当在三相对称定子绕组上施加三相对称正弦波电压时,将在电动机气隙中产生圆形轨迹的旋转磁场。若牵引电动机通过三相逆变器供电时利用空间矢量概念,建立逆变器开关模式及其输出电压与电动机磁链之间的关系。根据要跟踪的磁链空间矢量的运行轨迹,选择逆变器的开关模式,使逆变器输出适当波形的电压。空间矢量 PWM 是通过对电压矢量进行适当的切换控制,就可用尽可能多的多边形磁通轨迹来接近理想的磁通圆形轨迹。在空间矢量 PWM 控制下,电动机的输入电压完全取决于逆变器的开关动作模式,而电动机的磁通仅取决于电压模式。直接转矩控制的目标之一就是建立磁链和逆变器开关模式之间的关系,通过逆变器开关的电压空间矢量脉宽调制控制,或称磁链跟踪控制技术,这时电动机获得一个准圆形的气隙旋转磁场,磁通轨迹接近于圆,引起的电流、转矩波动越小,谐波损耗也会下降,牵引电动机运行性能也越好。

3)矢量控制与直接转矩控制的比较

从总体控制结构上看,直接转矩控制与矢量控制一样,数学模型基本相同,也是分别对异步电动机的转速和磁链进行控制,都能获得较高的静态、动态性能。但在具体控制方法以及状态变量方面,两者又存在一定的差异。

矢量控制和直接转矩控制的数学模型基本相同,仅在所突出的状态变量上不完全相同。直接转矩控制采用定子磁链、定子电流与转速作为状态变量,而矢量控制采用转子磁链、定子电流与转速作为状态变量。直接转矩控制选择定子磁链作为被控对象,而不像矢量控制选用转子磁链作为被控对象,这样计算磁链的模型可不受转子参数变化的影响,提高了控制系统的稳定性。如果从数学模型来推导,按照定子磁链控制的规律,显然要比按转子磁链定向时复杂,但由于采用 Bang-Bang 控制,这种复杂性对控制器并没有影响。

同时,矢量控制盒或字节转矩控制都采用对输出转速、磁链分别控制,都需要解耦。矢量控制采用两相旋转坐标按转子磁链定向,使定子电流的转矩分量与励磁电流分量解耦;直接转矩控制为双闭环控制,其转矩控制环作为内环,转速控制作为外环,这可抑制磁链变化对转速子系统的影响,使转速和磁链子系统近似解耦。

这两种方案都适用于高性能异步电动机的调速控制。矢量控制更适合于宽范围调速系统和伺服系统,直接转矩控制更适合于需要快速转矩响应的大惯性运动控制系统。两者的区别总结如表 2.4 所示。

表 2.4　直接转矩控制系统和矢量控制系统特点与性能比较

性能与特点	直接转矩控制系统	矢量控制系统
转矩控制	砰-砰控制,有转矩脉动	连续控制,比较平滑
坐标变换	静止坐标变换,较简单	旋转坐标变换,较复杂
转子参数变化影响	无	有
调速范围	不够宽	比较宽

【任务实施】

此部分内容不好实施,如果条件允许,可通过软件搭建两电平逆变器和三电平逆变器,然后观察输出的波形以及相关参数,让学员更深层次地掌握两电平逆变器和三电平逆变器的结构以及优缺点。

【效果评价】

评价表

项目名称	城市轨道交通车辆牵引电传动系统		学生姓名	
任务名称	任务3 牵引逆变器的基本组成及控制策略		分数	
项 目			分值	考核得分
1. 逆变器的分类掌握情况			10	
2. 示意画出两点式、电压型逆变器的结构原理图			15	
3. 说出两点式逆变器与三点式逆变器的主要区别			10	
4. 列车从启动、最高速度,然后制动,到列车停车时,逆变器各控制参数的变化情况			20	
5. 逆变器目前有哪几种控制理念			15	
6. 简单描述逆变器两种控制理念的区别			10	
7. 说明目前地铁车辆牵引逆变器采用的形式			20	
教师简要评语: 教师签名:				

任务4 牵引电机的种类及工作原理

【活动场景】

如图所示为西安地铁二号线车辆牵引电机在转向架上安装的实体图。

【任务要求】

1. 了解直流电机的结构及工作原理。

2. 了解直流电机的启动、调速、制动的方法及注意事项。

3. 掌握交流电机的结构及工作原理。

4. 了解交流电机的控制策略。

5. 了解直线电机的结构及工作原理。

【知识准备】

列车上使用的电机按用途可分为牵引电机及辅助电机两种。牵引电机为列车运动提供动力,辅助电机主要使用在各系统通风冷却系统及供气系统。

牵引电动机有许多类型,如直流牵引电动机、交流异步牵引电动机和交流同步牵引电动机等。地铁城市轨道交通车辆应用最广泛的牵引电机是直流牵引电动机和交流异步牵引电动机。但由于交流电机与直流电机具有以下优点,从而使交流异步电机有取代直流电机的趋势,同时在轨道交通车辆上的发展拓展了广阔的运用前景。

①交流牵引电机没有换向器,结构简单,可靠性高,维护量很少甚至不需要维护。

②转子简单而坚固,定子绕组沿圆围均匀分布,又没有换向器工作圆周速度的限制,可选用高转速和高传动比,从而显著减小电机质量,获得较大的单位质量功率,减小了电机体积。

③有良好的牵引性能。合理地设计三相交流牵引电机的调频,调压特性,可实现大范围的平滑调度,充分满足机车牵引运行的需要。同时又具有防空转的性能,使黏着利用提高。另外,三相交流牵引电机对瞬时过电压和过电流很不敏感,在启动时能在更长的时间内发出较大的启动力矩。

即使交流电机与直流电机相比具有如上诸多优点,但从学习、掌握电机的原理及控制来说,直流电机的基本工作及控制原理又是学习交流电机的基础,因为交流电机目前的先进控制理念都是以直流电机的工作原理为前提的。所以要学好本章节的内容,直流电机的工作原理是学习的基础。

（1）牵引电机的种类

牵引电机的种类如下：

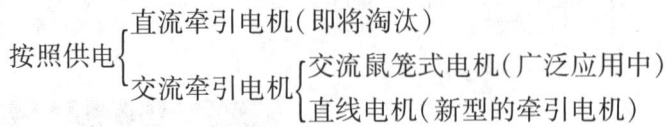

$$按照供电\begin{cases} 直流牵引电机（即将淘汰）\\ 交流牵引电机\begin{cases} 交流鼠笼式电机（广泛应用中）\\ 直线电机（新型的牵引电机）\end{cases}\end{cases}$$

（2）直流牵引电机的结构及工作原理

1）直流电机的基本结构

直流牵引电动机和直流发电机的结构基本是相同的，即都有可旋转部分和静止部分。可旋转部分称为转子，静止部分称为定子，在定子和转子之间存在着气隙。

①定子部分

定子的作用如下：在电磁方面是产生磁场和构成磁路，在机械方面是整个电机的支撑。定子由磁极、机座、换向极、电刷装置、端盖及轴承等组成。

A. 主磁极

主磁极的作用是在定子与转子之间的气隙中建立磁场。主磁极由主磁极铁芯和放置在铁芯上的励磁绕组构成。主磁极铁芯分成极身和极靴两部分，极靴的作用是使气隙磁通密度的空间分布均匀并减小气隙磁阻，同时极靴对励磁绕组也起支撑作用。为减小涡流损耗，主磁极铁芯是用厚为 1.0～1.5 mm 的低碳钢板冲成一定形状，用铆钉把冲片铆紧，然后再固定在机座上。主磁极上的线圈是用来产生主磁通的，称为励磁绕组。

B. 机座

直流电机的机座有两种形式：一种为整体机座，另一种为叠片机座。整体机座是用导磁性能较好的铸钢材料制成的，该种机座能同时起到导磁和机械支撑的作用。由于机座起导磁作用，因此机座是主磁路的一部分，称为定子铁轭。主磁极、换向极及端盖均固定在机座上，因此，机座起到了支撑的作用。一般直流电机均采用整体机座。叠片机座是用薄钢冲片叠压成定子铁轭，再把定子铁轭固定在一个专门起支撑作用的机座里，这样定子铁轭和机座是分开的，机座只起支撑作用，可用普通钢板制成。叠片机座主要用于主磁通变化快、调速范围较高的场合。

C. 换向极

换向极安装在相邻的两个主磁极之间，固定在机座上，用来改善直流电机的换向。

换向极是由换向极铁芯和换向极绕组组成。换向极铁芯可根据要求用整块钢制成，也可用厚为 1.0～1.5 mm 的钢板叠成，所有的换向极线圈串联后称为换向极绕组，换向极绕组与电枢绕组串联。换向极绕组数目一般与主磁极数目相同，但在功率很小的直流电机中，只装主磁极数一半的换向极或不装换向极。换向极的极性根据换向要求确定。

D. 电刷

电刷装置的作用是通过电刷和旋转的换向器表面的滑动接触，把转动的电枢绕组与外电路连接起来,并与换向器配合,起到整流或逆变的作用。电刷装置一般由电刷、刷握、刷杆座和压紧弹簧组成。

E.端盖

电机中的端盖主要起支撑作用。端盖固定在机座上,其上放置轴承支撑直流电机的转轴,使直流电机能够旋转。

②转子部分

转子又称电枢,是电机的转动部分,是用来产生感应电动势和电磁转矩,从而实现机电能量转换的关键部分。它包括电枢铁芯、换向器、电机转轴、电枢绕组、轴承及风扇等。

A.电枢铁芯

电枢铁芯是主磁路的一部分,同时用来嵌放电枢绕组。当电机旋转时,为减小电枢铁芯中的磁通变化引起的磁滞损耗和涡流损耗,电枢铁芯用涂有绝缘漆的0.5 mm厚的硅钢片叠成。电枢铁芯冲片上冲有放置电枢绕组的电枢槽、轴孔和通风口。

B.电枢绕组

电枢绕组是用绝缘铜线绕制的线圈按一定规律放置在电枢铁芯槽内,并与换向器连接(见图2.34)。电枢绕组是直流电机的重要组成部分,电机工作时线圈中产生感应电动势和电磁转矩,实现机电能量的转换。

C.换向器

换向器又称整流子。对于发电机,换向器的作用是把电枢绕组中的交变电动势转变为直流电动势向外部输出直流电压;对于电动机,它是把外界供给的直流电流转变为绕组中的交变电流以使电机旋转。换向器如图2.35所示。换向器是由换向片组合而成的,是直流机的关键部件,也是最薄弱的部分。

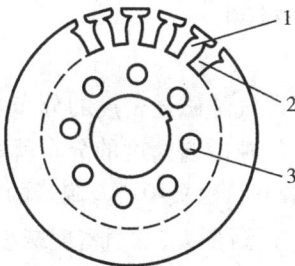

图2.34　电枢冲片形状
1—齿;2—槽;3—轴向通风孔

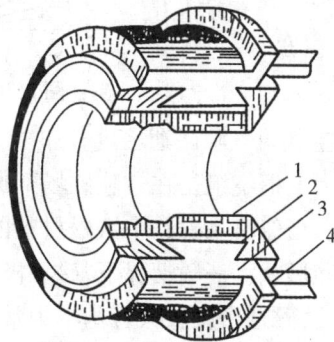

图2.35　换向器结构
1—V形套筒;2—云母片;3—换向片;4—连接片

换向器采用导电性能好、硬度大、耐磨性能好的紫铜或铜合金制成。换向片的底部做成燕尾形,嵌在含有云母绝缘的V形钢环内,拼成圆筒形套在钢套筒上,相邻的两换向片间以厚为0.6~1.2 mm的云母片作为绝缘,最后用螺纹压圈压紧。换向器固定在转轴的一端。换向片靠近电枢绕组的部分与绕组引出线间焊接。

③气隙

直流电机空载运行时,电枢电流为零。这时的气隙磁场是由励磁电流I_f通过励磁绕组

产生的磁动势 F_f 所建立。因此,直流电机空载时的气隙磁场又称励磁磁场。

A. 直流电机的磁路

以四极电机为例,当励磁绕组流过励磁电流 I_f 时,每极的励磁磁动势为建立的空载磁场的分布如图 2.36 所示。其中,绝大部分的磁通是从 N 极出来,经过气隙进入电枢的齿槽,再经过电枢的铁轭到电枢的另一边齿槽,又通过气隙进入 S 极,通过定子铁轭回到 N 极。这部分磁通同时交链励磁绕组和电枢绕组,能在电枢绕组中感应电动势和产生电磁转矩,称为主磁通。另外,还有一小部分磁通不进入电枢铁芯,直接经过气隙、相邻磁极或定子铁轭形成闭合回路,这部分称为漏磁通。漏磁通只是增加主磁极磁路的饱和程度,使电机的损耗加大,效率降低。一般情况下,漏磁通为主磁通的 15% ~ 20%。

主磁通对应的主磁路的组成分为气隙、电枢齿、电枢铁轭、主磁极及定子铁轭 5 部分,简化为主磁路由气隙和铁磁材料两大部分组成。根据磁路定律,产生空载磁场的磁动势全部降落于气隙和铁磁材料之中,即励磁磁动势为气隙磁动势与铁磁材料磁动势之和。虽然气隙长度在闭合磁路中只占很小的一部分,但是,由于气隙中的磁导率远小于铁磁材料的磁导率,因此气隙的磁阻很大。可认为,磁路的励磁磁动势几乎都消耗在气隙上。

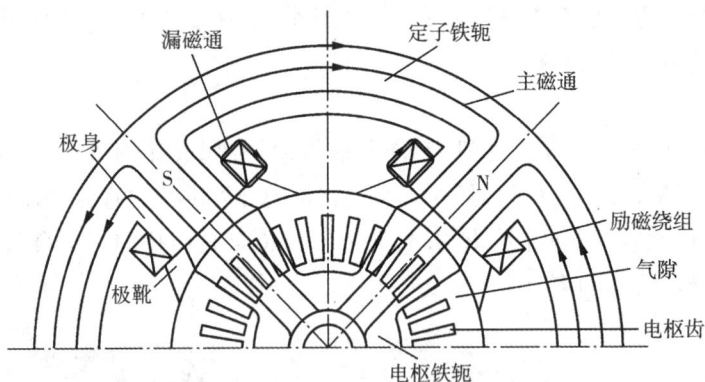

图 2.36 四极电机空载磁场示意图

B. 空载时气隙磁通密度分布

因为电枢绕组是在气隙磁场下进行电磁感应的,所以气隙磁通密度的分布是分析的主要对象。当忽略主磁路中铁磁材料的磁阻时,主磁极下气隙磁通密度的分布就取决于气隙的大小和形状。一般情况下,磁极极靴宽度约为极距的 75%,磁极中心及附近的气隙较小且均匀不变,磁通密度较大且基本为常数;接近极尖处气隙逐渐变大,磁通密度减小;极尖以外气隙明显增大,磁通密度显著减小;在磁极的几何中性线处,气隙磁通密度为零。因此,空载时的气隙磁通密度分布为一平顶波,如图 2.37 所示。

C. 直流电机的负载磁场

直流电机带有负载时,电枢绕组中有电流通过,电枢绕组的电流也会产生磁场,称为电枢磁场。电枢磁场与主磁极磁场一起,在气隙中建立一个合成磁场。

下面以两极电动机为例分析合成磁场分布情况。为了方便,换向器通常不画出来,而把电刷画在电枢圆周上,如图 2.38 所示。在图 2.38 中,电刷处在几何中性线上。

如图 2.38(a) 所示为空载磁场分布情况。在电枢表面上磁感应强度为零的地方是物理

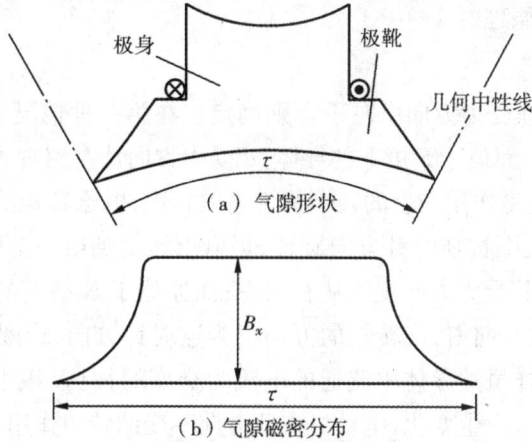

（a）气隙形状

（b）气隙磁密分布

图 2.37 气隙磁密分布图

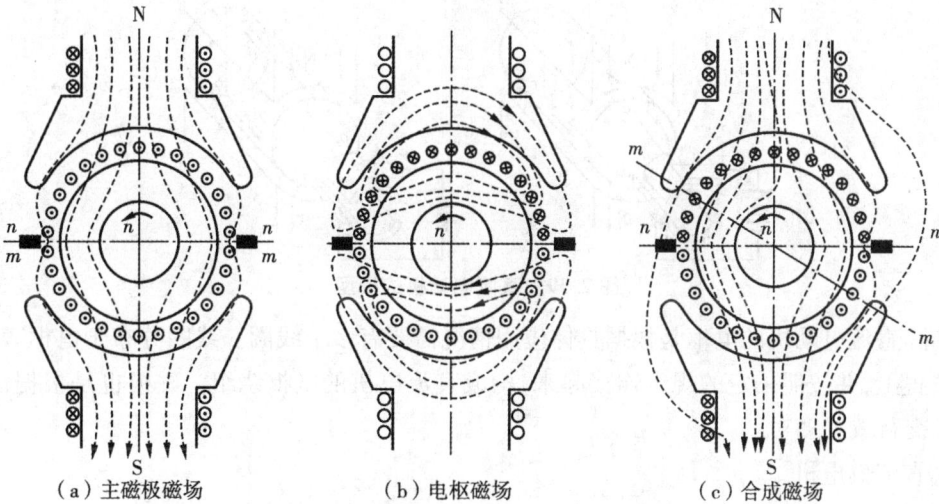

（a）主磁极磁场　　　　（b）电枢磁场　　　　（c）合成磁场

图 2.38 直流电动机气隙磁场分布示意图

中性线 m—m。空载时物理中性线与几何中性线重合。

如图 2.38（b）所示为电枢磁场，它的方向由电枢电流确定，电枢电流的分界线是电刷，在电刷轴线两侧对称分布。

如图 2.38（c）所示为合成磁场，它是主磁极磁场与电枢磁场合在一起产生的。可知，由于电枢磁场的出现，对主磁极磁场的分布有明显的影响，这种现象称为电枢反应。从图 2.38 可知，当电刷在几何中性线时，电枢反应表现如下：

a. 使气隙磁场发生畸变。在每一磁极下，主磁极磁场的一半被削弱，另一半被加强。这时物理中性线与几何中性线不再重合。

b. 对主磁极磁场有去磁作用。在磁场不饱和时，主磁极磁场被削弱数量与加强数量恰好相等，每极下的合成磁通量与空载时相同。实际上电机一般工作在磁化曲线的膝部，磁路总是饱和的。这样因磁饱和的影响，主磁极的增磁部分要小于不饱和时的增磁部分，因此合成的磁通量比空载时略有减少。

2)直流电机的工作原理

①直流电动机

如图 2.39 所示,导体受力方向由左手定则确定。在第一种情况下,位于 N 极下的导体 ab 受力方向为从右向左,而位于 S 极下的导体 cd 受力方向从左到右。导体所受电磁力对轴产生一转矩,这种由于电磁作用产生的转矩称为电磁转矩,电磁转矩的方向为逆时针。当电磁转矩大于阻力矩时,线圈按逆时针方向旋转,当电枢转动到第二个位置时,原位于 S 极下的导体 cd 转到 N 极下,其受力方向变为从右向左;而原位于 N 极下的导体 ab 转到 S 极下,导体 ab 受力方向变为从左向右,该转矩的方向仍为逆时针方向,线圈在此转矩作用下继续按逆时针方向旋转。这样虽然导体中流通的电流为交变的,但 N 极下的导体受力方向和 S 极下导体的受力方向并未发生变化,电动机在此方向不变的转矩作用下转动。

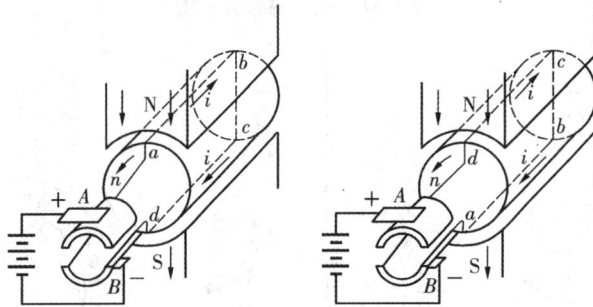

图 2.39 直流电动机的模型

实际直流电动机的电枢是根据具体应用情况需要有多个线圈。线圈分布于电枢表面的不同位置上,并按照一定的规定连接起来,构成直流电机的电枢绕组。磁极也是根据需要,N,S 极交替放置多对。

②直流发电机

设每边导体中的感应电动势为 e,则线圈电动势为 $2e$,电动势 e 的瞬时值为

$$e = Blv$$

式中 e——导体感应电动势,V;

B——导体所在处的磁通密度,Wb/m^2;

l——导体 ab 或 cd 与 B 间的相对线速度,m/s。

如图 2.40 所示为直流发电机的工作原理模型。在图 2.40 中,N,S 为一对固定的磁极,称为直流电机的定子。abcd 是固定在可旋转铁质圆柱体上的线圈,线圈连同铁质圆柱体是直流电机可转动的部分,称为直流电机的转子(或电枢)。线圈的末端 a,d 连接到两个相互绝缘并可随线圈一同转动的导电片上,该导电片称为换向片。转子线圈与外电路的连接是通过放置在换向片上固定不动的电刷进行的。在定子与转子间有间隙存在,称为气隙。

图 2.40直流发电机的工作原理模型在直流发电机的模型中,当有原动机拖动转子以一定的转速逆时针旋转时,根据电磁感应定律可知,在线圈 abcd 中将产生感应电动势。

导体中感应电动势的方向可用右手定则确定。在逆时针旋转情况下,导体 ab 在 N 极

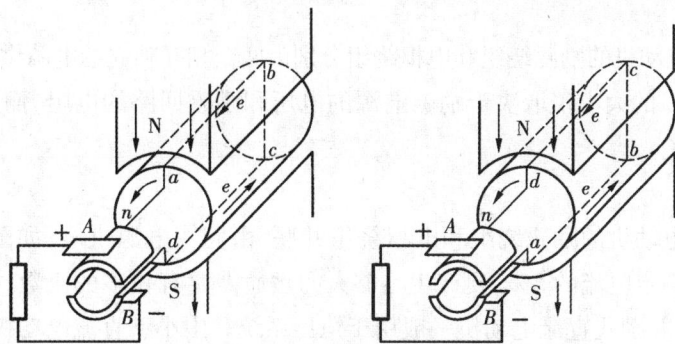

图 2.40　直流发电机的模型

下,感应电动势的极性为 a 点高电位,b 点低电位;导体 cd 则在 S 极下,感应电动势的极性为 c 点高电位,d 点低电位,在此状态下电刷 A 的极性为正,电刷 B 的极性为负。当线圈旋转 180°后,导体 ab 在 S 极下,导体 cd 则在 N 极下,此时导体中的感应电动势方向已改变,但由于原来与电刷 A 接触的换向片已与电刷 B 接触,而与电刷 B 接触的换向片同时换到与电刷 A 接触,因此电刷 A 的极性仍为正,电刷 B 的极性仍为负。

从图 2.40 中可知,和电刷 A 接触的导体总是位于 N 极下,和电刷 B 接触的导体总是位于 S 极下,因此,电刷 A 的极性总为正,而电刷 B 的极性总为负,使电刷获得直流电动势。

同直流电动机相同,实际的直流发电机的电枢并非单一线圈,磁极也并非一对。

由以上分析可知:任何一台电机既可作为发电机运行,也可作为电动机运行,这一性质称为电机的可逆原理。电机的可逆原理不仅适用于直流电机,也适用于交流电机。电机的实际运行方式由外施条件决定,如果电机转子输入机械能,而电枢绕组输出电能,电机作为发电机运行;如果在电枢绕组中输入电能,转子输出机械能,则电机作为电动机运行。

3)主流电机的励磁方式

由直流电机的基本工作原理可知,电枢旋转切割气隙中的磁力线而感应电动势,电枢电流与气隙中的磁场相互作用而产生电磁转矩,因而气隙磁场是电机进行机电能量转换的媒介。直流电机的气隙磁场是在主磁极的励磁绕组中通以直流电流建立的。因此直流电机有两种基本绕组,即励磁绕组和电枢绕组。励磁绕组和电枢绕组之间的连接方式称为励磁方式。励磁方式不同,电机的运行特性有很大的差异。

直流电机的励磁方式可分为他励、并励、串励及复励 4 类,如图 2.41 所示。

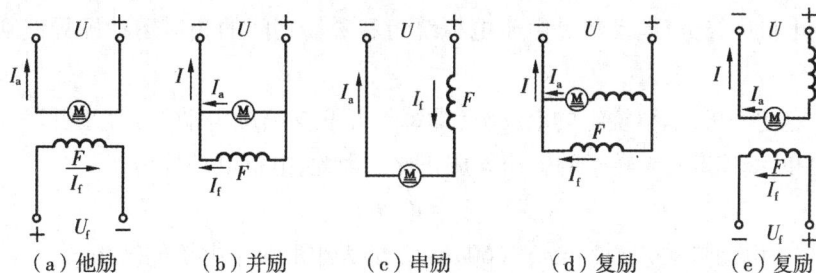

（a）他励　　　（b）并励　　　（c）串励　　　（d）复励　　　（e）复励

图 2.41　直流电机的励磁方式

①他励电机

他励式直流电动机的励磁绕组和电枢绕组分别由两个相互独立的电源供电,如图2.41(a)所示。励磁电流 I_f 的大小仅取决于励磁电源的电压和励磁回路的电阻,而与电机的电枢电压及负载基本无关。

②并励电机

并励式直流电动机的励磁绕组和电枢绕组并联,由同一电源供电,如图2.41(b)所示。励磁电流一般为额定电流的5%,要产生足够大的磁通需要有较多的匝数,因此并励绕组匝数多,导线较细。并励式直流电动机一般用于恒压系统。中小型直流电动机多为并励式。

③串励电机

串励式直流电机的励磁绕组与电枢绕组串联,如图2.41(c)所示。励磁电流与电枢电流相同,数值较大,因此,串励绕组匝数很少,导线较粗。串励式直流电动机具有很大的启动转矩,但其机械特性很软,且空载时有极高的转速。串励式直流电动机不准空载或轻载运行。串励式直流电动机常用于要求启动转矩很大且转速允许有较大变化的负载等。

④复励电机

复励电机的主磁极由两个励磁绕组组成:一个与电枢绕组串联,称为串励绕组;另一个为他磁(或并励)绕组,如图2.41(d)、(e)所示。通常他磁(或并励)绕组起主要作用,串励绕组起辅助作用。若串励绕组和他励(或并励)绕组的磁动势方向相同,则称为积复励;该型电机多用于要求启动转矩较大,转速变化不大的负载。由于积复励式直流电动机在两个不同旋转方向上的转速和运行特性不同,因此不能用于可逆驱动系统中。若串励绕组和并励(或他励)绕组的磁动势方向相反,则称为差复励;差复励式直流电动机一般用于启动转矩小,而要求转速平稳的小型恒压驱动系统中。这种励磁方式的直流电动机也不能用于可逆驱动系统中。

4)直流电动机的机械特性

直流电动机运行时,其电枢中产生电磁转矩和感应电动势。电磁转矩为拖动转矩,通过电动机的轴带动负载;电枢感应电动势为反向电动势,与电枢所加外电压相平衡。

①电枢电动势

电枢电动势是指直流电机正、负电刷之间的感应电动势,也就是每个支路里的感应电动势。

在直流电机中,感应电动势是由于电枢绕组和磁场之间的相对运动即导线切割磁力线而产生的。

对于给定的电机,电枢绕组的电动势(即每一并联支路的电动势)等于并联支路每根导体电动势之和,线速度 v 与转子的转速 n 成正比。因此,电枢电动势为

$$E_a = C_e \Phi n$$

式中　　C_e——电动势常数。$C_e = pN/(60a)$,C_e 的大小取决于电机的结构。

当每级磁通 Φ 的单位为 Wb,转速 n 的单位为 r/min 时,电枢电动势的单位为 V。

②电磁转矩

在直流电机中,电磁转矩是由电枢电流与气隙磁场相互作用而产生的电磁力所形成的。根据电磁力定律,当电枢绕组有电枢电流流过时,在磁场内将受到电磁力的作用,该力与电机电枢铁芯半径的乘积为电磁转矩。一根导体在磁场中所受电磁力的大小为 $f = B_x l i_a$,对于给定的电机,磁感应强度 B 与每极的磁通 $\varPhi$ 成正比;每根导体中的电流 i_a 与从电刷流入(或流出)的电枢电流 i_a 成正比;导线长度 l 在电机制成后是个常量。因此,电磁转矩 T 与电磁力 f 成正比,即电磁转矩与每极磁通 $\varPhi$ 和电枢电流 I_a 成正比,其大小为

$$T = C_T \varPhi I_a$$

式中　C_T——转矩常数,$C_T = pN/(2\pi a)$,C_T 的大小取决于电机的结构。

电磁电流的单位 A,磁通单位 Wb 时,电磁转矩的单位为 N·m。

上式表明对已制造好的直流电动机,电磁转矩仅与电枢电流和气隙磁通成正比。当气隙磁通恒定时,电枢电流越大,电磁转矩也越大,当电枢电流一定时,气隙磁通越大,电磁转矩也越大。

转矩常数 C_T 与电动势常数 C_e 之间的关系为

$$\frac{C_T}{C_e} = = \frac{\dfrac{p_N}{2\pi a}}{\dfrac{p_N}{60a}} = \frac{60}{2\pi} \approx 9.55$$

即
$$C_T = 9.55 C_e$$

直流电动机的机械特性是指电动机的转速 n 与电磁转矩 T_{em} 之间的关系,即 $n = f(T_{em})$。

③固有机械特性

他励直流电动机的电路原理如图 2.42 所示,按图中标明的各个量的参数方向,可列出电枢回路的电压平衡方程式为

$$U = E_a + R I_a$$

式中　R——电枢回路总电阻。

将电枢电动势 $E_a = C_e \varPhi n$ 和电磁转矩 $T_{em} = C_T \varPhi I_a$ 代入,可得到他励直流电动机的机械特性方程式为

$$n = \frac{U}{C_e \varPhi} - \frac{R}{C_e C_T \varPhi^2} = n_0 - \beta T_{em} = n_0 - \Delta n$$

式中　n_0——电磁转矩 $T_{em} = 0$ 时的转矩,称为理想空载转矩,

$$n_0 = \frac{U}{C_e \varPhi};$$

图 2.42　他励直流电动机的电路原理图

β——机械特性斜率,$\beta = \dfrac{Ra}{C_e C_T \varPhi^2}$;

Δn——转速降,$\Delta n = \beta T_{em}$。

由式 $T_{em} = C_T \varPhi I_a$ 可知,电磁转矩 T_{em} 与电枢电流 I_a 成正比,故只要励磁磁通 $\varPhi$ 保持不

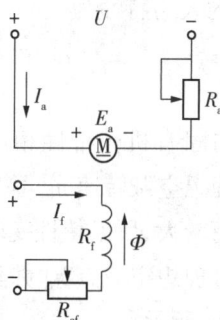

变,则机械特性方程也可用转速特性代替,即

$$n = \frac{U}{C_e\Phi} - \frac{R}{C_e\Phi}I_a$$

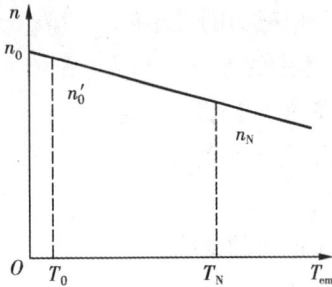

图 2.43 他励直流电动
机的机械特性

由上述可知,当 U, Φ, R_a 为常数时,他励直流电动机的机械特性是一条以 β 为斜率向下倾斜的直线,如图 2.43 所示。

必须指出,电动机的实际空载转矩 n_0 比理想空载转矩略低。这是因为电动机有摩擦等原因存在一定的空载转矩 T_0,空载运行时,电磁转矩不可能为零,它必须克服空载转矩,即 $T_{em} = T_0$,故实际空载转矩应为

$$n_0' = \frac{U}{C_e\Phi} - \frac{R}{C_e C_T \Phi^2}T_0$$

当 $U = U_N, \Phi = \Phi_N, R = R_a$ 时的机械特性称为固有机械特性,其方程式为

$$n = \frac{U}{C_e\Phi_N} - \frac{R_a}{C_e C_T \Phi_N^2}T_{em}$$

因为电枢电阻 R_a 很小,特性斜率 β 很小,通常额定转速降 Δn_N 只有额定转速的百分之几到百分之十几,故他励直流电动机的固有机械特性是硬特性。

④人为机械特性

人为机械特性可用改变电动机参数的方法获得,他励直流电动机有电枢回路串电阻、降低电枢电压和减弱励磁磁通 3 种人为机械特性。

电枢回路串电阻时的人为机械特性保持 $U = U_N, \Phi = \Phi_N$ 不变,只在电枢回路中串入电阻 R_s 时的人为特性为

$$n = \frac{U_N}{C_e\Phi_N} - \frac{R_a + R_s}{C_e C_T \Phi_N^2}T_{em}$$

与固有机械特性相比,电枢回路串电阻时人为特性的理想空载转速 n_0 不变,但斜率 β 随串联电阻 R_s 的增大而增大,所以特性变软。改变 R_s 的大小,可得到一簇通过理想空载点 n_0 并具有不同斜率的人为特性,如图 2.44 所示。

⑤降低电源电压时的人为机械特性

降低电源电压时的人为机械特性保持 $R = R_a, R_s = 0, \Phi = \Phi_N$ 不变,只改变电枢电压 U 时的人为特性为

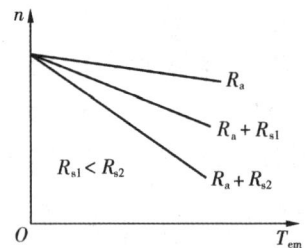

图 2.44 电动机的固有特性和电枢
串联电阻的人为特性

$$n = \frac{U}{C_e\Phi_N} - \frac{R_a}{C_e C_T \Phi_N^2}T_{em}$$

由于电动机的工作电压以额定电压为上限,因此改变电时,只能在低于额定电压的范围内变化,与固有特性比较,降低电压时人为特性的斜率 β 不变,但理想空载转速 n_0 随电压的降低而正比减小。因此,降低电压时的人为特性是位于固有特性下方,且与固有特性平行的

一组直线,如图 2.45 所示。

⑥减弱励磁磁通时的人为机械特性

在图 2.46 中,改变励磁回路调节电阻 R_{st} 则可改变励磁电流,进而改变励磁磁通。由于电动机额定运行时磁路已经开始饱和,即使再成倍增加励磁电流,磁通也不会有明显增加,何况由于励磁绕组发热条件的限制,励磁电流也不允许大幅度地增加,因此,只能在额定值以下调节励磁电流,即只能减弱励磁磁通。

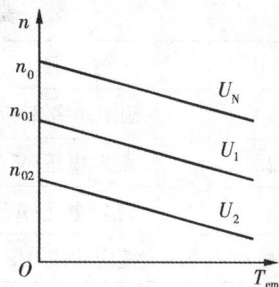

图 2.45　电动机的固有特性和降低电压的人为特性

保持 $R = R_a$、$U = U_N$ 不变,只减弱磁通时的人为特性为

$$n = \frac{U_N}{C_e \Phi} - \frac{R_a}{C_e C_T \Phi^2} T_{em}$$

对应的转速特性为

$$n = \frac{U_N}{C_e \Phi} - \frac{R_a}{C_e \Phi} I_a$$

在电枢回路串电阻和降低电压的人为特性中,因为 $\Phi = \Phi_N$ 不变,$T_{em} \propto I_a$,故它们的机械特性 $n = f(T_{em})$ 曲线也代表了转速特性曲线 $n = f(I_a)$。但是,在讨论减弱励磁磁通的人为特性时,因为磁通 Φ 是个变量,故 $n = f(T_{em})$ 与 $n = f(I_a)$ 两条直线是不同的,如图 2.46 所示。

当 $n = 0$ 时,堵转电流 $I_k = U/R$ 为常数,而 n_0 随 Φ 的减小而增大,因此,$n = f(I_a)$ 的人为特性是一组通过横坐标 $I = I_k$ 点的直线,如图 2.46(a)所示。

改变磁通可以调节转速,从图 2.46(b)可看出,当负载转矩不太大时,磁通减小使转速升高;当负载转矩特别大时,减弱磁通才会使转速下降。然而,这时的电枢电流已经过大,电动机无法在这样大的电流下工作。因此,实际运行条件下,可认为磁通越小,稳定转速越高。

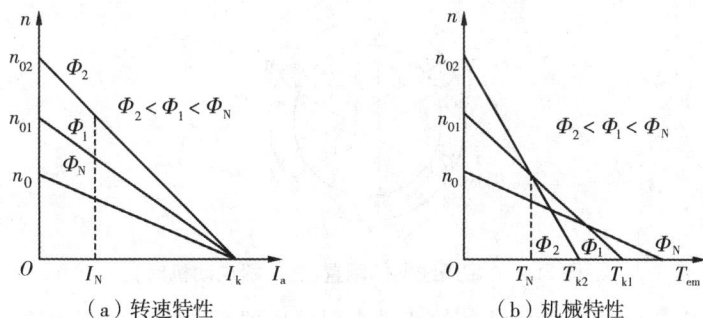

图 2.46　减弱励磁磁通时的人为特性

(3)交流鼠笼式电机的结构及工作原理

1)基本参数

西安地铁二号线车辆牵引电机参数如表 2.5 所示。

表 2.5　西安地铁二号线车辆牵引电机参数

序号	项　目	参数	序号	项　目	参数
1	额定功率/kW	180	7	转速/(r·min⁻¹)	2 015
2	额定电压/V	1 100	8	功率因数/%	≥85
3	额定电流/A	116	9	效率/%	≥90
4	额定频率/Hz	68	10	冷却方式	风冷
5	极数	4	11	绝缘等级	200
6	转差率/%	1.2			

2)感应电机的构造

用于车辆的感应电机,其结构是简单的鼠笼式感应电机。感应电机由定子和转子构成,定子上加载三相交流电压时,则间隙磁通量发生变化,从而转子受到感应,产生扭矩(见图2.47)。

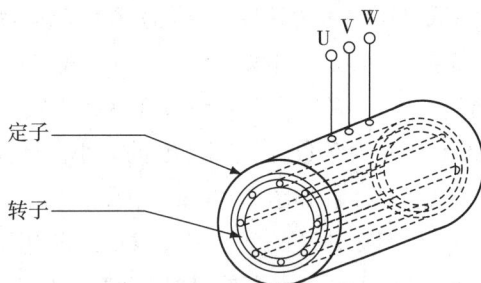

图 2.47　鼠笼式感应电动机的构造

定子由以轴为中心每间隔120°配置的三相线圈(U,U,W 相用)构成(见图2.48)。

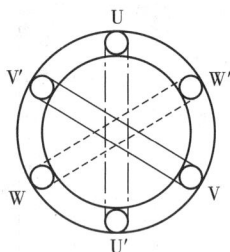

图 2.48　定子线圈的配置(在 2 极电动机时)

转子是将二次导体插入叠压铁芯的切槽中用端环把两端短路而制成的(见图2.49)。

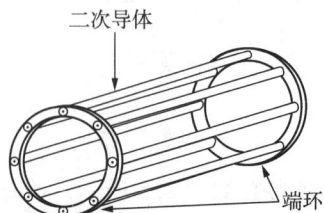

图 2.49　转子(二次导体)的构造

3)感应电机的动作原理

①旋转磁场的产生

若向定子绕组上加载三相交流电压,则各相的绕组上会流过电流,从而在其周围产生磁场。由各相的电流产生的磁场之和,形成以轴为中心的旋转磁场(见图 2.50)。

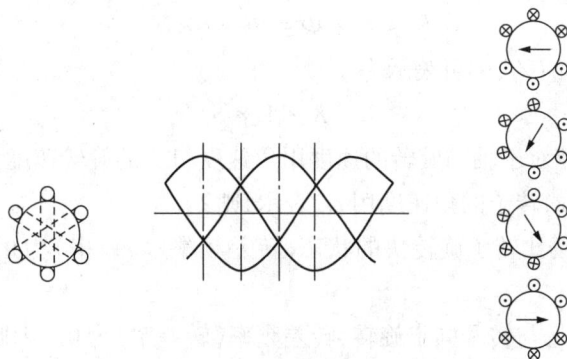

图 2.50 旋转磁场的产生

可认为,旋转磁场和转子围绕着虚拟磁极 N·S 旋转是等价的。

如图 2.51 所示,两极感应电机转子转一个循环,磁场也旋转一圈(4 极的则以两次循环为一个完整旋转)。

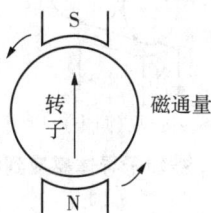

图 2.51 虚拟磁极

电源频率 f(Hz)与旋转磁场每分钟的旋转次数 N(r/m)的关系根据极数 P 开变化的。

磁通量的大小与定子线圈上加载的电压的时间积成正比,因此,在交流条件下,也与电压 U 及频率 f 之比(U/f)成正比,即

$$\Phi = \frac{U}{f}$$

②转子感应电压

如将旋转磁场的频率设为 f,将转子的旋转数换算成频率的值设为 f_r,以转子的导体为体基准的旋转磁场的相对频率 f_s 为

$$f_s = f - f_r$$

将该电源频率 f 和转子频率 f_r 的差 f_s 称为转差频率,将与电源频率 f 之比称为转差率 S。

转差频率为

$$f_s = f - f_r$$

转差率为
$$S = \frac{f_s}{f}$$

通过旋转磁场,感应到转子的电压与磁通量的时间变化 $\mathrm{d}\Phi/\mathrm{d}t$ 成正比。如磁通量的大小不变,电压与频率成正比。从转子看到的旋转磁场的频率为 f_s,因此转子感应电压与 f_s 成正比,即

$$E \propto f_s \times \Phi = \Phi \times f \times S$$

如把 Φ 表示为 $K \cdot U/f$,则可表示为

$$E = K \times V \times S$$

旋转磁场及转子相对于轴的旋转的速度用角速度(1 s 的旋转速度为 rad/s)表示。如果旋转磁场的角速度用 ω,转子的角速度用 ω_r 表示,则:

当 $\omega > \omega_r$ 时,是磁场比转子旋转快的状态,转差频率(转差率)为正。因此,产生正的感应电压。

当 $\omega = \omega_r$ 时,是磁场与转子同步旋转,转差频率(转差率)为 0。因此,不产生感应电压。

当 $\omega < \omega_r$ 时,是磁场比转子旋转慢的状态,转差频率(转差率)为负。因此,产生负的感应电压。

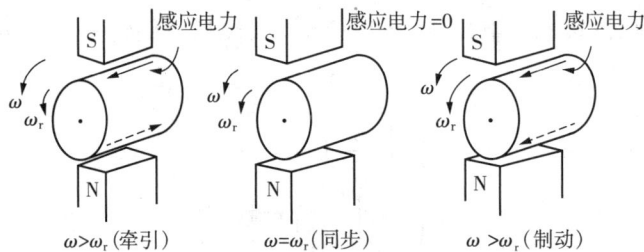

图 2.52　被转子导体感应到的电压

③转子的电流

转子上的二次导体相对旋转磁场以一定的速度旋转时便感应电势,从而产生转子电流。

转子的等效电路如图 2.53 所示。转子可用二次导体电阻部分 R_2 和泄漏电感部分 L_2 表示。

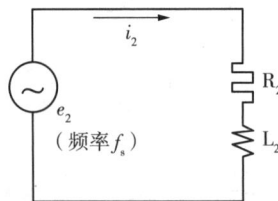

图 2.53　转子的等效电路

转子的电流 i_2 如用下式表示时,则 E_2 为 e_2 的实效值,I_2 为 i_2 的实效值,即

$$I_2 = \frac{E_2}{\sqrt{R_2^2 + (2\pi f_s L_2)^2}}$$

④产生扭矩

产生扭矩可表示为

$$T = K \times \Phi \times I_2$$

由于转差频率(转差率)有正有负,因此,感应电压的方向不同使电流的方向也相应的不同。

转差频率(转差率)为正时,产生的扭矩为正,即为牵引扭矩。

转差频率(转差率)为负时,产生的扭矩为负,即为制动扭矩(转差频率(转差率)为 0 时,不产生感应电压,因此不产生扭矩)。

⑤感应电动机的输入电流

感应电动机的输入电流,为产生旋转磁场的励磁电流和对应于转子电流的扭矩电流(转子电流产生扭矩,因此,相对励磁电流称为扭矩电流)之和。

表 2.6　扭矩电流产生的原理

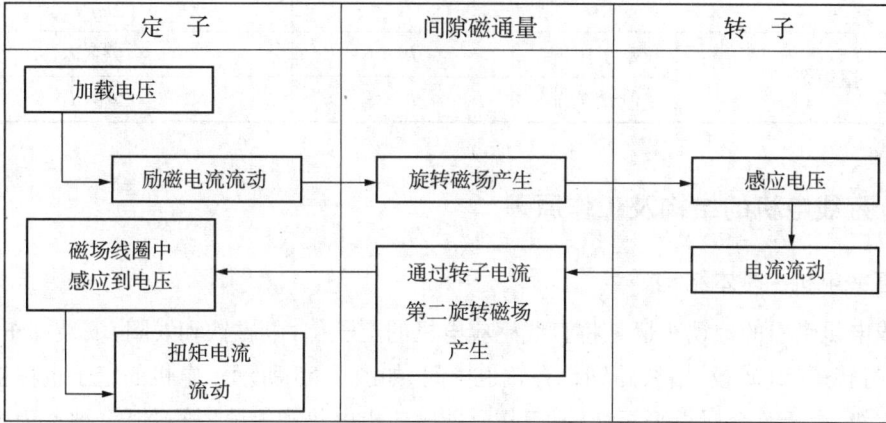

转子电流的频率为 f_s,但转子自身用 f_r 旋转,因此,从定子看,转子电流的频率是与电源频率 f 一致的。

如图 2.54 所示为在牵引时和制动时电压电流的相位关系。

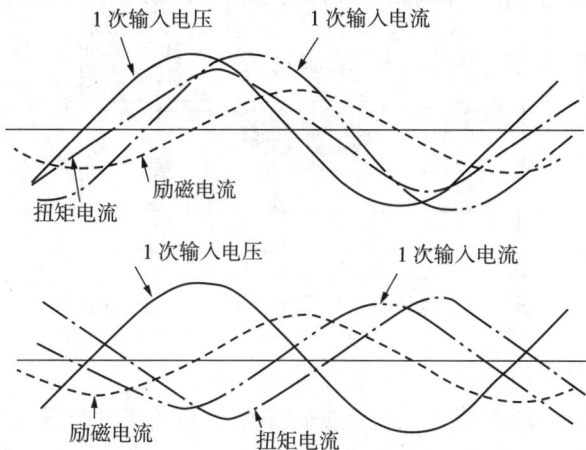

图 2.54　牵引和制动的相位关系

制动时,输入电流对于电压(1 次电压)大致相差 180°相位,即电压与电流的方向相反。为消耗负的电力,这相当于再生电力(再生制动是将动能转换为电能的方式)。

4)交流电机和直流电机的比较

表 2.7　直流电机与交流电机在工作时各参数的关系对比

参　数		直流电机	交流电机
磁场密度 (励磁磁通未饱和)		$\propto I_f$	$\propto U/f$
电枢(转子) 感应电压 E_2		$\propto \Phi \times N$	$\propto \Phi \times f_s \propto U \times f_s$
电枢电流(转子) I_2	牵引工况	$\dfrac{E_s - E_2}{R}$	$\dfrac{E_2}{\sqrt{R_2^2 + (2\pi f_s L_2)^2}}\cos \Phi$
	制动工况	$\dfrac{E_s}{R}$	$\propto \dfrac{\Phi \times f_s}{\sqrt{R_2^2 + (2\pi f_s L_2)^2}}\cos \Phi$
扭矩 T	牵引工况	$\propto \Phi \times I_2$	$\propto \Phi \times I_2$
	制动工况	$\propto \Phi \times I_2$	$\propto \Phi \times I_2$

(4)直线电机的结构及工作原理

1)直线电机的基本结构

直线电机牵引的地铁车辆是将直线感应电机的定子(含电磁铁和线圈)安装在车辆的转向架上,将转子(金属板)沿线路铺设在轨道中间,如图 2.55 所示。电机的定子也称初级,转子也称次级,由于是金属板平板结构,工作时能感应出电势和电流,故习惯上被称为感应板。图 2.55 中,电机的初级长度一般为 2~2.8 m,头是锥形结构,在运行过程中有利于把落在次级金属板上的异物清扫出去;电机的次级(感应板)沿着轨道的方向铺设在两根钢轨的中间,并固定在轨枕上,长度依轨道的建设规划而定;另外,车辆的钢轮上安装在制动盘,在低速或特殊情况时的制动,要启动用摩擦制动以确保能够按照制动要求实施安全制动。

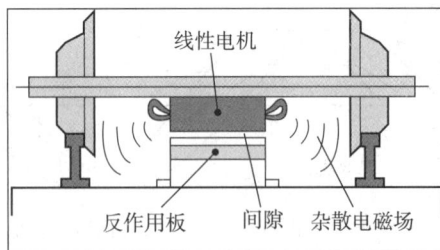

图 2.55　直线电机定子与转子之间的相互关系

2)直线电机的工作原理

直线感应电机是从传统的旋转电机演变而来的。它的工作原理与普通旋转电机类似,就如同将旋转电机沿半径方向切开展平而成,其运行方式也就由旋转运动变为直线运动,如

图 2.56 所示。图 2.56 中,原来旋转电机圆形的静止定子就成了直线感应电机(Linear Induction Motor,LIM)的平直初级;原来 RIM 的圆形转子就成了 LIM 的平直感应板,感应板沿线路安装固定在轨道上。

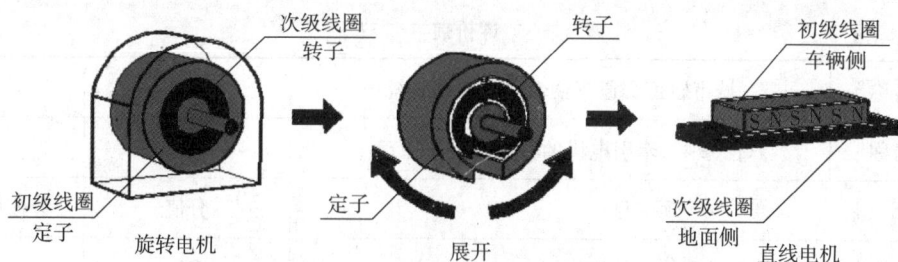

图 2.56 直线电机工作原理图

根据感应电机原理,当电流通过直流直线感应电机的初级电磁线圈时,会产生向前方向的行波磁场,并在次级感应板上产生涡流电流(二次电流)。该涡流电流切割性波磁场产生的力就是直线感应电机的电磁推力。列车靠车轮支撑在轨道上,由于次级感应板是固定在轨道枕木上的,反应用力就推动直线感应电机初级,从而带动转向架和列车在轨道上运行。因此,直线感应电机的牵引和制动原理,与传统的旋转电机的牵引和制动的基本原理一样。

直线感应电机虽然与旋转感应电机工作原理相同,但因为其定转子结构的变化,与旋转感应电机相比还有很多不同的地方。最主要的不同是,直线感应电机的铁芯在磁场移动的方向是断开的,长度也是有限的,它不像旋转感应电机那样是闭合的圆形状态。直线感应电机结构的特殊性,导致其存在纵向边端效应和横向边端效应,使电机气隙中移动的磁场发生畸变,造成电机出力减小,损耗增加和电机各相绕组阻抗不对称。这样使得直线感应电机轮轨交通的电机设计和牵引制动控制有着独立的特性。

目前,传统旋转感应电机的控制方式主要有 VVVF 标量控制、矢量控制盒直接转矩控制。从原理上看直线感应电机与传统旋转感应电机有着相通性,都是通过三相交流电产生的磁场与导体相互作用产生驱动力,因而用于传统旋转感应电机的控制方式也同样适用于直线感应电机。

对于直线感应电机而言,由于列车运行时电机气隙的动态变化,线路轨道感应板的不一致性,道岔、拐弯等处感应板的不连续性,以及列车速度的不同都会造成电机前后端部动态边端效应的变化(也称为第二类纵向边端效应)和电机定转子间耦合力的变化。因此,往往需要根据这些特点对传统的旋转电机的控制方法进行改进,才能提高直线电机的运行效率。

直线感应电机工作时,除了牵引力外,还有初级和次级感应板之间的垂直力需要考虑,这与旋转电机也有很大不同。根据电机转差的变化,垂直力可以是吸引力,也可以是排斥力。直线感应电机的初级铁芯和次级铁芯之间产生吸引力;初级电流和次级感应电流之间产生排斥力。牵引力和初级、次级间垂向力的关系比较复杂,不能简单地给予定量描述。

【任务实施】

1.现场观摩直流电机、交流电机的组成结构。

2.借助一些软件,模拟直流电机、交流电机工作原理,让学员更好的掌握。

3.借助软件,修改电机各控制参数,观察电机的工作特性,让学员感性认识电机的工作特性。

4.利用多媒体,让学员了解直线电机的组成及工作原理。

【效果评价】

评价表

项目名称	城市轨道交通车辆牵引电传动系统		学生姓名	
任务名称	任务4　牵引电机的种类及工作原理		分数	
项　目			分值	考核得分
1.掌握直流电机的基本组成及各部件的作用			25	
2.熟练掌握直流电机的工作原理			20	
3.理解交流电机的组成及工作原理			20	
4.在理解的基础上掌握直流电机、交流电机的工作特性			25	
5.掌握直线电机的工作原理			10	
教师简要评语:				
			教师签名:	

任务5　电制动与空气制动之间的接口

【活动场景】

使用多媒体展示地铁车辆牵引系统与制动系统之间的接口关系,如图为制动电阻图片。

【任务要求】

1.了解牵引系统与制动系统的接口。

2.在理解的基础上,掌握两系统各接口的作用,了解此接口中断会出现的后果。

3.掌握地铁车辆在制动时的优先级。

4.掌握各车辆制动力的分配。

【知识准备】

(1)电制动与空气制动的接口

如图2.57所示为BECU与VVVF之间的接口简易图。从图2.57中可知,两者之间主要进行下面几项内容的通信,下面将这几项通信的作用及原理一一进行简单叙述。

1)空重车调整信号

为保证列车在相同的级位具有相同的加速度/减速度,必须列车牵引力/制动力与列车的总质量(列车自重+载重)成正比变化。列车的载重是通过空气弹簧的气压来检测的,然后将此信息传给制动控制单元,从而使列车在制动时,保证在不同的载重相同的制动级位具有相同的减速度。同时制动控制单元将此载重信号传给牵引控制单元,保证在不同的载重相同的制动级位具有相同的减速度。

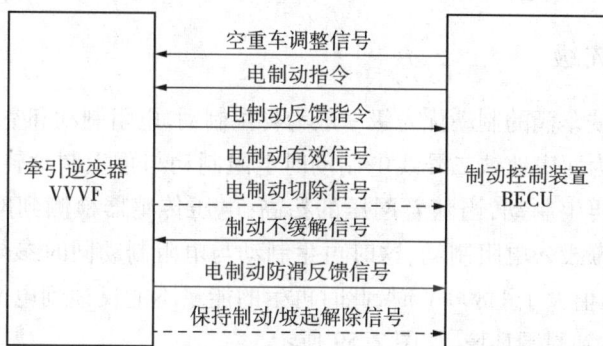

图2.57　空气制动与电制动之间的接口

2)电制动指令信号

制动控制单元BECU将本单元车所需要的全部制动力信号给牵引控制单元VVVF,列车优先使用电制动。

3)电制动反馈信号

电制动的值也受轮轨之间的黏着限制,VVF将所能承受的电制动值反馈给BECU,然后BECU内部进行减法运算,将剩余的制动通过空气制动来补充。

4)制动不缓解信号

当司机操作控制手柄缓解整列车制动,但部分车制动未缓解,此时本节车BECU让NRDR继电器得电,从而使制动不缓解指令线得电,这样将制动不缓解信号给整列车的VVVF,从而封锁牵引,起到保护作用(见图2.58)。

5)电制动防滑反馈信号

列车发生滑行时,首先由电制动防滑系统通过减少本节车电机电流进行调整,同时需要将电制动防滑信号给BECU,防止BECU检测到电制动力下降,认为是电制动力不足从而施加空气制动,从而加重轮对的滑行,导致擦轮。

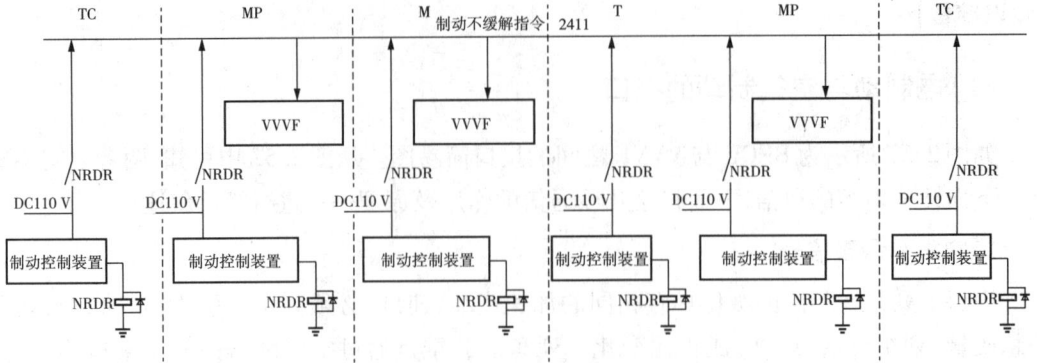

图 2.58 车辆制动不缓解启动联锁回路

6)保持制动/坡起解除信号

为防止列车在坡道上进行启动时发生后溜,特设保持制动或坡起功能。

(2)制动的优先级

为节省能源,地铁车辆的制动优先级一般为再生制动、电阻制动和空气制动。

如图 2.59 所示为西安地铁二号线电制动时电阻制动与再生制动转换的示意图。当制动时,列车优先使用再生制动,当随着网压的抬高,电压传感器检测到网压值大于 1 720 V 后,此时系统开始逐渐投入电阻制动,这时再生制动与电阻制动同时参与,随着再生电能的反馈。当检测到网压值大于 1 800 V 时,此时再生的能量不能反馈到电网,全部通过制动电阻以热能的形式散发到周围环境,如图 2.59 所示。

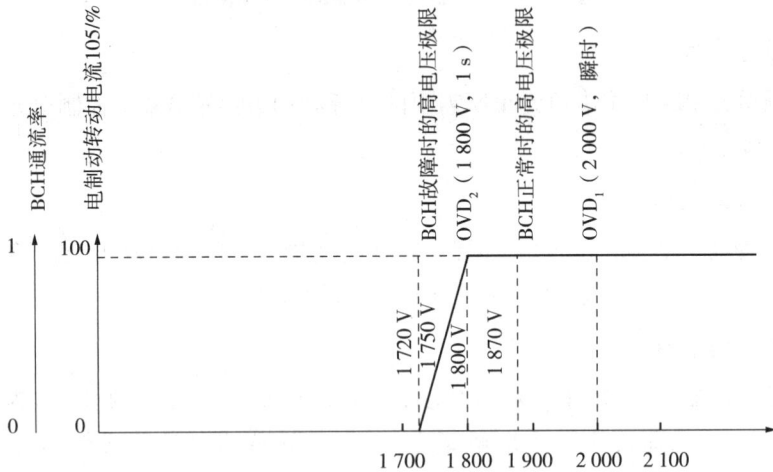

图 2.59 电制动投入顺序

只有在以下环境下车辆才开始投入空气制动:

①电制动功能失效时。

②重电制动(再生制动+电阻制动)不能满足制动要求时。

③电制动防滑功能失效时。

④其他异常情况时。

（3）电制动与空气制动之间的分配

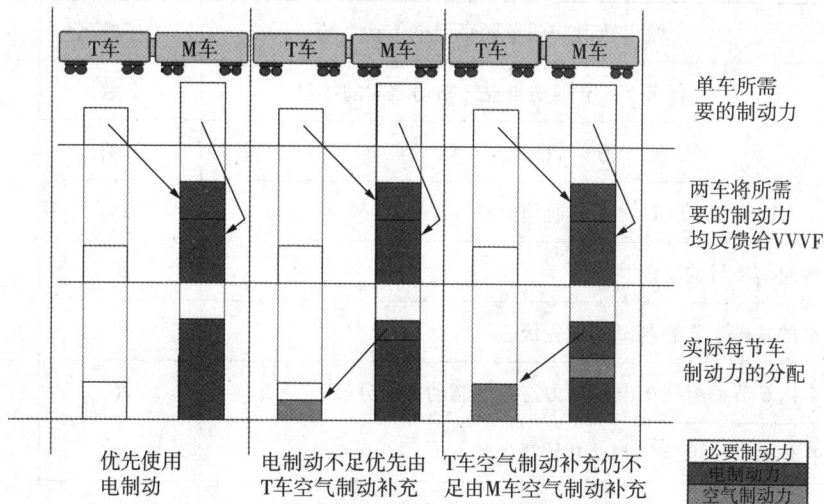

图 2.60　制动力分配示意图

以西安地铁二号线车辆 3 动 3 拖 6 辆编组的电制动力与空气制动力的分配为例进行说明（见图 2.60）。

1）电空制动运算控制

优先使用具有高黏着特性的电气制动，通过以 M-T 单元为单元进行电空运算控制，用空气制动力补充相对于制动指令而不足调度制动力。

2）补充制动力运算

在接收到从 UUUF 装置发出的电器制动有效信号的期间，进行电气制动与空气制动的电空协调。

①（电气制动力）>（M 车所需制动力）时

M 车：全部为电气制动，空气制动的补充制动力呈"0"。但是，为了提前电气制动失效时的空气补充制动的响应，保持一定量的 BC 压力作为初始压力。同时将"（电气制动力）—（M 车所需制动力）"部分的制动力作为空气制动减法运算指令输出至 T 车中。

T 车：由空气制动补充"（T 车必要的制动力）—（空气制动减法运算指令）"部分的制动力。

②（电气制动力）≤（M 车所需制动力）时

M 车：由空气制动补充"（M 车所需制动力）—（电气制动力）"部分的制动力。同时，使至 T 车的空气制动减法运算指令为"0"。

T 车：T 车所需制动力全部由空气制动补充。

【任务实施】

通过一些实验数据，如地铁车辆在日常运行时，再生制动反馈的电能、制动闸瓦每月的磨耗量等，让学员认识电制动的重要性。

【效果评价】

评价表

项目名称	城市轨道交通车辆牵引电传动系统		学生姓名	
任务名称	任务5 电制动与空气制动之间的接口		分数	
项 目			分值	考核得分
1. 能够罗列出 VVVF 与 BECU 之间的通信信息			25	
2. 能够说出各通信项目的功能			20	
3. 能够在理解的基础上掌握制动的优先级			15	
4. 掌握1动1拖6节编组列车电制动力与空气制动力的分配			25	
5. 能够说出在什么情况下空气制动开始投入			15	
教师简要评语:				
				教师签名:

任务6 防空转/滑行的原理及控制策略

【活动场景】

如图所示为轮对擦伤时的照片。

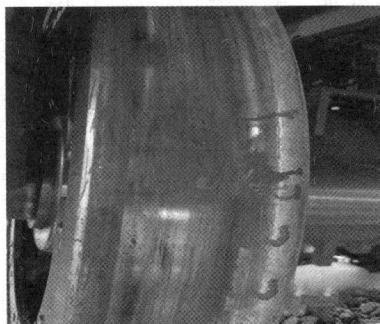

【任务要求】

1. 了解空转、滑行产生的机理。

2. 掌握防空转、滑行功能的意义。

3. 了解空转、滑行的控制策略。

4. 掌握空转、滑行的判断依据。

【知识准备】

随着人们生活节奏的加快,人们对地铁的要求越来越高,即"快速、舒适、安全"。这就要求车辆有很大的牵引及制动能力,但车辆的牵引及制动力不能无限地增大,当大于轮轨之间的黏着力时,车辆将发生空转/滑行。列车发生滑行时如果不能及时调整过来,就会使车轮踏面擦伤,其危害随着运行速度的提高而增加,轻则降低乘客乘坐的舒适性,重则造成行车安全。因此,如何有效控制列车牵引时发生空转,制动时发生滑行极为重要。

地铁车辆的防滑系统有空气制动的防滑系统和电制动下的防滑系统,空气制动下的防滑系统在本书中不做说明,下面将以西安地铁一、二号线车辆为例,叙述电制动下的防滑系统和牵引时的防空转系统。

西安地铁二号线车辆牵引系统使用日本日立公司的产品,控制采用先进的无速度传感器的矢量控制技术。与传统的有速度传感器的控制技术相比,无速度传感器的矢量控制在每个电机上没有安装速度传感器,故维修量小,故障率大大降低。

(1)电制动工况下防滑系统的组成

如图2.61所示为西安地铁二号线车辆牵引及电制动工况下防空转/滑行系统原理图。

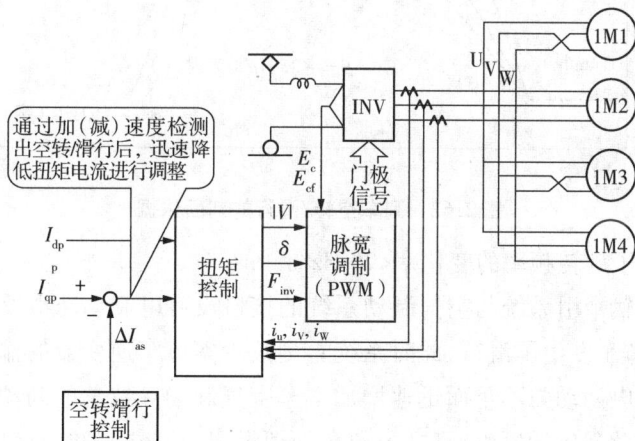

图2.61　电制动防空转/滑行原理图

二号线车辆1个牵引逆变器同时控制一节车上的4台电机,系统通过检测电机定子磁场的旋转频率以及转子上的电流值来推断电机转子的频率,同时系统通过控制电机转子上的电流值来控制列车的加(减)速度,进而控制列车速度。

列车牵引及电制动下的防空转/滑行控制也是基于此原理,首先系统时时推定电机的减速度,当通过电机转子的减速度判断列车发生空转/滑行后,逆变器迅速降低牵引电机的扭矩电流,进而控制电机扭矩力,控制其重新恢复再黏着的状态。

(2)电制动工况下的防滑策略

二号线车辆牵引系统在电制动下的滑行判断以及牵引工况下的空转判断都是以电机转子旋转频率的变化率为判断依据。牵引电机转子旋转频率的变化率与列车的减速度定量的关系为

列车的加(减)速度(m/s²) = 车轮直径(mm)/1 000×π/极对数/传动比×转子频率的变

$$化率(Hz/s)$$
$$=换算系数×转子频率的变化率(Hz/s)$$

当电机极对数 = 2,传动比 = 100/13 = 7.69 时,则

$$换算系数=\begin{cases}0.566 & 车轮直径\ D=770\ mm(最小值)\\0.598 & 车轮直径\ D=805\ mm(半磨耗)\\0.618 & 车轮直径\ D=840\ mm(最大值)\end{cases}$$

如图 2.62 所示为列车在牵引及电制动下防空转/滑行的判断依据,根据滑行严重程度的不同,滑行的控制大概分为以下 3 个阶段:

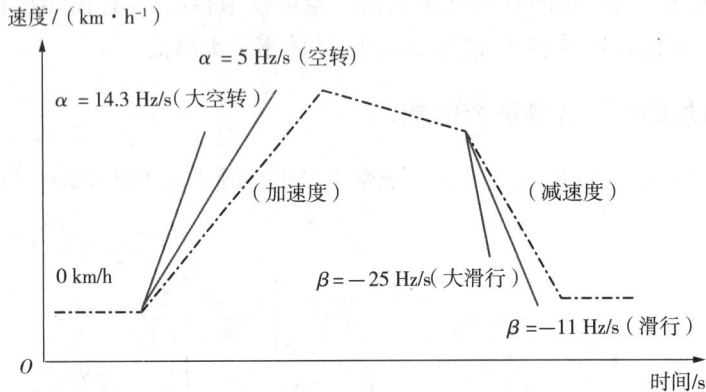

图 2.62 列车空转/滑行的判断依据

①11 Hz/s<转子旋转频率的变化率<25 Hz/s

由于二号线车辆牵引系统与空气制动系统的接口没有电制动防滑反馈线,这样列车在制动时,当判断某节车发生了滑行,此时系统立刻减少本节车逆变器的输出电流,此时空气制动系统误判断为电制动力不足而迅速增加本车空气制动导致总的制动力未减少,防滑效果不明显。为防止此现象的发生,日立公司在处理牵引与空气制动的接口时进行了如下的设计:

如图 2.62 所示,当检测出转子旋转频率的变化率大于 11 Hz/s,此时系统判断本节车发生了滑行,立刻减小本节车逆变器的输出电流,同时牵引系统此时给空气制动系统一虚假信号,此虚拟信号保持 3 s,3 s 后牵引系统给空气制动系统实际的电制动信号,由于此时电制动已经上升,因此补充的空气制动上升不大。当逆变器输出电流值上升到正常值后仍然检测出本节车滑行时,继续进行如上控制,如此往复,直到恢复黏着,滑行消失。

②转子旋转频率的变化率≥25 Hz/s

如图 2.62 所示,当电机转子旋转频率的变化率大于 25 Hz/s 时,系统判断此时滑行为大滑行(滑行严重),系统关闭逆变器的门极,电制动失效,后续由空气制动防滑系统进行控制及调整。

③列车在电制动时,由于滑行电机转子旋转频率变为零

如图 2.63 所示,当列车在制动时发生了滑行,电机转子旋转频率的变化率小于 25 Hz/s,同时防滑系统未将滑行调整过来,导致电机转子旋转频率变为零,轮对抱死。牵引系统内设置

了"速度推定异常"的保护机制,可对出现此类问题进行处理,即当发生上述现象,并维持大于 6 s 时间,此时系统关闭逆变器门极及 LB(线路接触器),电制动失效,后续由空气制动防滑系统进行控制及调整。

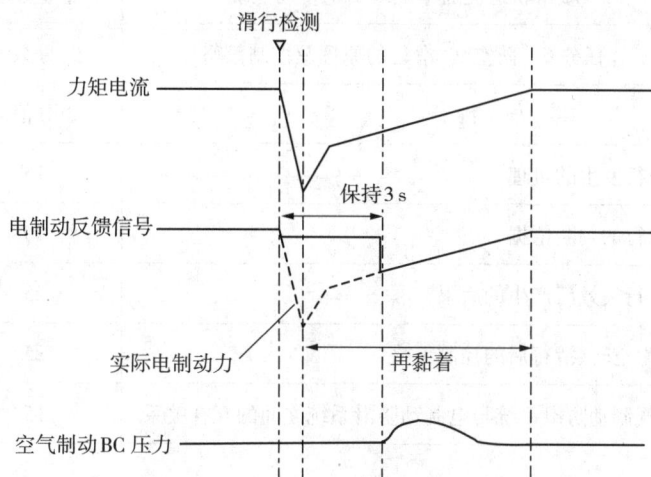

图 2.63　列车滑行控制时序图

(3)牵引工况下空转的检测及控制

牵引工况下空转的检测及控制与电制动工况下滑行的检测及控制是一样的,如图 2.64 所示。

牵引工况下空转的控制根据空转严重程度的不同,大概分为以下两个阶段:

①5 Hz/s<转子旋转频率的变化率<14.3 Hz/s

当转子旋转频率的变化率大于 5 Hz/s 时,系统判断为此车发生了空转。当某轮对发生空转后此轴的电机转子频率急剧增大,这时系统通过控制逆变器的门极,减小扭矩电流 I_{qp},从而使轮对与钢轨恢复原来的黏着状态,如图 2.64 所示。

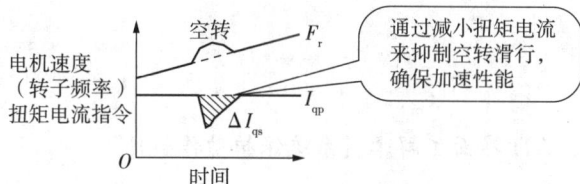

图 2.64　空转时的电流控制

②转子旋转频率的变化率≥14.3 Hz/s

当电机转子旋转频率的变化率大于 14.3 Hz/s 后,系统判断此时空转比较严重(大滑行),通过正常方法控制效果不明显,此时系统关闭逆变器的门极,牵引封锁。

【任务实施】

条件允许,让学员现场观察轮对踏面擦伤的情况,使学员认识防空转、滑行功能的重要意义。

【效果评价】

评价表

项目名称	城市轨道交通车辆牵引电传动系统	学生姓名	
任务名称	任务6　防空转/滑行的原理及控制策略	分数	
项　　目		分值	考核得分
1.能够理解空转、滑行发生的机理		15	
2.能够掌握空转、滑行的判断依据		20	
3.能够说出空转、滑行失效后产生的后果		25	
4.能够说出列车发生空转、滑行后的控制策略		25	
5.能够简单说出空气制动防滑系统与电制动防滑系统之间的互补关系		15	
教师简要评语：			
			教师签名：

任务7　牵引系统的保护及复位

【活动场景】

现场指导学员通过 ATI 界面了解牵引系统保护动作项目。

【任务要求】

1.掌握牵引逆变器保护系统的基本组成。

2.了解牵引系统的保护项目。

3.掌握牵引逆变器保护后的复位方式。

【知识准备】

如图2.65所示,牵引逆变器的保护系统概括起来主要包括3部分内容,即系统中各重要参数及元器件的检测部分、系统的控制部分以及对系统起保护作用的执行部分。系统通过软件以及一些传感器对系统中重要的参数及元器件的状态进行时时检测,然后将检测数据传给牵引控制单元,牵引控制单元通过计算、判断,最后根据判断故障的严重程度对主电路上对应的器件(HB,LB,BCH 及 IGBT 门极等)进行断开/闭合,从而对牵引系统起到了保护作用。

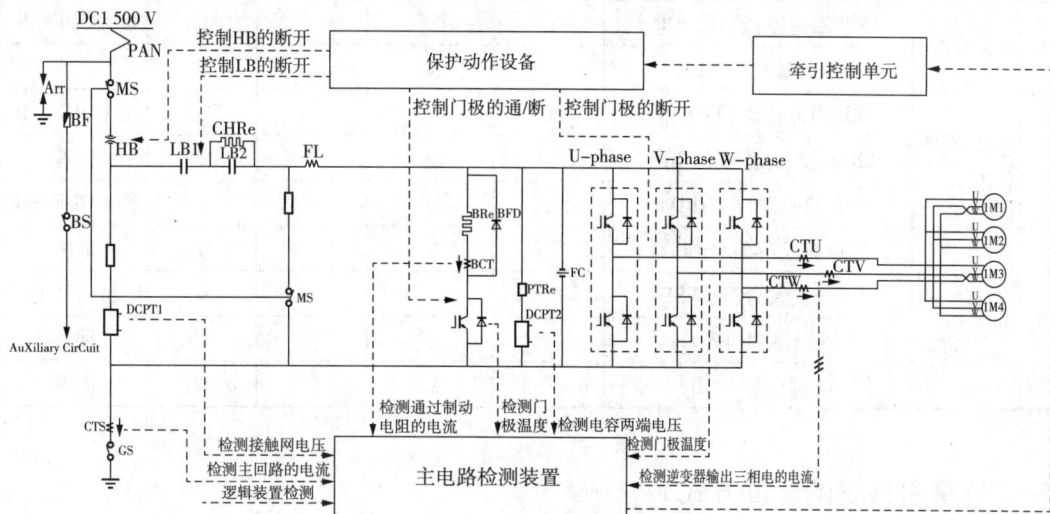

图 2.65　VVVF 系统保护原理图

(1)牵引系统的保护项目

表 2.8　VVVF 系统故障保护一览表

序号	事故种类		保护动作				复位方式
			HB 断开	LB 断开	BCH 导通	门极断开	
1	IGBT 转流失败	转流失败(CFD)	√	√		√	按 UCOS
		制动斩波器转流失败(BCFD)	√	√		√	按 UCOS
2	控制电压欠压	门极电压欠压(GPLUD)	√	√	On	√	按 UUUF/SIU
		DC110U 欠压(P110LUD)		√	On	√	回零
		逻辑装置电源欠压(PLUD)		√	On	√	按 UUUF/SIU
3	滤波电容及网压欠/过压	滤波电容过电压 1(OUD1)		√	On	√	回零
		滤波电容过电压 2(OUD2)		√	On	√	回零
		滤波电容欠压(FCLUD)		√		√	P:自动 B:回零
		架线欠压(ESLUD)		√		√	P:自动 B:回零
4	主电机电流检测	主电机过电流(MMOCD)		√		√	回零
		相电流不平衡(PUD)	√	√		√	按 UUUF/SIU
5	温度检测	动力单元温度上升(THD)				√	回零
		斩波器单元温度上升(BCTHD)			Off		回零
		制动电阻温度上升(BRTHD)			Off		回零

93

续表

序号	事故种类		保护动作				复位方式
			HB 断开	LB 断开	BCH 导通	门极断开	
6	电流检测	斩波器过电流(BCOCD)	√	√		√	按 UUUF/SIU
		架线接地(LGD)		√		√	回零
7	重要部件检测	LB 阻滞检测(LOFD)	√			√	按 UUUF/SIU
		LB 不投入检测(LOND)		√		√	回零
		HB 自动跳闸(HBD)	√	√		√	按 UUUF/SIU
8	其他	速度推定异常(SEFD)		√		√	回零
		大空转、大滑行(WSD)				√	P:自动 B:回零
		后退检测(BSD)		√		√	回零
		充电不良(FCD)		√		√	回零

(2)牵引系统的复位方式

牵引系统出现故障后,系统根据故障的严重程度断开主回路相应的元器件,从而对 UUUF 进行保护。一般随着故障的加重,系统控制元器件断开的顺序为:门极不投入、LB 断开(部分故障时闭合/断开 BCH)、HB 断开。具体如下:

1)门极断开

断开门极进行保护的情况:

①系统检测出的一些轻微故障。

②系统只需断开门极即可的故障。

例如动力单元温度上升、空转/滑行等。

2)断开 LB

断开 LB 进行保护的情况:

①系统检测出的一些中等故障。

②除断开门极外,还需要断开 LB 的故障。

例如主电机过电流、滤波电容器欠压、架线欠压等。

3)闭合/断开 BCH

对于一些故障,系统需要进行断开或闭合 BCH 进行保护。

需要断开 LB 并投入 BCH 进行保护的情况:

①UUUF 中各控制电路电压欠压的情况。

②滤波电容过压的情况。

当 UUUF 各控制电压欠压时,此时为防止控制电压的不稳定,以错误的时机输出了门极脉冲而对元件造成损坏等,系统在断开 LB 还闭合 BCH,从而将这种可能进行了有效的预防,如门极电压欠压、DC110U 欠压、逻辑装置电源欠压。同时,当滤波电容电压超出允许值时,此时系统也断开 LB,闭合 BCH,从而对电容进行放电,如滤波电容过电压 1、滤波电容过电压 2。

不需要断开 LB,但需要投入 BCH 的情况:

①制动斩波器动力单元温度超过允许值。

②制动电阻温度超过允许值。

对于一些列车在制动时出现的故障,如斩波器动力单元温度上升、制动电阻温度上升等,此时系统断开 BCH,但不断开 LB,从而使再生的电能最大限度的反馈回电网。

4)断开 HB

对于牵引系统出现的一些严重的故障,系统除断开门极、断开 LB 外,同时断开 HB。主要包括 HB 自动跳闸、转流失败、相电流不平衡、门极电压欠压、LB 阻滞以及斩波器过电流等故障。

(3)复位方式

系统进行保护后,根据故障的严重程度主要有四种复位方式,即自动复位、牵引手柄回零复位、操作复位开关复位以及操作隔离开关对故障车进行隔离。

1)系统自动复位

对于一些轻微故障,当检测出故障消失后,系统自动进行复位,从而使系统开始正常工作,如当列车在牵引时,滤波电容器欠压、架线欠压以及空转/滑行等。

2)牵引手柄回零

对于一些故障,当故障消失后,系统不能自动复位,此时需要人为将控制手柄回零,此时系统才能复位,如动力单元温度上升、滤波电容器过压以及速度推定异常等。

3)进行操作"UUUF/SIU 复位"开关

复位开关"UUUF/SIU 复位"开关的功能有两个,即合 HB 指令和对逻辑部进行重新启动的功能。因此对于保护动作断开了 HB,或逻辑部故障后,此时必须通过此复位开关进行复位,如主电机过电流、相电流不平衡以及逻辑装置欠压等。

4)操作 UCOS 隔离开关

表 2.9   UUUF 故障逻辑(故障判断条件及处理)

序号	故障名称	故障判断	结果处理
1	HB 跳闸	HBD 在换向关闭之前 2 次动作	开放操作 (按下 UCOS 隔离开关)
2	相电流不平衡频发	PUD 换向关闭之前 2 次动作	
3	电源 PLU 频发	PLUD,GPLUD 换向关闭之前 2 次动作	
4	微处理器异常	WDTD 在换向关闭之前 2 次动作	
5	断流器开放不良	LB 断开不良在换向关闭之前 2 次动作	

续表

序号	故障名称	故障判断	结果处理
6	制动斩波器过电流频发	BCOCD 换向关闭之前 2 次动作	开放操作（按下 UCOS 隔离开关）
7	制动扭矩异常频发	OBTD 3 min 内 3 次动作	
8	BCH 短路故障	FCD 3 min 内 3 次动作	
9	速度推定失败	SEFD 3 min 内 3 次动作	
10	过电流频发	MMOCD 3 min 内 3 次动作	

系统对保护动作的次数进行计数,当保护动作在规定的时间内超出允许次数时,此时系统判断为此车 VVVF 真正出现了故障,此时需要人为按下"UCOU 隔离开关",对故障车进行隔离,从而使此车凭自身动力尽快离开正线,不对正线其他列车造成影响。

【任务实施】

1. 如果条件允许,现场给让员工展示系统中各监测元件。

2. 现场让员工认识各种复位设备的具体位置及操作方法。

【效果评价】

评价表

项目名称	城市轨道交通车辆牵引电传动系统		学生姓名	
任务名称	任务 7　牵引系统的保护及复位		分数	
项　目			分值	考核得分
1. 员工能够简单画出保护系统各部分之间的关系			25	
2. 能够罗列出牵引系统主要的保护项目			20	
3. 能够对照原理图说明各传感器的作用			20	
4. 当系统出现保护后,都能通过哪些措施进行复位			25	
5. 知道通过断开或闭合哪些元器件可以对牵引系统进行保护			10	
教师简要评语:				
教师签名:				

任务8　司机控制器的种类及组成

【活动场景】

如图为现场司机操作司控器的场景。

【任务要求】

1.了解司控器的基本组成。

2.了解模拟输出与数字输出司控器的原理。

3.掌握司控器日常检修的重点。

【知识准备】

司机控制器是机车司机控制机车运行的主令控制器,它是利用控制电路的低压电器间接控制主电路的电气设备,广泛应用于内燃机车、电力机车、动车组、城市轻轨、地铁等。根据不同的应用环境、不同的牵引系统以及不同的操作模式的要求,司机控制器的结构、模式也各不相同。

(1)司机控制器的种类

按照司控器的输出信号不同,可将司控器分为数字式和模拟式两种,如图2.66所示。

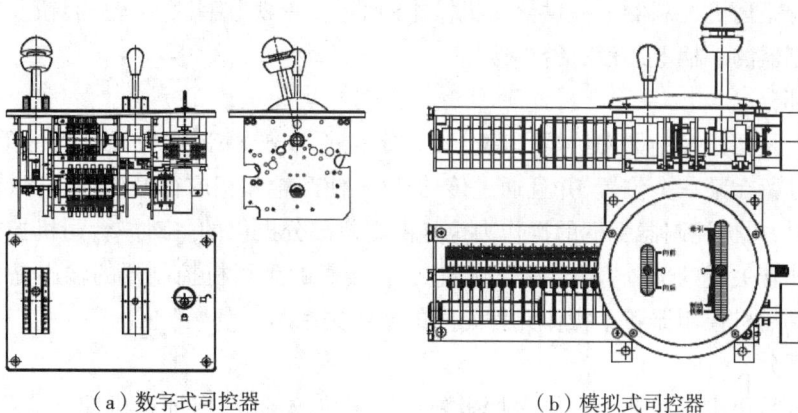

（a）数字式司控器　　　　　（b）模拟式司控器

图2.66　司控器的结构

西安地铁一、二号线车辆司控器就采用如图数字式司控器。司机控制器的面板上有控制手柄、换向手柄两种可操作机构。控制手柄有牵引区(P_1,P_2,P_3,P_4)、N位、制动区(B_1,B_2,B_3,B_4,B_5,B_6,B_7)、快速制动位,13个挡位;换向手柄有:"向前""0""向后"3个挡位。司机控制器的控制手柄在各挡位均有定位;通过转轴上不同的凸轮,从而在不同的级位,凸轮的组合也不同,进而使凸轮下的行程开关开闭组合也不同,从而给牵引及制动模块—数字信号,从而达到调节牵引力和制动的目的。

广州地铁一、二号线车来那个司控器采用如图模拟式司控器。司机控制器的面板上有控制手柄、换向手柄两种可操作机构。控制手柄有:牵引区、0位、制动区、快速制动位;换向手柄有"向后""0""向前"三个挡位。司机控制器的控制手柄0位、牵引最大位、制动最大位、快速制动位有定位;在这些挡位之间为无级调节;通过转动同轴的驱动电位器用来调节输入电子柜的电压指令,从而达到调节牵引力和制动的目的。

换向手柄在每个挡位均定位,换向手柄稳定在相应的挡位中。控制手柄、换向手柄和机械锁之间相互机械联锁,即机械锁在开位时,换向手柄不能从"0"位离开,换向手柄在"0"位,控制手柄不能从"0"位移动。

(2)司机控制器的基本组成

司控器按照其组成及功能主要包括操作部分、定位部分、限位部分、传动部分、阻尼部分(模拟式司控器)、连锁部分及输出部分等(见图2.67)。具体各部分的作用如下:

图2.67　司控器实物图

①操作部分

操作部分是司机控制器上提供给司机操作的部分,一般为手柄、手轮、旋钮及钥匙等,同时在司机控制器的手柄上还设有警惕按钮。

②定位部分

定位部分是司机控制器中给操作部分提供定位的部分,保证司机控制器的手柄或手轮可以稳定的停留在某一个位置,并且通过传动部分,使凸轮和相应得输出部分保持一个稳定的状态。同时,司机控制器手柄的操作力也是由定位部分提供的。对一台司机控制器来说,定位部分是非常关键的部分,定位得准确程度,直接影响到司机控制器的输出是否正确,并且还会影响到司机控制器各个操作元件之间的连锁关系。

③限位部分

限位部分是司机控制器上提供手柄极限位置限位的部分,保证司机控制器手柄或手轮在极限位置时能可靠的限制手柄或手轮的转动,保证输出部分不会出现不必要输出信号。限位部分应该符合司机控制器操作元件操作力大小的要求。司机控制器限位部分的可靠性要求非常高,不仅应该考虑正常操作时的操作力,还应该考虑紧急情况或其他非正常情况时操作力的大小,因此限位部分各个零件应该在尺寸允许的情况下尽可能地增加其可靠性。

④传动部分

传动部分是司机控控制器上将手柄或手轮的转动传递到凸轮的部分,一般为齿轮、齿条、连杆或其他的联轴器等。传动部分主要应该考虑因传动间隙造成的回差对司机控制器输出的影响,尤其在有模拟量输出时,模拟量输出值的计算必须考虑,由于传动间隙造成的误差属于系统误差,只能通过提高零件加工、组装的精度减小,无法消除。

⑤阻尼部分

阻尼部分一般用于有模拟量输出的司机控制器,用于增加操作部分的操作力,保证司机控制器的手柄或手轮在无级调节区域能稳定地停留在某一个位置,同时通过传动部分,使模拟量的输出值保持稳定。阻尼部分一般包括两个摩擦元件和一个弹性元件。

⑥连锁部分

连锁部分是保证司机控制器多个操作部分之间逻辑关系的部分,从机械结构上保证多个操作部分的操作顺序,对其他控制电器或主电路的设备起到保护作用。连锁部分一般情况下根据几个操作部分的位置及操作顺序的不同要求,结构形式有很多种,这也是造成司机控制器种类繁多的主要原因。

⑦凸轮

凸轮是司机控制器上控制开关元件的部分。通过传动部分将操作部分的转动传递的凸轮,使凸轮转动或移动,控制开关元件的接通或分断,一般司机控制器中凸轮数量较多。

⑧输出部分

输出部分是司机控制器中的主要部分,司机控制器的主要电气性能一般有这部分决定,输出部分根据输出的不同分为开关量和模拟量的输出,一般情况下通过凸轮开关来实现开关量的输出,通过电位器、编码器或其他角位移传感器来实现。

司机控制器的输出为开关量时,开关模块的容量应该满足整个牵引系统的要求,当开关量用于微机信号时,开关模块触头必须有自净功能,保证在低电压、小电流时的可靠接通。

司机控制器的输出为模拟量时,根据输出模拟量的不同种类,电压、电流、编码等,输出值的计算方法也不相同。下面以输出为电压量时,对输出的计算方法简要说明。

司机控制器输出为模拟量时,电位器的连接如图2.68所示。其中,E 为输出电压,U_0 为输出电压,一般司机控制器设计中,是根据电位器的输出特性(电气有效角度)以及电位器输入、输出及手柄转动角度,计算出 R_L 和 R_H 的阻值,也可计算出手柄或手轮转动任意角度后电位器的输出值。根据电位器输出的不同要求,部分司机控制器中并没有 R_L 和 R_H,即 R_L 和 R_H 阻值均为零。计算电位器输出值时,一定要考虑外部设备内阻对电位器输出值的影响,外部设备的内阻较小时,对电位器的输出值有很大的影响。

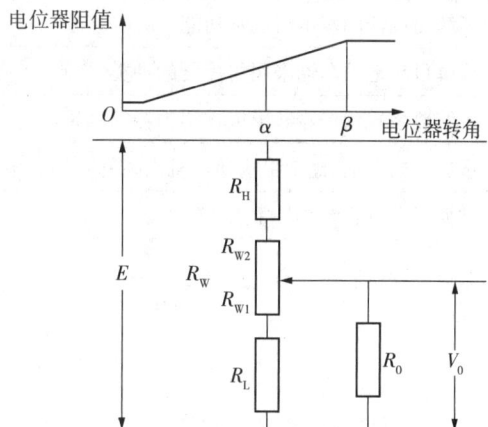

图2.68　模拟式司控器原理图

（3）司控器的日常维护注意事项

司控器是列车牵引、制动指令的直接发出设备，故司控器在城市轨道交通车辆的运营中是非常重要的部件，作为维修人员，司控器的检修时我们重点检修的项目。在日常进行功能检查，主要进行以下功能测试：

①换向手柄、控制手柄在整改活动区域活动是否灵活。

②换向手柄、控制手柄在不同的位置时，监控屏上显示的信息与司控器实际位置是否正确对应。

③控制手柄上的警惕按钮活动是否灵活，松开警惕按钮后，在规定的时间是否产生紧急制动或报警。

在半年检或更高修程时，需要对下面一些位置进行检查及保养：

①检查各凸轮处的行程开关活动是否灵活，到位。

②检查各接线有无松动、断裂。

③按压警惕按钮，检查警惕按钮行程开关动作是否到位。

【任务实施】

1．拆解一台司控器，让学员对司控器有最基本的认识。

2．现场进行试验，观察司控器钥匙、方向手柄、控制手柄的互锁关系。

3．观察两种形式的司控器，让学员从结构上、功能上罗列这两种司控器的优缺点。

【效果评价】

评价表

项目名称	城市轨道交通车辆牵引电传动系统		学生姓名	
任务名称	任务8　司机控制器的种类及组成		分数	
项　目			分值	考核得分
1．了解司控器的基本组成及功能			15	
2．了解目前地铁车辆采用司控器的种类			20	
3．了解数字式司控器和模拟式司控器的区别			15	
4．掌握方向手柄、控制手柄和司机之间的互锁关系			25	
5．掌握司控器日常维护重点			25	
教师简要评语： 　　　　　　　　　　　　　　　　　　　教师签名：				

项目小结

牵引电传动系统在地铁车辆上是一个非常重要的系统,它的性能及质量直接关系到正线安全行车,因此掌握此系统是非常有必要的。

牵引电传动系统的专业性很强,涵盖的学科很多,要想深入掌握此系统,必须掌握电机拖动、微机控制、电力电子等课程。

地铁车辆牵引电传动系统主要包括受流装置、牵引主回路、司控器及牵引电机等。

受流装置主要有两种形式,即第三轨-集电靴受流和接触网-受电弓受流两种,这两种受流方式各有优缺点,一般第三轨-集电靴受流多在高架线路使用,同时多采用 DC750 V 制式,接触网-受电弓受流一般不在有高架线路使用,并多在 DC1 500 V 制式下使用。

随着微机控制及电力电子技术的发展,交流电机的调速控制已经不是问题,并且与直流电机相比,交流电机有控制范围广、体积小、质量轻等特点,因此,目前地铁车辆都采用交流电机传动。

思考与练习

1. 城市轨道交通车辆的受流方式主要有哪几种? 各自的利弊所在?
2. 受电弓的基本组成有哪些? 日常维护时重点需要确认及维护哪些部位?
3. 牵引主回路主要包括哪几部分? 系统是如何检测各设备状态及性能的?
4. 司控器按照输出信号的不同主要分为哪两类? 输出信号都是如何实现的?
5. 列车防空转/滑行是如何判断的? 如果此系统失效会出现什么后果?
6. 牵引系统与空气制动系统都有哪些通信信号? 各信号的作用是什么?
7. 简述直流牵引电机与交流牵引电机的区别与联系,并说明交流牵引电机的控制方式。

项目 **3**
城市轨道交通车辆辅助供电系统

【项目描述】

　　本项目主要介绍城市轨道交通车辆辅助供电系统的发展及系统设备组成、技术参数、控制原理、常见故障等。

【学习目标】

　　通过本项目的学习,要求掌握以下基本知识:

　　1.了解轨道交通车辆辅助供电系统的发展经历。

　　2.掌握轨道交通车辆的辅助逆变电路结构、供电模式及工作原理。

　　3.掌握轨道交通车辆的辅助逆变器设备组成结构。

　　4.掌握蓄电池的性能特点及维护方法。

　　5.了解城市轨道车辆辅助供电系统在正线运营中常见故障的处理方法。

【技能目标】

　　能够掌握城市轨道交通车辆辅助供电系统的形式及设备组成。

任务 1　城市轨道交通车辆辅助供电系统基本概况

【活动场景】

通过介绍电气元件发展来阐述城轨车辆辅助供电系统的发展历史。

【任务要求】

了解城市轨道交通车辆辅助供电系统组成及发展历史。

【知识准备】

辅助供电系统是城市轨道交通车辆上一个必不可少的部分,其主要功能为车辆配备的空调电暖器、空气压缩机、照明设备、列车控制及蓄电池浮充电等辅助设备供电。

(1)辅助供电系统组成

城市轨道交通车辆辅助供电系统包括辅助逆变器(DC/AC 变流器,简称 SIV)和低压电源(DC/DC 变流器和蓄电池)两大部分。辅助逆变系统主要给车辆上 AC380 V 和 AC220 V 交流负载提供电源,负载大部分是泵类(三相异步电动机驱动),不需要调速,直接启动,启动冲击电流大。如空调压缩机及风源管路空气压缩机是辅助逆变器的最大负载。低压电源包括 DC110 V 和 DC24 V,为车辆控制系统及应急负载供电。

(2)辅助逆变技术发展

城市轨道交通车辆设计早期,辅助逆变技术一般采用旋转式电动-发电机组供电,接触网为电动机提供直流高压,电动机带动发电机工作,输出三相交流电为负载供电;使用三相变压器和整流设备变换将输出三相交流电转变为控制用 DC110 V 和 DC24 V。这种供电方式机组体积大、输出容量小、效率低,电源易受直流发电机组工况变化的影响,输出电压波动大,可靠性差。

近年来,随着电力电子技术的发展,新的电力电子器件在城规车辆技术的引用,我国各城市轨道交通车辆上,辅助电源系统均采用了静止逆变供电方式(见图 3.1)。

静止逆变设备直接通过车辆设置的受流设备受电,高压直流电经过 DC/AC 静止逆变转换为低压三相交流电,再通过整流及斩波电源变换输出可用的直流电源。电源变换中采用了变压器隔离形式。这种辅助逆变方案优点为输出电压品质因数好,电源使用效率高、工作性能安全可靠。实际应用设计也具备多样性,主要与车辆所使用的高压电源电压类型和电力电子器件发展水平存在直接关系。辅助静止逆变多样设计方案将在后面进行讲解。

图 3.1　西安地铁二号线 SIV 辅助静止逆变器

（3）电气元件发展对辅助供电设计的影响

随着电力电子器件的发展，城市轨道交通车辆辅助静止逆变系统也经历了不同时期的发展过程。静止辅助系统中采用的电力电子器件经历了晶闸管（SCR）、大功率晶体管（GTR，BJT）、可关断晶闸管（GTO）及绝缘栅双极型晶体管（IGBT）的发展过程。

20 世纪 90 年代初，上海地铁进口的一号线车辆，其辅助系统采用电流驱动型可关断晶闸管 GTO 构成（见图 3.2），其开关频率低而功率大，耐压值高，安全性好。随着新一代的电力电子器件 IGBT 容量的提升（见图 3.3），老的电力电子器件 GTR 或 BJT 进入了淘汰行列。

图 3.2　可关断晶闸管 GTO

图 3.3　绝缘栅双极型晶体管 IGBT

在 1997 年，国际上 GTO 主要生产厂家对中容量范围 GTO 的停产标志着地铁车辆逆变进入了 IGBT 时代，其驱动全控性、脉冲开关频率高、性能好、损耗低、自我保护能力强等优点，推动了电力元件集成化、模块化的发展。近年来，城规交通供电网压调制由低至高（由DC750 V 升至 DC1500 V），对 IGBT 的电压等级也提出了新的要求。现国内新使用的地铁车辆辅助供电设备均采用 IGBT 电子元件。

【任务实施】

组织讨论车辆辅助供电系统在列车上发挥的功能，简述车辆辅助供电系统发展经历，简述电力电子器件发展对城市轨道车辆辅助供电系统性能提升的影响。

【效果评价】

评价表

项目名称	城市轨道交通车辆辅助供电系统		学生姓名	
任务名称	任务1　城市轨道交通车辆辅助供电系统基本概况		分数	
项　　目			分值	考核得分
1. 掌握车辆辅助供电系统的主要功能			20	
2. 掌握城轨车辆使用电源类型			20	
3. 车辆辅助供电两种设计的认知情况			15	
4. 电力电子元件 IGBT 的认知情况			15	
5. 电力电子元件 GTO 的认知情况			15	
6. 编制学习汇报报告情况			10	
7. 基本素养考核情况			5	
教师简要评语： 　　　　　　　　　　　　　　　　　　　　　教师签名：				

任务2　辅助逆变器电路结构及供电模式

【活动场景】

　　使用分析辅助逆变多样结构图例来讲解分类及设计特点。

【任务要求】

　　了解车辆辅助逆变电路结构和供电模式分类及特点。

【知识准备】

　　随着电力电子器件 IGBT 的发展，城市轨道车辆辅助供电系统由过去的单一形式逐渐发展为设计多样化,满足了城规车辆不同时期的不同需求。

(1)辅助逆变电路结构

辅助逆变器电路结构从逆变器电路原理上分为两种,即先经升/降压稳压后逆变结构和直接逆变结构两种。

从逆变器的电路构造来分类,可分为双逆变器型和单逆变器型。其中,双逆变器型又分串联型与并联型;单逆变器型又分先经升/降压稳压后逆变型和直接逆变型。这些逆变器均采用二电平逆变方式。

1)从逆变器电路原理选型

①先斩波(升/降压斩波)后逆变方式(DC—DC—AC)

将高压直流电通过斩波器转换为较低/高直流电压,通过逆变装置输出交流电。此电路主要由单管 DC/DC 斩波器、二点式逆变器、三相滤波器、隔离变压器及整流电路组成。其原理如图 3.4 所示。

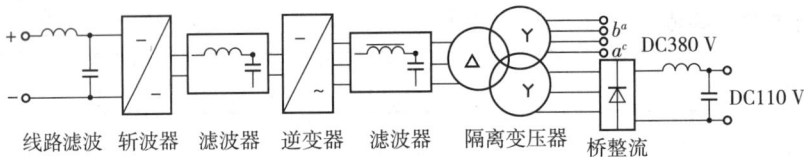

图 3.4　先斩波后逆变方式示意图

其中,DC—DC—AC 方式升/降压斩波中,升压斩波的系统应用在 DC750 V 供电网压的场合;降压斩波的系统应用在网压为 DC1 500 V 的场合。采用升/降压斩波的目的都是为了使逆变器的输入电压稳定,当负载变化或电压波动时,保证斩波器有稳定的输出电压。德国 Siemens 公司多采用此项技术,如上海一号线、上海二号线和广州一号线地铁车辆。

②直接逆变方式(DC—AC)

这种方式是地铁车辆辅助逆变电源最简单的基本电路结构形式,将高压直流电通过逆变设备直接逆变输出交流电,供列车使用。开关元器件通常可采用大功率 GTO,IGBT 或 IPM。辅助逆变电源采用直接从受电弓或第三供电轨受流方式,逆变器按 V/F 等于常数的控制方式,输出三相脉宽调制电压采用变压器隔离向负载供电。其原理如图 3.5 所示。

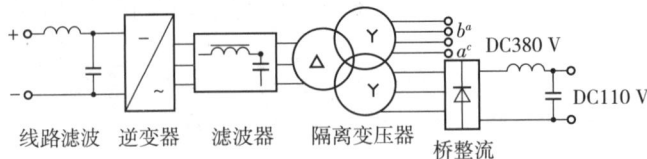

图 3.5　直接逆变方式示意图

这种电路的特点是电路结构简单、元器件使用数量少、控制方便,但逆变器电源输出电压容易受电网输入电压波动影响,功率电子器件(如 IGBT)环流时承受的 du/dt 较大,特别是高电压情况下(DC1 500 V 供电系统再生制动时,网压可达 2 000 V)。Bombardier 公司多采用此项技术,应用于长春生产的车辆中。

目前,以 GTO,IGBT 为代表的开关器件的开关频率足以满足在网压波动范围内,用 PWM 调制实现逆变器稳定输出,且满负荷运行,因此现在生产的车辆通常采用直接逆变的方式。

2)从逆变器的电路构造选型

①单逆变器型

对于网压 DC1 500 V,容量约 190 kVA 的辅助逆变器一般均使用 3300 V/400 A 的 IGBT 器件。这种结构简单、可靠,逆变器采用 PWM 调制控制,可使输出电压的谐波含量在限制值以内。而且随着 IGBT 性能的不断完善,将会进一步简化逆变器主电路,减少使用器件,提高电路可靠性,降低制造成本,简化调试工作灯。因此,这是目前辅助系统逆变器普遍采用形式。

②双逆变器型

两台逆变器输出至隔离变压器,隔离变压器或者通过电路叠加,或者通过磁路叠加,然后滤波输出。这种多重逆变电路的优点是逆变器可用容量较低的 IGBT 器件。另外,可通过控制两台逆变器输出电压的相位差,使变压器输出电压的谐波减少,提高基波含量,从而可减少滤波器的体积和质量。

双逆变器型电路较为复杂,尤其是组式变压器,用电路叠加的变压器称 Dy-Dz 变压器,其二次绕组较为复杂。用磁路叠加的变压器,其磁路设计较为复杂。鉴于现在 IGBT 的耐电压水平已足够高,因此目前的产品已基本不再采用这种结构。

3)低压 DC110 V 电力变换形式

城市轨道车辆低压电力变换装置为列车提供 DC110 V 的电源,同时给蓄电池浮充电。

①DC110 电力变换设计

输入电源形式分两种,即直接变换与间接变换。

A. 直接变换

设计独立的直—直变换器直接接于供电网压(DC1 500 V,DC750 V),通过高频变压器隔离后再整流并滤波得到 DC110 V 电源。广州一号线、二号线车辆采用直接变换形式。

B. 间接变换

使用辅助逆变器提供的低压交流电(AC380 V),通过 50 Hz 隔离降压变压器来实现,再通过整流得到 DC110 V 电源。广州三号线、西安二号线均采用间接变换。

这两种方案,间接变换依赖于静止辅助逆变器,一般是将辅助逆变器输出的 AC380 V 转换成 DC110 V,其受逆变器故障的影响;直接变换与静止逆变器无关,不受逆变器故障的影响,但因为需要独立的直流电源,成本高。

②DC110 电力变换设计

设备电气元件设计分为二极管式和晶闸管式。整流器使用二极管三相整流桥方式,输出电压为恒定,电流不可控;使用晶闸管三相可控整流桥方式,输出电流可进行调节,便于蓄电池充电。

(2)车辆辅助供电形式

辅助供电系统按供电输出源设备布局设计,可分为分散供电和集中供电;按供电线路设计,可分为交叉供电和扩展供电。

1)设备布局设计

①分散供电方式

地铁车辆每列编组6节车,每节车辆均配备一台静止逆变器,两端 Tc 车(带司机室的拖车)各配备一台 DC110 V 电源装置。如广州地铁一号线西门子设计车辆即采用分散供电,每节车均配备一台 DC/AC,共6台,提供 AC380 V 电源;在两端带有司机室的拖车各配备一台 DC/DC,共两台,提供 DC110 V 电源。同时,针对输出容量,也有每3节车配备两台静止逆变器的情况,也作为分散供电方式。

目前这种设计方案多应用在欧系车上,如德国 Siemens、法国 Alston 等。

②集中供电方式

地铁车辆整列车仅采用两套辅助供电装置集中供电,互为冗余。即每3节车配一套静止逆变装置。如西安地铁二号线车辆采用这种方式,整列车配备两套 SIV 静止逆变单元,布置在两端 Tc 车的车底,为整车提供电源。每台辅助逆变器 SIV 容量为185 kVA,DC110 V 输出容量为18 kW,DC24 V 输出容量1 kW。两套辅助供电设备互为冗余,当一台发生故障时,余下的1套能承担6辆车的基本负载并保证列车的正常运行。

此种设计方案多应用在日系车上,如日立、三菱、东洋等。

③方案对比

分散供电和集中供电这两种供电方式各有优缺点。其对比如表3.1所示。

表3.1 分散供电和集中供电方案对比表

方案\项目	冗余度	轴配重	总质量	造价	占用车底空间	模块化程度	故障率
分散供电	大	均匀	高	高	多	低	高
集中供电	小	不均匀	低	低	少	高	低

2)供电线路设计

①交叉供电

对于上述集中供电方式,交叉供电设计即为整列车布置两条 AC380 V 线路,分别与列车两端头车辅助逆变装置相连接。将每节车的交流负载根据功率平均分为两组,如照明、空调压缩机、电加热器等,分别由两个辅助逆变器供电。当单台辅助逆变器故障时,列车将损失一半的 AC380 V 负载。对于牵引和辅助逆变器的冷却风机、空压机等重要设备,两个辅助逆变器均为其供电,以便在一个逆变器故障时起到冗余的作用,如图3.6所示。

对于分散供电方式,交叉供电设计则有所不同,如图3.7所示。

此设计布置两路 AC380 V,但 AC380 V 线路非贯穿整列车供电线路,单台 DC/AC 负责两节车各一半的负载。当单台出现故障时,整列车仅损失单节车的负载,冗余度高。

108

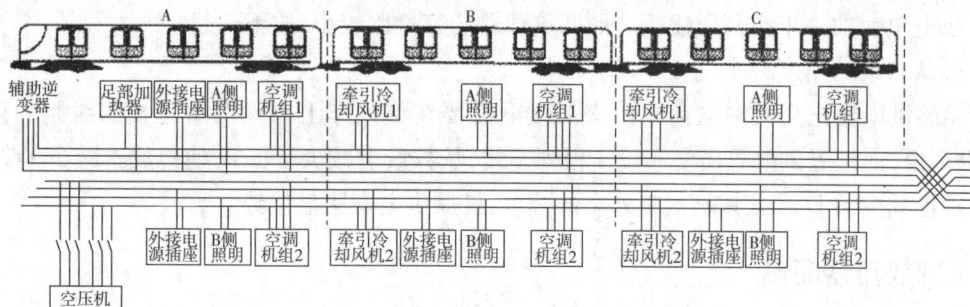

图 3.6　交叉供电方式示意图

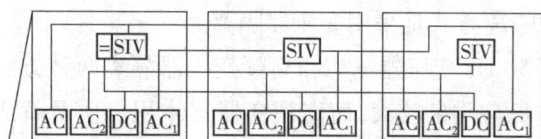

图 3.7　上海地铁一号线、二号线车辆辅助供电原理图

②扩展供电

一路 AC380 V 供电主干线贯穿整列车,两个辅助逆变器均连接到该线路上,但在其中的一个 C 车上安装有一个接触器,称为扩展接触器,将两个辅助逆变器分断,以使其不会并网运行。当两个逆变器都工作正常时,则扩展接触器处于断开状态,每个逆变器为本单元 3 节车的所有交流负载供电。当其中一个逆变器故障时,扩展接触器闭合,由状态良好的逆变器为故障车的部分交流负载供电,考虑到逆变器的容量限制,这时每节车的空调负载要减载。西安地铁就采用这种方式,如图 3.8 所示。

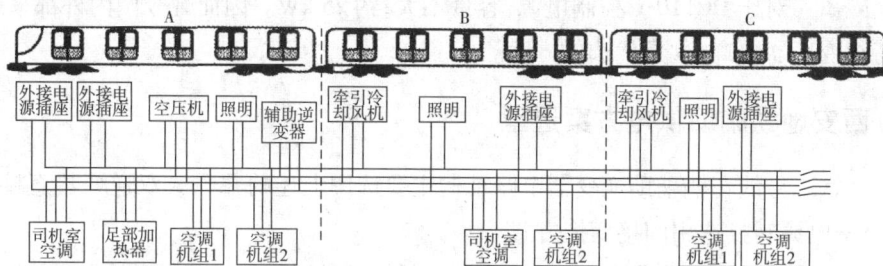

图 3.8　扩展供电方式示意图

③方案对比

交叉供电和扩展供电这两种供电方式各有优缺点。

A. 从控制的角度

交叉供电要比扩展供电容易。因每节车的负载连接在供电线路不同的逆变器上,当单台辅助逆变器 SIV 故障时,不需要控制电路做任何复杂的判断和切换,自然而然就有一半负载失电而停止工作,而另一半负载仍然照常工作,其中空气压缩机和牵引风机等由软件控制其切换到功能正常的辅助逆变器供电。

而扩展供电 TCMS 监控辅助逆变器的工作状态,当两个 SIV 都正常时,禁止闭合扩展接触器,以防止两个交流 SIV 并联工作。当某个 SIV 故障时,如 SIV_1 故障,SIV_2 是正常的,则由 TCMS 控制先将 SIV_2 供电单元的空调压缩机减载 1/2,再闭合扩展接触器,然后顺序启动

SIV_1 供电单元的一半空调压缩机。照明负载总的容量比较小,故不减载。

B.从布线的角度

扩展供电要比交叉供电简单。交叉供电需要在整列车上布设两路三相四线制的列车线,共8根,而扩展供电只需要布设4根列车线,从数量上减少了 1/2,使得成本减少 1/2,线缆质量也减少了 1/2,尤其是对整列车的减重,扩展供电有明显优势。

(3)变压器隔离

为了人身安全,低压系统及控制电源必须实现与高压网压 DC1 500 V 的电气电位上的隔离。最佳且最实用的隔离方式是采用变压器隔离。

变压器隔离一般有 50 Hz 变压器隔离和高频变压器隔离两种方式。由变压器基本原理可知,50 Hz 变压器其体积与质量较大,而高频变器其体积与质量就成倍地减小。但后者必须采用性能好的高频磁芯,目前高频磁芯大都采用进口的铁氧体磁芯或国内已研制成功也批量投产的价廉的铁基微晶合金的磁芯。因而采用高频变压器隔离,应用国产的高频磁芯,国内也已具备条件。

进口的上海地铁二号线车辆静止辅助系统是采用高频变压器实现电气电位上隔离的,其工作频率约 20 kHz,两个高频变压器容量各约 50 kVA,其体积与质量同 50 Hz 变压器比较已缩减到几十分之一;考虑到高频时铁芯损耗,将高频变压器放置在强迫通风的风道内。对分散供电方式,为减轻质量采用高频变压器隔离方式是较好的为降低噪声,在冷却风道设计方面应仔细考虑。但对集中供电,由于容量较大,目前国外还大都采用 50 Hz 变压器实现电气电位上隔离。对于 DC110 V 控制电源,容量不大,约 25 kW。因而现今国内外都采用直-直变换及高频变压器隔离,这是优选的方案。

(4)西安地铁辅助供电方案选型

西安地铁二号线车辆辅助逆变器电路结构主要选用上述的并联式双逆变器直接逆变电路,DC110 V 电源转换选用间接变换方式。

供电结构上选用了设备集中布局,辅助供电所使用的逆变器及整流设备、开关设备等集中安装在 Tc 车车底,为整列车输出辅助电源。列车使用的 AC380 V 输出线路设计选用了扩展式供电的方式,在 T 车车底布置扩展供电箱安装有相应功能的接触器,当列车检测出单体 SIV 故障时,闭合扩展供电箱内三相接触器,将正常端的 AC380 V 电源送至故障端,从而达到设备冗余功能。

辅助逆变电路原理示意如图 3.9 所示。

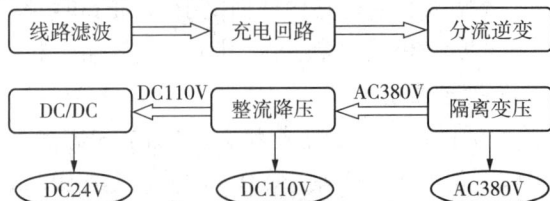

图 3.9 西安地铁二号线车辆辅助逆变电路原理示意图

电气元件上采用了耐压等级为 3 300 V 的 IGBT,单台输出容量为 185 kVA,整列辅助设备输出为 370 kVA,额定地阿牛输出 281 A;单台输出容量中交流负载(AC380 V 和 AC220 V)容量分配为 163 kVA,DC110 V 负载容量分配为 18 kW,DC24 V 负载容量分配为 1 kW。

控制方式采用 PWM 矢量控制,冷却方式选用自然风冷的方式。可满足的架线电压浮动范围 DC1 000 V ~ DC1 800 V,输出 AC380 V 电压变动稳态为±5%,负载功率因数为 0.85。

辅助逆变电路图如图 3.10 所示。

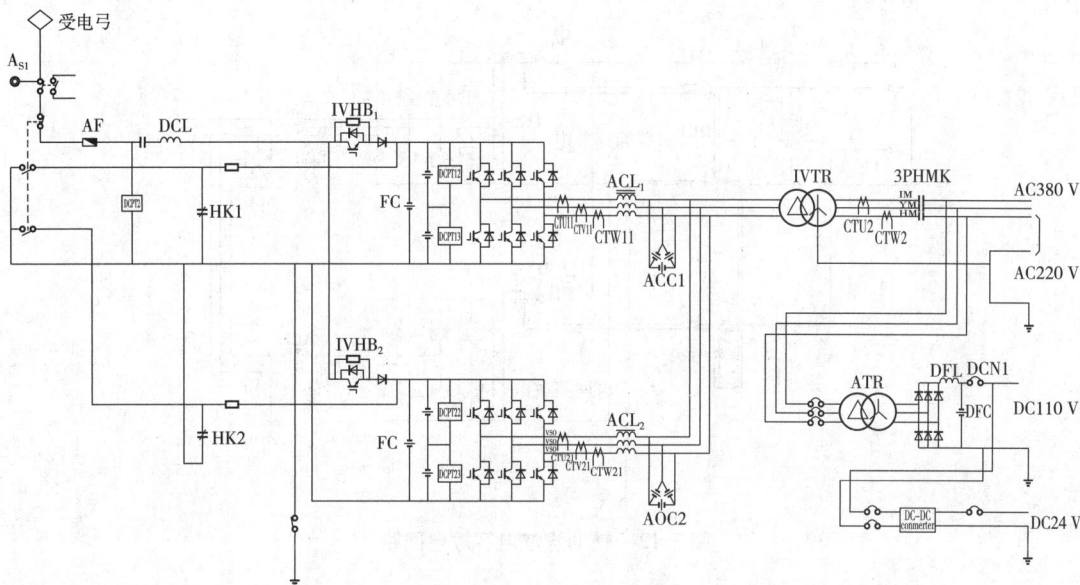

图 3.10　西安地铁二号线车辆辅助逆变电路图

辅助逆变工作回路,输入 DC1 500 V 经滤波后分两路进入两台逆变单元进行逆变,分别输出 AC570 V 电源进行交汇,再通过隔离降压转换为车辆负载使用的 AC380 V 电源,如图

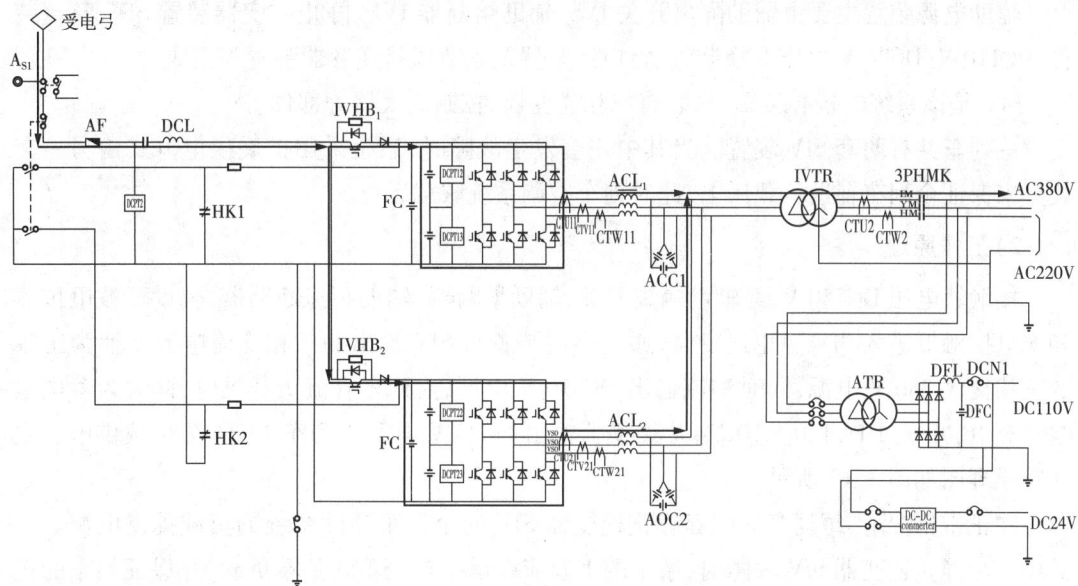

图 3.11　辅助逆变工作回路

3.11 所示。

辅助逆变电容设备停止工作后,内置电气储能元件电容电势较高,故需对电容进行放电,逆变设备中设计放电回路,通过闭合放电接触器,使用放电电阻将电容内的电消耗掉,从而保证维修人员人身安全。

放电回路如图 3.12 所示。

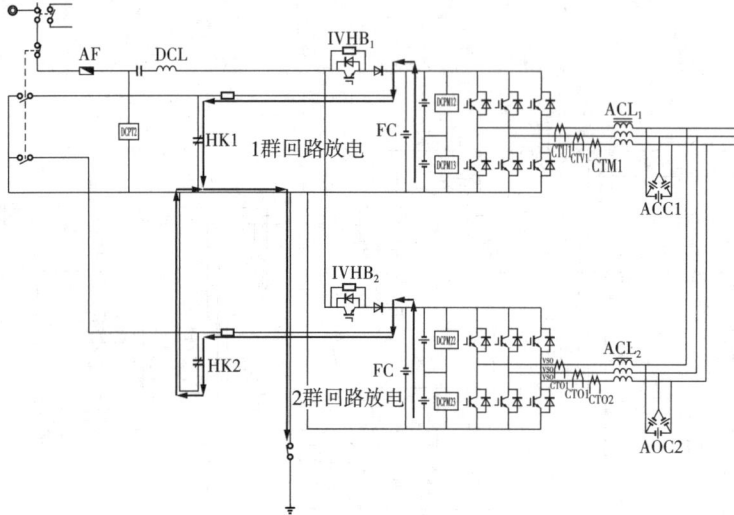

图 3.12　辅助滤波电容放电回路

（5）北京地铁十号线辅助供电方案选型

1）系统构成及特点

辅助电源装置主要由辅助隔离开关 IVS、辅助熔断器 IVF、静止逆变器装置 SIV、整流装置、DC110 V/DC24 V 电压变换装置、蓄电池装置及紧急通风逆变器装置等组成。

SIV 是该系统的核心装置,内装有三相逆变器、控制放大器等部件。

一列车共有两套 SIV 装置。当其中一套发生故障时,系统采用扩展供电方式由另一套装置来保证全列车辅助负载用电,此时列车空调系统减载运行。

2）工作原理

接触轨电压 DC750 V,经辅助隔离开关、辅助熔断器、辅助高速断路器、辅助滤波电抗器和充电接触器进入 SIV 静止逆变器,通过整流装置将 SIV 输出的三相交流电源变换为工频的三相交流 380 V 电源,同时整流输出 DC110 V 电源,为列车直流负载供电,同时为蓄电池组浮充电,并通过 DC110 V/DC24 V 变换器输出 DC24 V 电源为列车 DC24 V 负载供电。主回路原理图如图 3.13 所示。

在正常情况下,每列车的两套静止逆变器 SIV 向全列车辅助系统的负载提供电源。当其中 1 套静止逆变器 SIV 故障时,余下的 1 套应能承担 6 辆车的基本负载,并保证列车的正常运行,此时列车空调系统压缩机减载运行。

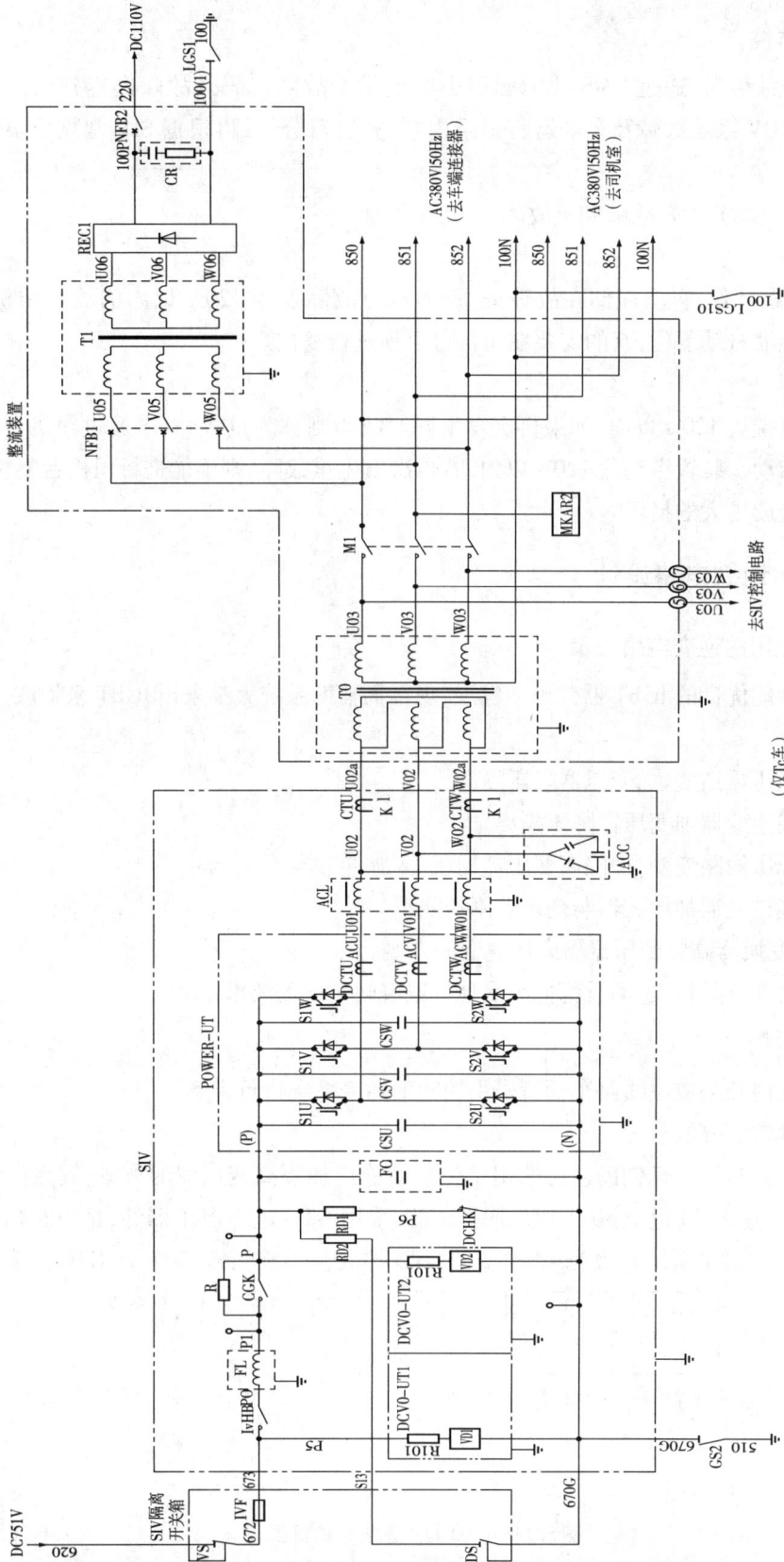

图3.13　北京地铁十号线主回路原理图

3）故障监控

车辆出现故障时，通过 TMS 故障履历中所提供的故障代码及故障内容判断出故障器件，从而下载 SIV 系统故障及车辆运行记录内容，并进行分析，再根据 SIV 常见故障及处理表进行处理。

SIV 系统故障分为轻故障和重故障。

①轻故障

SIV 的保护动作，自动存储在故障记录，但没有故障发生 120 s 以内的故障跟踪数据。轻故障有的能够自动复位，有的需要在司机台手动进行复位。

②重故障

轻故障复位后 120 s 以内，如果再次发生同一故障则称为重故障，需通过司机台的复位操作进行再启动。装置启动后 120 s 以内，若再次发生重故障，则不能进行司机台复位操作，防止对装置造成更大的损坏。

(6)其他地铁电路设计

1）实际应用的逆变电路方案

新一代性能优良的 IGBT 器件迅速发展，现车辆辅助系统大都采用 IGBT 来构成，其方案大致有：

①斩波稳压再逆变，加变压器降压隔离。

②三点式逆变器加变压器降压隔离。

③电容分压两路逆变，加隔离变压器构成 12 脉冲方案。

④二点式逆变器加滤波器与变压器降压隔离。

⑤直-直变换与高频变压器隔离加逆变的方案。

这些方案各有其特点，而且都能满足地铁或轻轨车辆的要求。

2）典型举例

下面对国内几条成熟线路车辆所采用的辅助逆变系统进行讲解。

①上海地铁一号线

上海地铁一号线车辆辅助逆变选用了先斩波稳压加隔离变压器的方案，其系统结构如图 3.14 所示。这是 20 世纪 80 年代后期设计的，采用 GTO 电力电子器件，是当时国际先进水平。GTO 斩波器由电压等级为 4 500 V 的 GTO 构成，开关频率为 500 Hz；GTO 逆变器采用

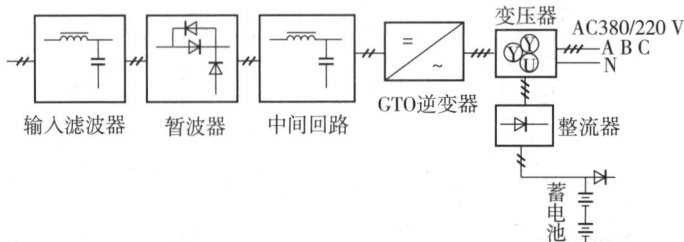

图 3.14　GTO 静止系统结构框图

2 500 V 的 GTO 及 6 脉冲工作方式;50 Hz 变压器隔离;DC110 V 控制电源由简单的三相桥式整流器实现并对蓄电池进行浮充电。

②广州地铁一号线

广州地铁一号线车辆上的辅助系统为电容分压两路逆变加组合式变压器构成 12 脉冲输出方案,采用 IGBT 期间构成,由 50 Hz 变压器实现电气隔离,其系统结构如图 3.15 所示。对于 DC110 V 控制电源也是由电容分压后两路直-直变换器,滤波后并联输出,如图 3.16 所示。其电气隔离是由高频变压器实现的。

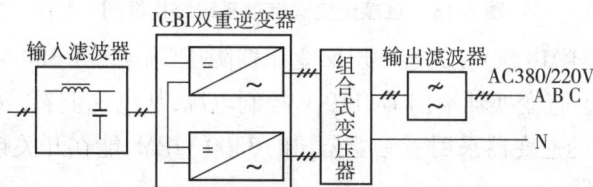

图 3.15　双重式 IGBT 逆变器构成的静止辅助系统结构框图

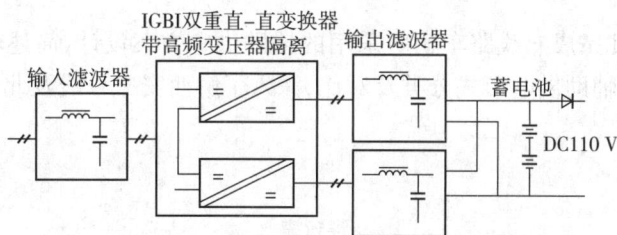

图 3.16　直-直变换器构成 DC110 V 控制电源原理框图

③上海地铁二号线

上海地铁二号线车辆上的静止辅助系统采用电容分压、两路直-直变换器并联输出,经斩波升压稳压到 DC640 V,再逆变输出三相四线 50 Hz 的 380 V/220 V 交流电源,给用电设备供电;并有路经斩波降压稳压后再经直-直变换为输出 DC110 V 控制电源。A 车上所带的 DC110 V 控制电源的辅助系统的原理图如图 3.17 所示。B 车和 C 车上直流 110 V 控制电源缓解,而且逆变输出也不带中线,仅三相 AC380 V。

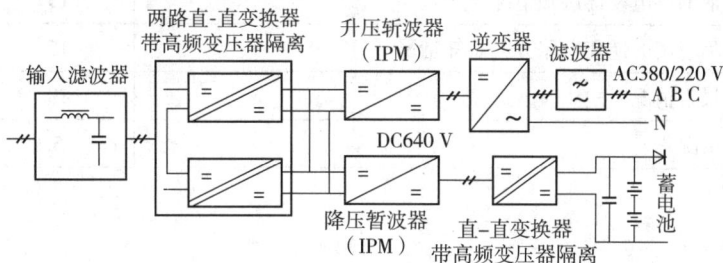

图 3.17　直-直变换与高频变压器隔离的辅助系统原理框图

④上海明珠线

上海明珠线车辆是法国 Alsthom 公司制造的,其辅助系统原理图如图 3.18 所示。

它由电压等级为 3300 V 的 IGBT 构成二点式逆变器直接逆变。对于高压 IGBT,为减少其开关损耗,开关频率一般不超过 1 kHz,为改善输出波形,在变压器原边一般要接入较重的

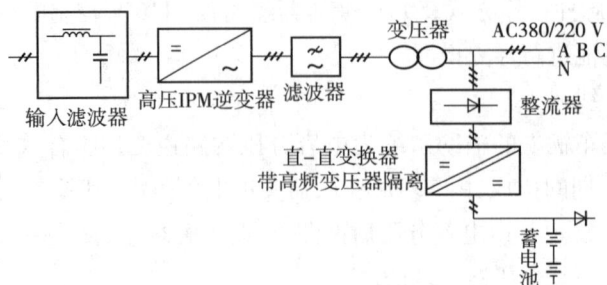

图 3.18　直接逆变式辅助系统结构框图

滤波器(这滤波器也是噪声源)。又经 50 Hz 变压器降压隔离共处 380 V/220 V 三相四线交流电源,再经整流与直-直变换器输出 DC110 V 控制电源,从电气上看,又经过了一级高频变压器隔离。该方案中的逆变器采用了三菱公司的 3300 VIPM,能在开关频率和滤波器件找到些折中。

【任务实施】

　　组织讨论国内几条成熟线路车辆所采用的辅助供电方案设计,简述辅助逆变器电路结构分类及特点,简述辅助供电形式分类及对比,深入了解西安二号线及北京十号线车辆辅助供电设计思路。

【效果评价】

评价表

项目名称	城市轨道交通车辆辅助供电系统		学生姓名	
任务名称	任务2　辅助逆变电路结构及供电模式		分数	
项　目			分值	考核得分
1.对辅助逆变电路结构分类及特点掌握情况			20	
2.对辅助供电形式分类及对比掌握情况			20	
3.对西安地铁二号线辅助供电设计认知情况			15	
4.对北京十号线辅助供电设计认知情况			15	
5.对辅助系统实际应用的逆变电路方案认知情况			15	
6.编制学习汇报报告情况			10	
7.基本素养考核情况			5	
教师简要评语:				
				教师签名:

任务 3　辅助供电设备及工作原理

【活动场景】

使用幻灯片来阐述西安地铁二号线辅助供电设备应用。

【任务要求】

了解地铁车辆辅助供电设备、技术参数及工作原理。

【知识准备】

随着辅助供电方案设计的多样化,辅助供电设备在正常的应用中也不断改进,布置设计呈现多样性。本节主要对西安地铁二号线车辆采用的日立辅助供电设备进行介绍。

(1)辅助供电系统功能模块

城规交通车辆辅助供电系统一般有以下三大功能模块组成:

1)变流部分

辅助用电设备大都需要三相 50 Hz 380 V/220 V 交流电源,因而首先要将波动的直流网压逆变为恒压恒频的三相交流电。

2)变压器隔离部分

为了安全必须将电网上的高压与低压用电设备,尤其是常需人工操作的控制电源的设备,在电气电位上实现隔离。通常采用变压器进行电气隔离,同时也可通过设计不同的匝比来进行升降压,满足不同电压值的需要。

3)DC110 V 控制电源(兼作蓄电池充电器)

车辆上各操纵电器都由控制电源 DC110 V 供电,车辆蓄电池为紧急用电所需,因此DC110 V 控制电源同时也是蓄电池的充电器。

上述 3 部分构成完善的城规交通车辆辅助供电系统。

(2)辅助设备供电负载

表 3.2　西安地铁二号线辅助供电负载

380 V 及 220 V 负载	110 V 负载		24 V 负载
空调(冷凝风机)	客室应急灯	列车广播控制	仪表灯
空调(压缩机)	司机室灯	闪灯报站装置	防护灯
	运行指令	LCD 显示屏	刮雨器
空调(通风机)	VVVF 控制	监控系统	ATP,ATO

续表

380 V 及 220 V 负载	110 V 负载		24 V 负载
空压机	制动控制	PIDS 控制设备	
司机室送风单元	空压机控制	无线通信	
客室照明	门系统	SIV 控制	
废排风机	外部指示灯	空调控制	
其他(包括方便插座)	客室内指示灯	蓄电池充电	
客室电热	头灯	紧急通风	
司机室电热	电笛		

(3)西安地铁二号线辅助供电系统设备组成

1)SIV 静止逆变装置

SIV 静止逆变器从接触网上取流用作辅助电源。每列车的两套静止逆变器(SIV)向全列车辅助系统的负载提供电源,如图 3.19 所示。

主要构成部件有功率动力单元、逻辑控制单元、直流电容、交流电抗器、交流电容、三相输出变压器。

技术参数如下:

逆变器:IGBT 逆变器。

控制方式:PWM 矢量控制。

冷却方式:自然风冷。

额定电压:DC1 500 V。

电压波动范围:DC 1 000 ~ 1 800 V。

控制电源额定电压:DC110 V。

变化范围:DC 77 ~ 121 V。

图 3.19 SIV 静止逆变器

图 3.20 SIV 静止逆变器逻辑控制单元

①逻辑控制单元

控制逻辑单元由 32 字节的微处理器和一个代有 DSP 微处理器的 RISC 组成,并在有故障日志功能的情况下实现高性能矢量控制。故障日志功能通过事件触发器对相应设备的运行条件进行管理及存储,如图 3.20 所示。

印刷电路板以 DIN/IEC 标准为基础。

框架以 DIN/IEC 标准为基础。

面板以 DIN/IEC 标准为基础。

连接器以 DIN/IEC 标准为基础。

建立电源单元。

硬件接口以 RS485 标准为基础。

通信协议高级数据链路控制型和异步型。

②功率动力单元

辅助逆变装置功率动力单元是将 DC1 500 V 转换为 AC530 V 交流电的动力装置。它是由逆变器三相主电路器件和高速度断路器构成,如图 3.21 所示。

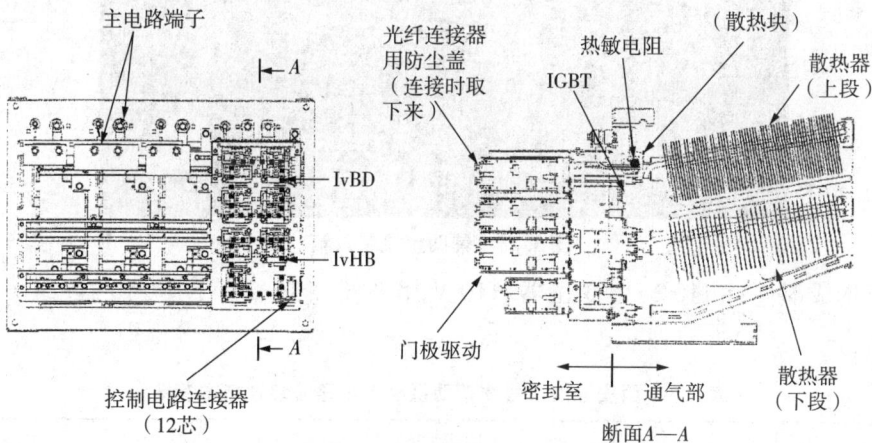

图 3.21　辅助逆变装置功率动力单元结构图

辅助逆变装置功率动力单元分通风部和密封部,需要进行散热的设备经绝缘处理后装在通风部,高精密防污损的电气元件设备则放在密封部里。

功率动力单元散热器采用热管方式,利用自然风冷却对密封部内电气元件的发热进行散热。密封部内 IGBT 及 IVHB,IVBD 安装在与热管一体的受热用散热块的表面,在内部确保电极与基极的绝缘,散热器在接地电位下使用。热管不需要使用绝缘性的冷媒,使用热传导性能好的纯净水,使用容易,环保系数高。

2)辅助启动装置

辅助启动装置主要对进入 SIV 的输入端高压 DC1 500 V 电源进行通断进行开关控制,对输入电源起到滤波的作用,防止高次谐波进入逆变单元对设备造成损坏。内部设计有滤波电容充电电路和放电电路,通过逻辑部发出指令信号对各开关控制来确保设备以及人员操作的安全性,如图 3.22 所示。

主要构成部件有直流电抗器、线路接触器、放电电阻、放电接触器等。

3）辅助整流装置

辅助整流装置主要把从 SIV 输出的低压、大电流的三相电源整定为稳定的工频 AC380 V，DC110 V，DC24 V 辅助电源的设备，其中设计有降压隔离变压器，将两群逆变器输出的 AC570 V 电压降至 AC380 V，供给负载（如空调、电热、照明等）以及整流使用。

图 3.22　辅助启动装置箱

整流装置先对 AC380 V 进行降压再整流输出 DC110 V 控制电源，供列车控制系统、蓄电池浮充电以及斩波装置使用。最终，斩波装置将 DC110 V 转换为 DC24 V 供列车辅助设备使用，如图 3.23 所示。

图 3.23　辅助整流装置箱

主要构成部件有 110 V 用变压器、110 V 用整流回路、24 V 用变压器、24 V 用整流回路。

表 3.3　西安地铁二号线辅助供电系统整流装置技术参数

技术参数		
整流装置	二极管电桥	
交流输出	输出电源：三相 AC380 V，50 Hz，三相四线制（含单相 220 V）	
	负载：空调或电热采暖装置、空气压缩机组、客室及司机室照明和 DC110 V（客室电动门、前大灯等）、DC24 V 等用电装置	
	负载功率因数：>0.85（电感性负载）	
	电压精度：380 V±5%	
	频率精度：50±1 Hz	
	波形畸变因数：<5%	
	瞬间电压变化范围：±20% 以内（负载突变从 100% 到 70% 额定值或从 70% 到 100% 额定值，输入电压突变 DC±300 V/20 ms）	
	瞬间电压变化调整时间：<0.1 s	

续表

技术参数		
直流输出	DC110 V	电压精度:110 V±3%
		纹波系数:<5%
	DC24 V	电压精度:24 V±3%
		纹波系数:<5%

4)辅助隔离开关箱

辅助隔离开关箱设备主要用以在维修时将系统与高压输入隔离。同时箱内设有 DC1 500 V 的车间电源插头以代替受电弓向整列车辅助系统供电。任何一个车间电源接通时,均可向整列车辅助系统供电。车间电源供电与受电弓供电之间有联锁,以保证整列车任何时候只有一种供电,且当由车间电源供电时牵引系统不能得电,如图 3.24 所示。

图 3.24　辅助隔离开关箱

主要构成部件有断路器、外部电源输入插座。

技术参数如下:

额定电压:DC1 500 V。

电压波动范围:DC1 000 ~ 1 800 V。

当列车处于再生制动时其输入电压瞬时可达 DC1 980 V。

5)辅助熔断器箱

辅助熔断器作用为辅助系统从架空网上受电过流时,对辅助系统起限流保护作用。流过超出限制电流值的过大电流时,熔断器元件熔断,如图 3.25 所示。

主要构成部件有熔断器。

技术参数如下:

额定电流:350 A。

额定电压:DC1 500 V。

图 3.25　辅助熔断器箱

电压波动范围:DC1 000 ~ 1 800 V。

当列车处于再生制动时其输入电压瞬时可达 DC1980 V。

6)扩展供电装置

扩展供电装置功能是当1台 SIV 装置因保护动作停止时,SIV 装置输出扩展供电指交流接触器闭合,另外1台 SIV 装置将提供全列车的基本负载并保证列车的正常运行。基本负载是指全部负载中减掉全列车每套空调机组的一台压缩机。

主要构成部件有电磁接触器。

技术参数如下:

额定电压:380 V±5%。

频率精度:50±1 Hz。

波形畸变因数:<5%。

控制额定电压:DC110 V。

变化范围:DC77 ~ 121 V。

7)蓄电池箱

蓄电池箱主要为车底放置蓄电池组使用,其中包含蓄电池控制电路,蓄电池电气控制部分,如图3.26 所示。

图 3.26　蓄电池控制箱内元件排布

1—接线端子排;2—接触器 CZ28T-160/10DC110 V;3—断路器 C65H-DC-1P-C6 A;
4—短路器 C120HC125 A/2P;5—二极管 1 000 V/90 A;6—继电器 B400-115EGSVF1;7—欠压继电器 UMD-81-CK-76 ~ 80 V

安装采用小车结构,设有防止小车滑动及跳动的小车紧固装置及防止小车冲出滑道的止挡和方便小车拉出的把手。小车能够顺利沿滑道滑动,在正常滑动范围内无阻塞现象。

小车拉出时无须松开蓄电池连接电缆,并且能够方便地更换蓄电池,如图 3.27 所示。

锁紧蝶形螺母

图 3.27　西安地铁用蓄电池箱

(4)静止逆变器的主要技术参数

表 3.4　西安地铁二号线静止逆变器主要技术参数

项　目		规　格
方式	主电路方式	IGBT 逆变器
	主电路元件	IGBT
	控制方式	PWM 矢量控制方式
	冷却方式	热管散热器自然冷却方式
架线电压输入	额定电压	DC1 500 V
	变动范围	DC1 000 ~ 1 800 V
	瞬时变动范围	$\Delta V \leqslant \pm 300$ V
控制电源输入	额定电压	DC110 V
	变动范围	DC77 ~ 121 V
输出	额定容量	185 kVA
	输出电压	AC380 V,3 相,50 Hz
	负载功率因数	0. 85(延迟)
输出电压变动	稳态	±5%
	瞬时变动	±20% (输入电压 1 500 V 70% 100% 负载变动时) (额定负载下输入电压变动 ΔV = 300 V/20 ms 时)
	稳定时间	0. 1 s(5 循环)以内
频率精度		5 Hz±1%
波形失真率		5% 以下
输入瞬断补偿时间		~ 15 ms(输入电压 1 500 V,额定负载时)

续表

项　目		规　格
效率		90% 以上
噪声		70 dB 以下
负载不平衡		10 kVA 以下
使用条件	周围温度	−25 ~ +40 ℃
	湿度	~99%

（5）辅助供电设备工作原理

1）静止逆变器变流控制

西安静止逆变器原理框图如图 3.28 所示。DC1 500 V 经 LC 滤波后由逆变动力单元 INV 进行逆变输出 AC570 V,输出电源通过滤波隔离变压调整后变为 AC380 V 电源,供给负载使用。

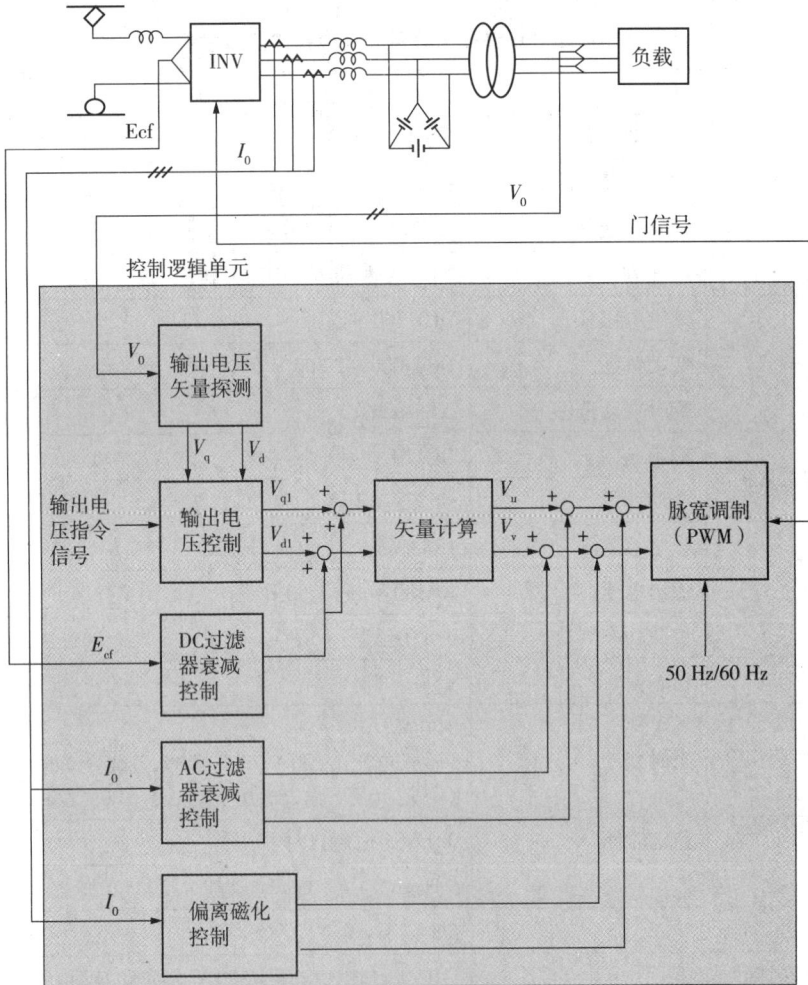

图 3.28　静止逆变器结构控制图

逆变器使用输出电压控制技术,应用高级矢量控制。其中,逻辑控制单元分别对逆变器输入电容电压 Ecf、逆变动力单元 INV 输出三相电流(I_0)及逆变器输出 AC380 V 线电压(V_0)数据进行采样,输出电压指令信号经过矢量计算和脉宽调制给逆变动力单元 INV 内各 IGBT 输出门信号。使用 DC 过滤衰减控制参量、AC 过滤衰减参量及偏离磁化控制参量对输出电压 V_{q1}、V_{d1} 进行微调,从而保证输出电源质量的稳定性。

逆变器通过 PWM 控制使直流电压转换成交流电压。PWM 控制是使矩形波的高次谐波减少,并为了进一步接近正弦波,再分割成细矩形波(脉冲),而控制其时间宽度。

各相在处于120°偏移状态下反复起弧、消弧,便可获得三相交流输出。PWM 脉冲数处于3(1周通断次数为3次)时的各电压如图3.29所示,从逆变器输出的电压为矩形波,但通过交流电抗器(ACL)及交流电容器(ACC)构成的交流滤波电路,其波形则由矩形波被整形为正弦波。

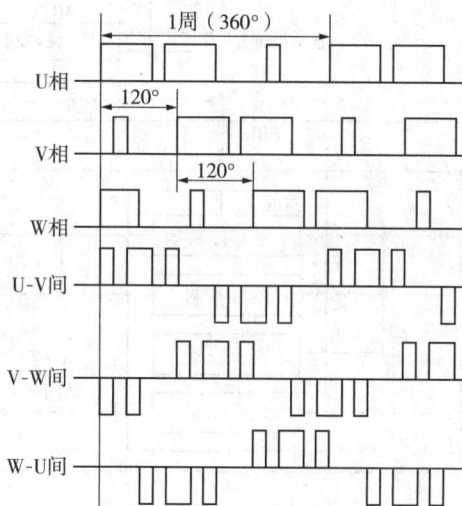

图 3.29　各相的电压

2)静止逆变器逻辑控制

在 SIV 逆变装置箱内设置了逻辑控制单元,主要负责对静止逆变动力部分的时序控制、监视控制、PWM 控制及通信控制。概略框图如图 3.30 所示。

逻辑控制单元由以下 4 种印刷电路板构成:

①SIO 板

具备启动指令和 LB 接点信息等 DC110 V 的输入信号电路。具备接受 LB 闭合指令等信号,驱动 Bestact 继电器,输出该接点信号的输出信号电路。

②SBU 板

输入 DCPT 和 CT 等模拟信号,转换电压电平,同时,进行保护检测以及模拟信号运算,具备与 ATI 装置进行传输的接口电路。

③SCU 板

它是逻辑单元的中枢,由 32bit 微机构成。它主要负责设备启动和停止等时序控制、逆变器的 PWM 控制、保护时序控制、监控功能等。

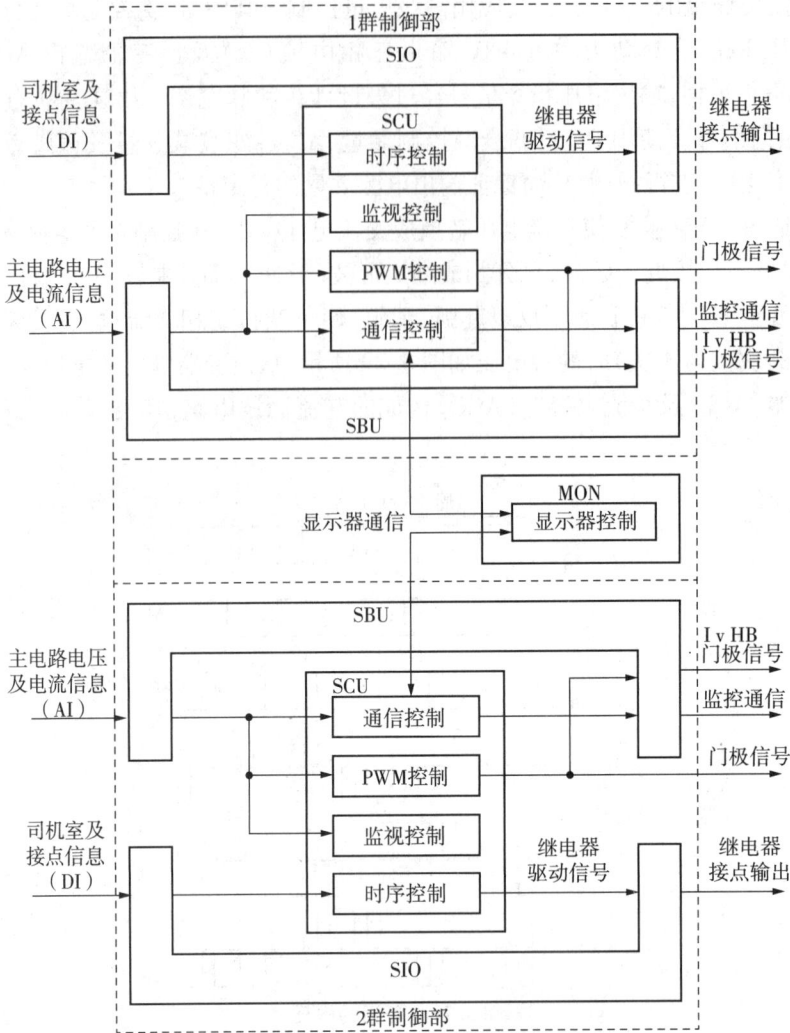

图 3.30　西安地铁辅助供电逻辑控制单元原理概略图

④MON 板

前面板配置 7 段 LED,具备可现实控制状态的数值及状态的功能,具备通过转换前面板上的旋钮开关,进行 LED 显示内容的变更以及监控器清除功能。

3)静止逆变器时序控制

为保证设备工作启动和停止的安全,系统对设备启动和停止的接触器的开关控制顺序进行要求,如图 3.31 所示。

在列车升起受电弓,接触网电压输入 1 s 后,辅助逆变系统对输入电压判定符合要求,则输出让 HK 常闭触点断开的指令。HK 触头断开 5 s 后,系统输出 IVLB 和 3PhMK 闭合的指令。在 IVLB 闭合后,电流通过充电电阻对滤波电容进行充电,系统在确认 IVLB 已闭合的反馈信号和滤波电容电压已符合标准后,输出 IVHB 闭合指令,短路充电电阻。系统确认 IVHB 投入后,输出门极开始信号,产生门极脉冲,AC380 V 输出到供电回路。

在列车降下受电弓时,辅助逆变系统接收到降弓指令信号后,立即关闭门极信号,断开

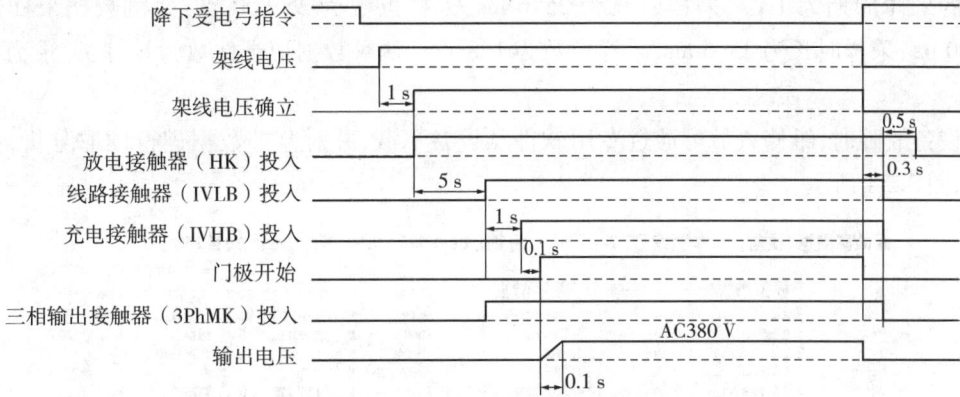

图 3.31 辅助逆变器控制时序图

IVLB 和 3PhMK，在 IVLB 断开 0.5 s 后，系统发出 HK 失电指令，HK 常闭触点闭合，逆变器放电回路导通，滤波电容器开始放电。

4）静止逆变器监控功能

①IGBT 动作的监控

通过 SIV 逆变装置逻辑控制单元内部运算，输出 IGBT 接通和断开信号，为保证信号传输中不受其他设备电磁干扰，在信号传输中优先选用光脉冲信号。

IGBT 的电门驱动装置接收光脉冲信号后转变为电信号输出至 IGBT 元件，来控制 IGBT 的接通和断开。同时，IGBT 又会将接通和断开的反馈信号传输给电门驱动器，最终以光信号形式反馈给逻辑控制单元，完成电气件动作采样，如图 3.32 所示。

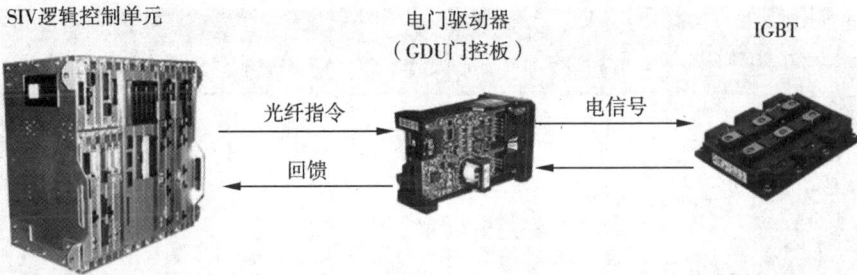

图 3.32 逆变装置逻辑单元对 IGBT 动作控制及监控

②逆变器故障监视器

针对逆变设备运行状态监控，设计有两种不同取样的监视器，即标准监控器和高速脉冲监控器，通过设备故障事件进行触发记录。

标准监控器监控的故障数据类型根据采样周期分两种，即 1 点式数据和跟踪式数据。1 点式数据主要记录故障发生时设备当时状态，采样点数为 1 点，记录件数为 8 条，一般为轻故障。跟踪式数据采样时长为 2.56 s，包含故障点、故障点前 2.0 s 和故障点后 0.55 s，用于事件的顺序与现象的监视，采样周期为 10 ms，采样点数为 256 点，记录件数为 7 件，记录为一般性故障。

高速脉冲监视器主要对逆变器 IGBT 控制的脉冲情况及输出电流情况进行监视。脉冲数据的采样周期为 1 μs,采样时长为 25.6 ms,采样点数为 25 600 点;微机数据采样周期为 200 μs,采样时长为 25.6 ms,采样点数为 128 点。两种数据记录件数为 6 件,记录为重大故障。

设备故障时,维修人员可通过专用软件从设备下载,并对监控数据进行读取分析,如图 3.33、图 3.34 所示。

重故障数据1次前　　车辆编号: 7　　　　日期: 08/02/26 10:33:07　　No. 201/ 256

模拟数据		数字数据							
Es	0 V	IvLB	0	HBT	1	THDI	0	TIvHB	0
Ecf	0 V	IvHB	0	CFDI	1	THDH	0	THK	0
Is	0 A	HK	0	CFDH	1	*		T3phMK	0
Iinvu	0 A	*		INVOCD	1	*		*	
Iinvv	0 A	3phMK	0	PUD	1	IVLBF	0	TGS	0
Iinvw	0 A	GS	0	GPLV	1	HKF	0	TSM	0
PTUV	800 V	GUN	2	P1HL	1	*		*	
PTVW	0 V	TSM	0	P5L	1	3phF	0	*	
IL	47 A	RST	0	P15L	1	*		*	
Vc	120 %	PAND	0	M15L	1	*		*	
FI	0.0 Hz	M/S	M	P24L	1	ACLGD	0	*	
Vdf	751 V	LBR	0	WDT	1	CHRD	0	TLBR	0
Vqf	33 V	IVHBR	0	CHD	1	TLKF	0	TIVHBR	0
*		HKR	0	ACOVD	1	*		THKR	0
*		*		ACLVD	0	*		T3phR	0
TIj	0 degC	3phMKR	0	ACOCD	0	*		TGSPR	0
TIT	0 degC	TLKONR	0	OVD1	0	*		TIVFR	0
THj	0 degC	*		OVD3	0	*		*	
THT	0 degC	*		FCLVD	0	*		*	
CHR	0 degC	GSPR	0	ESLVD	0	*		*	
Ecfu	0 V	*		*		*		*	
Ecfd	0 V	IVFR	0	*		*		*	

[Up(1)]　[Down(2)]　　　　[中断(5)]　[退出(E)]

图 3.33　跟踪式数据分析界面

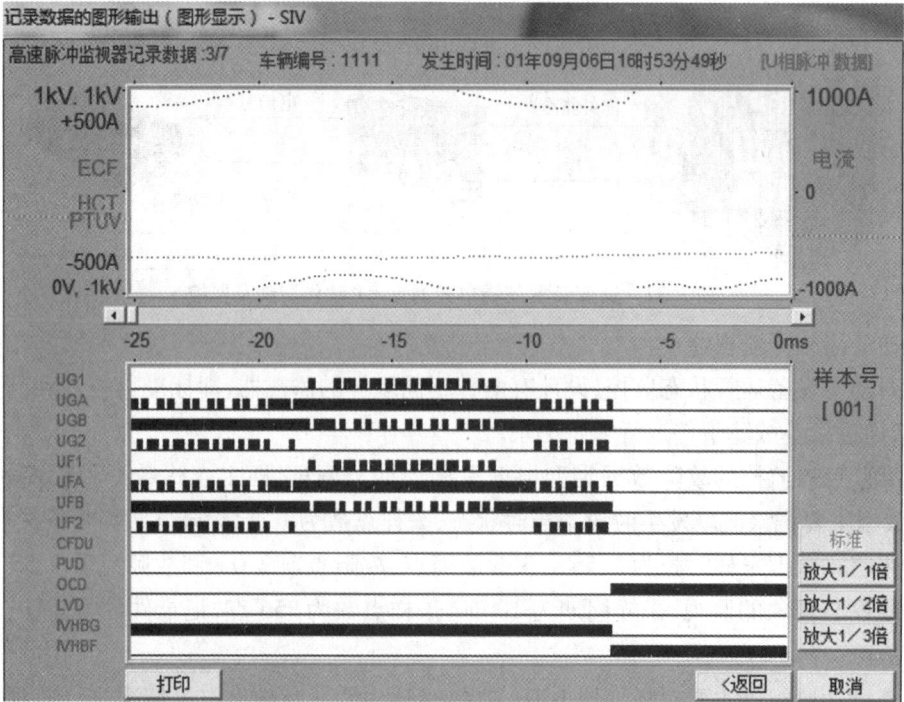

记录数据的图形输出（图形显示）- SIV

高速脉冲监视器记录数据 :3/7　车辆编号 : 1111　发生时间 :01年09月06日16时53分49秒　[U相脉冲数据]

1kV. 1kV　　　　　　　　　　　　　　　　　　　　　　　1000A
+500A
ECF　　　　　　　　　　　　　　　　　　　　　　　　　电流
HCT　　　　　　　　　　　　　　　　　　　　　　　　　0
PTUV
-500A
0V, -1kV　　　　　　　　　　　　　　　　　　　　　　-1000A

-25　　　-20　　　-15　　　-10　　　-5　　　0ms

UG1
UGA
UGB
UG2
UF1
UFA
UFB
UF2
CFDU
PUD
OCD
LVD
IVHBG
IVHBF

样本号
[001]

[标准]
[放大1/ 1倍]
[放大1/ 2倍]
[放大1/ 3倍]

[打印]　　　　　　　　　　　　[<返回]　[取消]

图 3.34　高速脉冲监视数据分析界面

(6)广州地铁二号线辅助供电系统设备组成

广州地铁二号线车辆辅助系统主要包括 ACM 辅助逆变模块(DC/AC)、蓄电池充电器 (DC/DC)和蓄电池组 3 部分。

1)蓄电池箱

每辆 A 车中安装两个蓄电池箱。两个蓄电池箱合成为一个蓄电池组,包括 80 个镍-镉电池单元,类型为 FNC232MR。每个电池单元的额定电压是 1.2 V,并且当放电率为 5 h 时,容量为 140 A 时。80 个电池单元串联连接在 16 个不锈钢的隔栅中,用镀镍铜板在这些隔栅之间连接内部的电池单元。串联的隔栅之间是用无卤的铜线连接的。蓄电池组可给各控制电路和紧急负载供电,为列车的后备电源。

蓄电池设计的使用寿命为在平均温度 22 ℃ 的条件下超过 15 年,温度过高会影响使用寿命,当有效容量降至低于额定容量的 70% 时,就到了它的使用寿命。

2)ACM 逆变器模块(DC/AC)

①辅助逆变器模块的组成

ACM 包括 3 个主要子系统:三相逆变器、DC 链接电容器和过压斩波器相。辅助逆变器模块(DC/AC)是 ICON-M 类型(与 MCM 相同),即独立单元,包括:

- 1 个 DC 链接电容器。
- 3 个逆变器相。
- 1 个过压斩波器相。
- 1 个 DCU/A。
- 1 个电源单元。
- IGBT 门极驱动单元。
- 测量输出相电流的两个电流传感器。
- 1 个 DC 链接电压传感器。
- 放电电阻。

内部控制计算机(DCU/A)对这 3 个子系统进行监控。

ACM 直接与 DC 链接电压连接,将 DC 电压转换为一个三相电压。三相电压经变压器转换为额定二次电压之后,向列车辅助系统供电,如空调和空气压缩机。

三相过滤器削弱所有逆变器中的谐波,保证总的谐波畸变少于基础频率 50 Hz 的 10%。

三相变压器将逆变器的输出电压转换成辅助系统的额定电压,同时有隔离高压系统和辅助系统的功能。

ACM 概括示意图和它的输出过滤器零件如图 3.35 所示。

列车上有两个独立的 ACM 用于三相交流供电。所有临界载荷都有接触器与它们连接。如果列车上有一个辅助逆变器模块故障,另一个将为列车上所有的临界载荷供电。

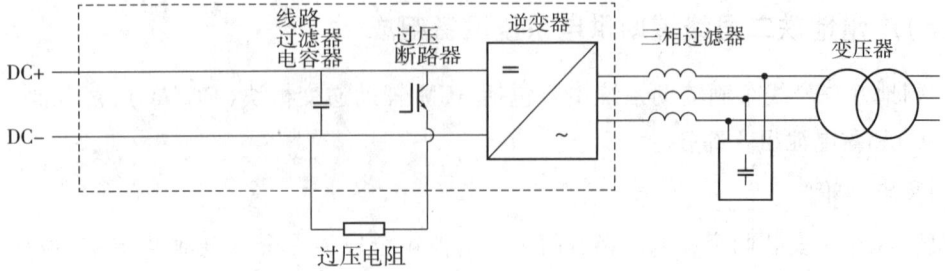

图 3.35 ACM 概括示意图

②ACM 逆变器模块(DC/AC)功能

静态的 DC/AC 辅助逆变器从接触网上受电用作辅助电源。输出带中性点的三相交流电(380/220 V,50 Hz),其输出特点是正弦电压(总谐波畸变较少),主要为风扇电机、空气压缩机、空调装置和车内其他所有交流负载供电。交流电压可从端子对 U_1 和 U_2,V_1 和 V_2,W_1 和 W_2(相)和 N(中性)上获得,输入与输出通过变压器隔离开来。辅助逆变器与牵引逆变器一起集成在 PA 箱中,PA 箱安装在 C 车的底架上,为 6 辆编组列车的一半供电。整列车安装了两个 DC/AC 逆变器以使运行时有足够的余量。

PA 箱由下列设备组成:

- 1 个电机逆变器模块。
- 1 个辅助逆变器模块。
- 2 个充电电路。
- 1 个接地故障传感器。
- 1 个外部风扇。
- 2 个内部风扇。
- ACM 输出过滤器,包括变压器。

ACM 线路感应器单独安装在列车底架下面。每个 ACM 都有一个线路过滤感应器,其铁芯线圈,由位于 C 车的自身对流制冷。ACM 系统中的过滤零件主要由线路感应器和 DC-链接电容器组成。过滤器零件可减少线路电压中的瞬变和谐波,并且能稳定 DC 链接电压。它们能过滤和稳定 DC 链接电压,并且在允许的电压范围内,有足够的电容量保持电压波动,并且能够精确地控制逆变器。

③ACM 辅助逆变器主要技术参数

A. 辅助逆变器模块

输出电压:3×380 V,50 Hz。

额定输出电压:3×340 Arms。

额定输出功率:220 kVA。

功率因数:>0.8。

切换频率:最大 1 000 Hz。

总谐波畸变:<10%。

电容器最长放电时间:5 min

B. ACM 线路感应器

感应系数:350 A 时最小 5 mH(±5%)。

电阻:30 mΩ。

持续电流:210 Arms。

最大电流:350 A。

制冷自身对流:0 m/s。

C. ACM 输出感应器

感应系数:700 μH(±5%),50 Hz。

持续电流:205 Arms,50 Hz。

最大电流:250 A。

运行频率:50 Hz。

制冷:强制空气制冷。

D. 电容器

电容:3×50 μF(±5%)。

额定 AC 电压:1 200 VAC。

运行频率:50 Hz。

E. ACM 输出变压器

一次电压:660 V。

二次电压:380 V。

运行频率:50 Hz。

二次额定功率:最大 220 kVA。

制冷:强制空气制冷。

④PA 箱结构布置图。

PA 箱结构布置如图 3.36 所示。

图 3.36 PA 箱结构布置图

1—信号电缆连接件;2—电缆密封;3—信号电缆连接件;

4—外部空气进气箱;5—中间部分;6—MCM 部分

PA 箱中间部分布置如图 3.37 所示。

图 3.37　PA 箱中间部分的元件
1—三相变压器;2—三相感应器;3—三相电容器;
4—外部风扇;5—逆变器模块的冷却器

逆变 PA 箱中间部分布置如图 3.38 所示。

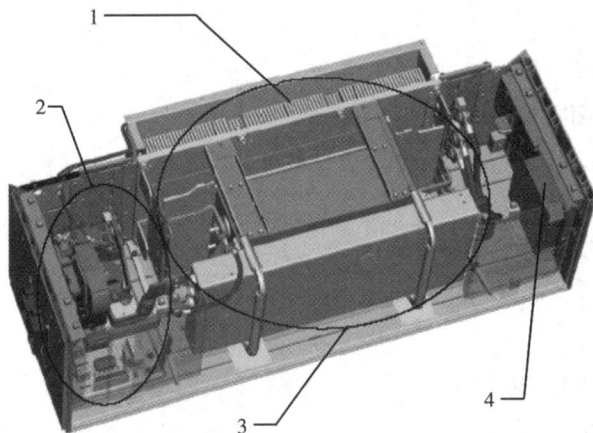

图 3.38　逆变器中间部分的元件
1—朝向中间部分的冷却器;2—DC 接触器单元;
3—逆变器模块(MCM 或 ACM);4—外部风扇

⑤ACM 主电路及控制电路内部接线图

A. 主电路

1 500 V 高压电源经线路感应器和电容滤波后提供稳定的直流电压,再逆变为三相交流电压,经变压器变压后输出三相 380 V/50 Hz 的交流电。当 DCU/A 检测到网压大于 1 800 V 时,将开通过压斩波器,经两个并联的分流电阻后将电压调节到正常值。

B. 控制电路

外部 110 V 电源经一个电源模块变压为±24 V 电源,给 DCU/A 板和 IGBT 门极驱动单元提供电源。IGBT 门极驱动单元控制 IGBT 的导通和关断,DCU/A 是系统的诊断处理板,对输入电压、输出电流、模块温度、IGBT 的 UCE 电压进行监控处理。

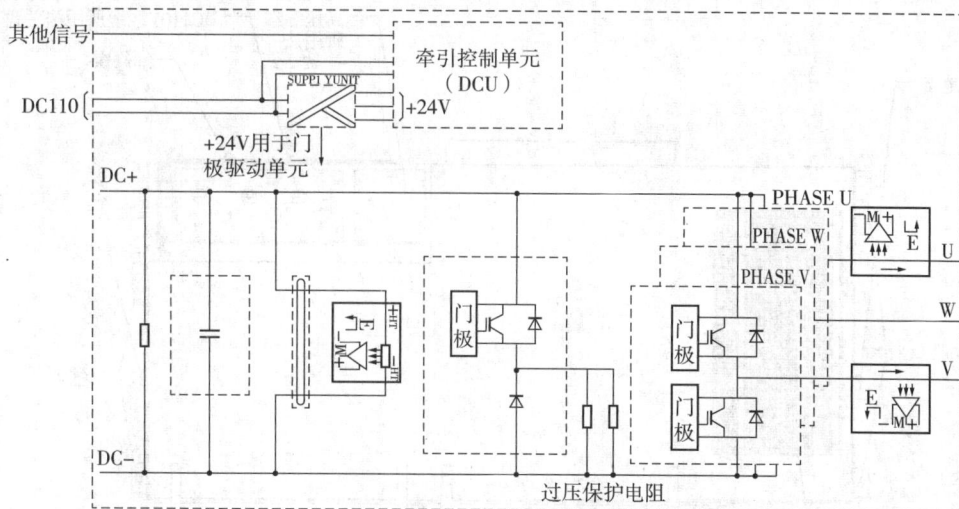

图3.39　ACM高压主回路

3）蓄电池充电器（DC/DC）

①蓄电池充电器

蓄电池充电器用作供应车载直流电。它由架空网供电，从输入到输出有一个直流电的隔离。

在端子+BN和+B参考-B，有一个额定直流126 V的电压供应低压负载（端子+BN）并为蓄电池充电（端子+B）。蓄电池充电遵循下面的CVCC（恒压/恒流）曲线。

②结构组成及连接

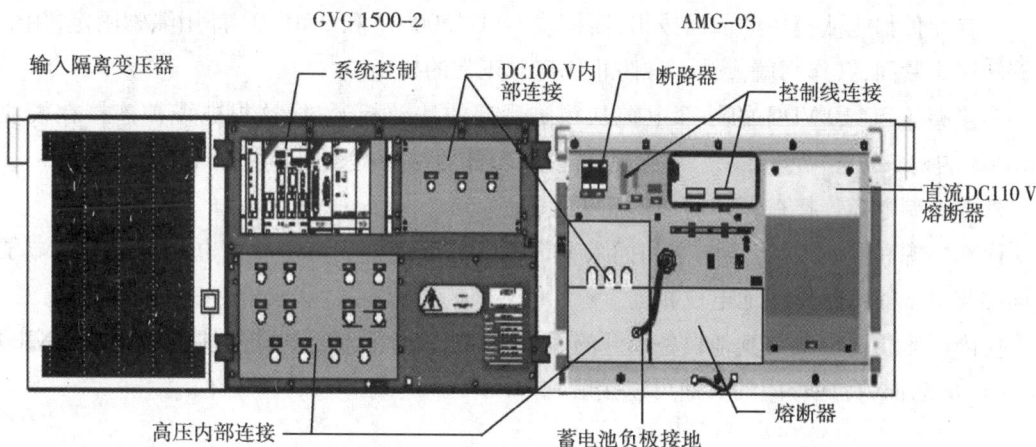

图3.40　GVG 1500/110-25 正视图

GVG1500/110-25由下列元件组成（见图3.41）

a.蓄电池充电器模块GVG1500-02。该模块包括实际的蓄电池充电器，它带有可同步调节电压的逆变器、整流器和输出导线及电源的系统的管理及控制模块。

b.连接和蓄电池配电模块MG-03。所有外部高压电、110 V直流电和控制线的连接。

①用于110 V直流电总线（蓄电池开关箱）的熔断器、电源接触器、电压监控继电器。

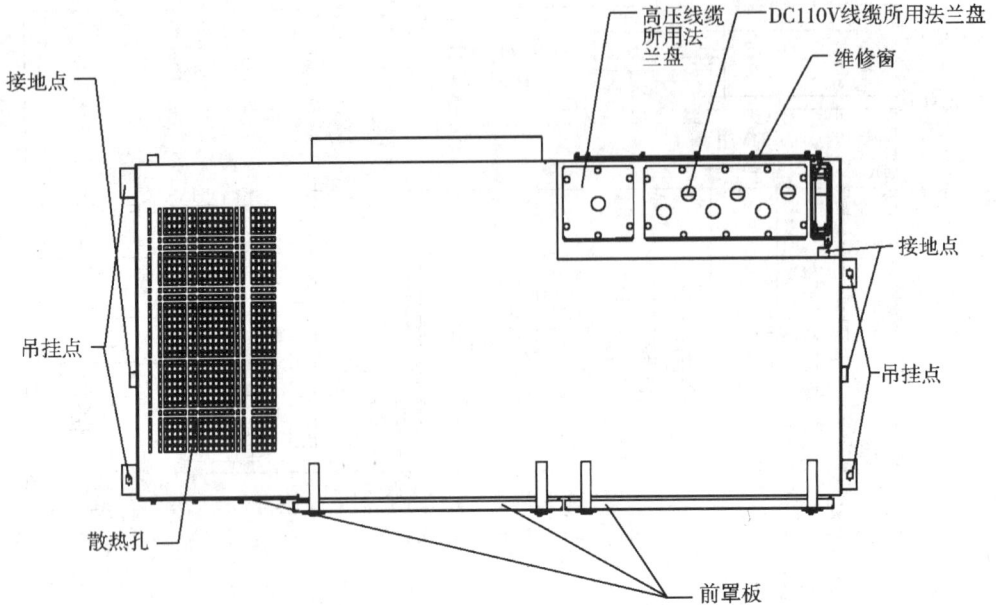

图 3.41　GVG 1500/110-25 俯视图

②车载蓄电池负极接地电阻和接地连接。

c.输入扼流圈(两个)

d.1500 V 和 110 V 直流电总线间电力分离的功率变压器。

输入扼流圈和变压器放在通风区(IP 21)内,其他元件放在封闭的区域(IP 54)内,这些区域被一隔离物分开,电缆从一个区域到另一个区域要经过防水通道。

所有元件都能从模块的前面拔出,而模块 GVG 1500-02 和 AMG-03 都用绳索固定,用卡宾旋转接头紧固,其作用就像锁一样防止任何非正常的拔出。

连接高压和 110 VDC 的外部电缆从箱体后部的法兰板通过,这根电缆被连接在模块 AMG-03 的柱头螺栓端子上。为了实现该连接,箱体后部的检查门必须打开。

外部控制电缆连接在箱体后面的插头上。

内部电源和控制连接、熔断器和插入卡都可从前面接触到。车载蓄电池负极接地端子也同样与设备前部箱体接地电位相连。

使内部紧急蓄电池与其他设备断开的插头 X290,它位于高压连接的柱头螺栓端子 X200 和 X201 的后面,在检查门的后面可以接触到。

③功能

该蓄电池充电器以受保护的专利转换技术为基础,在输入电压范围 1 000 ~ 2 000 V 时输出 110 V 的直流电,该输出电压给蓄电池充电并给 110 V 用电设备供电。

在蓄电池充电器输入装置中,有一个用于抑制寄生电流的输入滤波器;一个增压逆变器用于调节输入电压;还有一个全响应开关转换器用于产生 1 kHz 的交流电压,在电离后,该交流电压可通过星形连接整流,并使波形平滑。

该系统由另一个微处理器管理,该微处理器可与 DSP 通过内部接口通信,并通过主/从程序监控其工作,另外其管理诊断系统可分析系统内产生的任何干扰,并能断定由此产生的故障。

该半导体装置可通过外部一个自然对流散热器冷却。

④主要技术参数

• 输入电压:直流 1 500 V(1 000 ~ 2 000 V)。

• 最大输入电流:设定为 27 ADC,峰值电流为 150 A(最大涌入电流)。

• 输出电压:110 ~ 126 V 取决于蓄电池温度。

• 额定输出电流:210 A。

• 最大输出电流:270 A 约持续 5 min 时间。

• 蓄电池充电电流:最大为 42 A。

• 输出功率:25 kW。

• 测试电压:

输入-输出/接地:5.5 kV AC/min。

输出-接地:1.2 kV DC/min。

• 工作频率:1 kHz。

• 工作温度:−25 ~ +40 ℃ 外部温度。

• 辅助电源:62 ~ 145 V,1 A。

• 质量:整个设备约为:540 kg。

模块 GVG1500−02 约为:96 kg。

模块 AMG-03:约为 69 kg。

变压器:约为 130 kg。

输入扼流圈:每个约为 34 kg。

箱体:约为 160 kg。

• 尺寸(宽×深×高):2 090 mm×790 mm×480 mm。

• 效率:>93%,在输出功率>额定功率20%和额定电压时。

• 冷却方式:自由空气对流。

• 过电压保护:

保护 1:1.4×URated=2520 VDC 持续 1 s 时间,上升时间<0.1 s,串联电阻在源极为 1 Ω(+/−10%)。

保护 2:6 kV 持续 50 μs 时间,上升时间<1.2 μs,串联电阻在源极为 2 Ω(+/−10%)。

⑤充电器概述

充电器电路简图如图 3.42 所示。

该充电器直接与接触网相连,没有预充电装置,也没有将充电器从接触网上断开的接触器,只要车辆主电源受电弓与接触网线连接,直流输入电压通过保险熔断丝与充电器相连。

充电器内部电源由主蓄电池供应,也有一个紧急启动电池;当蓄电池电压供给到充电器时,将启动内部电源,同时启动内部微处理器控制系统,并等待启动信号,在这种状态下,可对充电器进行分析诊断;一旦得到启动信号充电器即开始工作,输出电压将沿一定斜率上

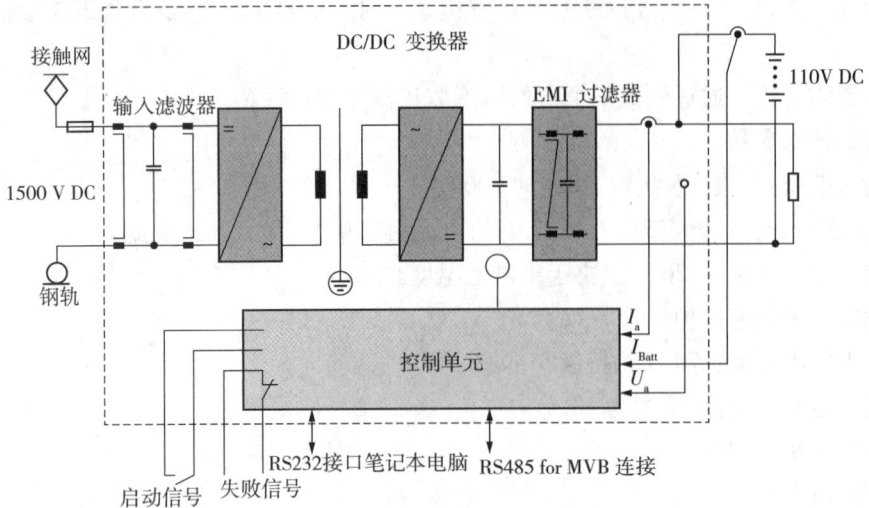

图 3.42　充电器电路简图

升,在 2 s 内达到额定输出电压(当输出电流在额定界限内)。而该启动时间只有在已完全
启动微处理器的前提下才能达到,否则,系统将在 20 s 以内启动。

如果输入电压中断,蓄电池充电器将会立即停止工作。当输入电压重新达到规定值时,
蓄电池充电器自动在 2 s 内进入满负载工作状态。

充电器启动信号是微处理器系统的一个直流隔离数字输入信号。当蓄电池达到额定电
压 120 V 时,它能够被连接到蓄电池电压信号上。

充电器还有故障信号,这是一个微处理器直流隔离数字输出信号。它是由一个常开接
触器实现的。当蓄电池电压达到额定电压 120 V 时,接触器具备工作的能力。故障信号只
在充电器没有完全运行的情况下出现,而对于在运行中产生一个短暂的中断(如输入端出现
了过电压)充电器是不会产生故障信号的。

DC/DC 还有 RS 232 接口和 RS 485 接口,两个接口均用于诊断软件对 MEE 进行操作
控制。

充电器将监控蓄电池系统中的不同数据,如充电器输出电流,蓄电池电流、电压和温度。
在软件中,不同的控制方法也将与不同的蓄电池系统的充电器相匹配。蓄电池电压可在蓄
电池充电器的输出端口直接测量,充电器还有一模拟输入端,允许与蓄电池传感器电缆相连
直接在蓄电池上测量蓄电池电压,这也是一个可供选择的方法。

充电器的输出电压、最大输出电流和最大蓄电池电流都能够在软件中配置。如图 3.43
所示为一个关于变换器电源电路简图,输入滤波器包括扼流圈 L_1,L_2 和电容 C_1,它们位于车
下箱体的开口部分,防护等级为 IP 32;IGBTs TR_1 和 TR_2 是调压逆变器的开关,该调压逆变
器提高输入电压至超过电容 C_3 和 C_4 端电压的直流连接电压;在 TR_3 至 TR_6 之间形成了一
个换流器,其转换频率为 1 kHz;一个软开关(无触点)整流器和一个电容器可起到传导恒定
输出电压的作用。

⑥控制原理

模块 GVG 1500/110-25 控制蓄电池电压,用于蓄电池电压控制的设定值是蓄电池温度

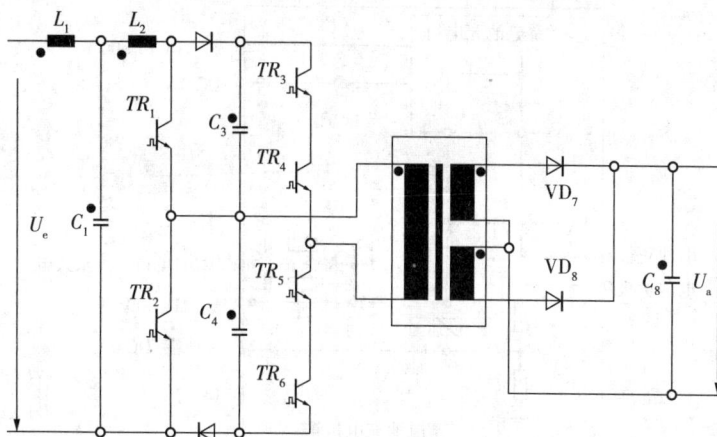

图 3.43 电源电路简图

和蓄电池充电电流的函数。蓄电池充电电流受到蓄电池电压和可配置最大值的双重控制。

为了避免设备受到极端外部高温的损坏，输出电流被限制，如果散热温度达到临界值，则输出电流最大将被削减掉 25%，因此蓄电池仍将处于充电状态。

蓄电池电压的设定值被设定为蓄电池温度的函数(见图 3.44)。

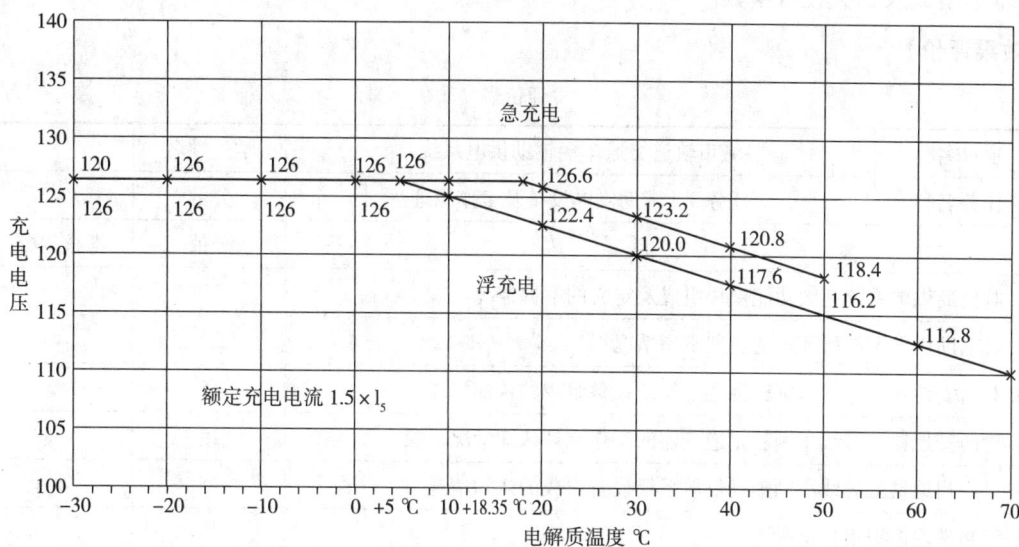

图 3.44 温度补偿特性曲线

在蓄电池充电电流达到 7 A 以下的某个值时，蓄电池充电特性曲线将由一个转向另一个(见图 3.44)，蓄电池电压也相应减小。

⑦蓄电池转换模块电路

蓄电池转换模块的电路简图如图 3.45 所示。

蓄电池转换模块设有蓄电池欠压保护装置和输出保护(熔断器)。

在转换模块内设有一个紧急启动蓄电池，如果蓄电池电压小于 80 V 时，按下按钮 03S51 (即"蓄电池充电器紧急启动"按钮)，紧急启动蓄电池提供给 DC/DC 控制板工作的 110 V 电压，人工升起受电弓，蓄电池充电器实现紧急启动。

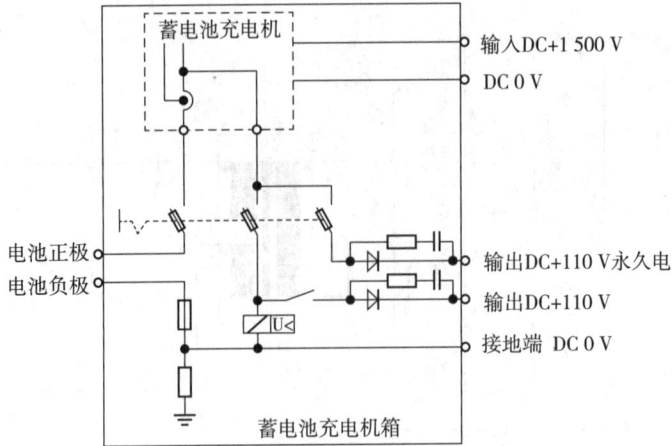

图 3.45　蓄电池转换模块电路简图

【任务实施】

　　组织讨论西安与广州车辆辅助供电设备选用设计区别,简述辅助供电系统三大功能模块组成及定义,简述车辆辅助供电系统所承担的负载,简述西安地铁二号线辅助供电系统设备基本组成及相关技术参数。

【效果评价】

评价表

项目名称	城市轨道交通车辆辅助供电系统	学生姓名	
任务名称	任务 3　辅助供电设备及工作原理	分数	
项　目		分值	考核得分
1.对辅助供电系统三大功能模块组成及定义的掌握情况		20	
2.对辅助供电系统所承担的负载掌握情况		20	
3.对西安地铁二号线车辆辅助供电系统设备组成的认知情况		15	
4.对西安地铁二号线车辆静止逆变器的工作原理认知情况		15	
5.对广州地铁二号线车辆辅助供电系统设备组成的认知情况		15	
6.编制学习汇报报告情况		10	
7.基本素养考核情况		5	
教师简要评语:			
教师签名:			

任务4 蓄电池及日常维护

【活动场景】

使用图片来阐述蓄电池的分类及应用维护。

【任务要求】

了解铅酸蓄电池和镍镉蓄电池的原理及特点,了解蓄电池污染的危害性。

【知识准备】

蓄电池是将电能转换为化学能储存起来,用电时再将化学能转变为电能的一种直流电源体,其变换的过程是可逆的。

(1)概述

在城轨车辆上主要作用有两项:其一,在列车紧急状况下(接触网断电)为车辆紧急负载提供 DC110 V 电源;其二,供列车激活启动使用。

根据极板所用材料和电解液性质的不同,蓄电池一般可分为酸性蓄电池和碱性蓄电池两大类。常见的蓄电池有铅酸蓄电池、镍镉蓄电池、锂电池。目前,城轨车辆上通常使用镍镉和铅酸两种蓄电池。下面将对两种蓄电池进行详细讲解。

(2)铅酸蓄电池

近年来固定阀控密封式免维护铅酸护蓄电池发展比较快,在铁路机车、客车、汽车、电动自行车上得到广泛应用,大有取代普通铅酸蓄电池之势,如图 3.46 所示。它是在普通型蓄电池的基础上,从结构和制造工艺上作了一些改进后派生出来的一种新型铅蓄电池。

图 3.46 天津滨海轻轨使用的 DTM-100 密封电池

铅酸免维护蓄电池分为固定阀控密封式和凝胶电解质型。

密封铅酸蓄电池由金属铅和硫酸为主要材料制作而成,通过提高负极析氢过电位、电解液吸附等一系列的措施使蓄电池得以密封,其电化学原理可用化学反应方程式进行概括,即

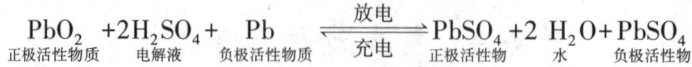

$$\underset{\text{正极活性物质}}{PbO_2} + \underset{\text{电解液}}{2H_2SO_4} + \underset{\text{负极活性物质}}{Pb} \underset{\overset{\text{充电}}{\rightleftharpoons}}{\overset{\text{放电}}{}} \underset{\text{正极活性物}}{PbSO_4} + \underset{\text{水}}{2H_2O} + \underset{\text{负极活性物}}{PbSO_4}$$

其基本特点是:

①失水量少,是普通蓄电池的 1/10 ~ 1/5,有的规定在整个使用期内免于给蓄电池补水,或 6 ~ 12 个月补水一次。

②自放电少,免维护蓄电池,有的放置 1 年仍能启动车辆。

③启动性能优良。

④使用寿命长,比普通蓄电池使用寿命高出 1 倍,使用期长达 3 年,有的保证期长达 5 年。

⑤蓄电池内部电解液被吸附在纤维中,可以任何角度摆放使用,酸液不溢流。

凝胶电解质铅酸免维护蓄电池的电解质呈凝胶状,广州地铁用的就是这种。这种蓄电池是德国阳光公司首创,主要用于 UPS 电源。我国不少公司从 20 世纪 80 年代就开始仿而效之,据了解目前已经发展到第 4 代。这种蓄电池无内部短路,热容量大,热消散能力强,工作温度范围较宽。由于电池为胶状固体,故电解质浓度均匀,不存在酸分层现象。酸浓度低,对极板腐蚀弱,因此电池寿命较长。电池极板采用无锑合金,电池自放电极低。其特点为:

①免维护。电池采用先进的阴极吸收技术,内部产生的气体在阴极吸收,无气体和电解液泄露,实现了水的循环利用,整个过程无须任何维护。

②安全性能优。整个使用过程中,无电解液和腐蚀性气体泄露,对设备无污染。

③自放电小,搁置寿命长。铅酸免维护电池损失量小于 3.3%/月,胶体免维护电池损失量小于 2.7%/月。

④优越的电性能。电池内阻小,耐过充过放能力强,电性能均匀。

⑤寿命比普通铅酸蓄电池长得多,可达 5 年以上。

⑥在低温性能及热失控等方面,胶体免维护蓄电池更优于铅酸免维护蓄电池。

但是目前国内生产凝胶电解质铅酸免维护蓄电池的厂家还不多,其产品还没有长时间使用的经历,质量如何难以确信。北京地铁在电池生产厂的鼓动下,20 世纪 80 年代、90 年代都曾试装使用过,因为性价比高、寿命短,最后都只是试用完就罢了。不过最近几年免维护蓄电池有了很大进步,所以广州地铁已经使用了几年,反映还不错。但是厂家宣传的使用寿命常常是有水分的,如同样的蓄电池,用于 UPS 电源寿命可达 20 年,用于车辆启动正常使用只能达到 4 年以上。

(3)镍镉蓄电池

镍镉蓄电池的研究使用比铅酸蓄电池晚,但有许多较铅酸蓄电池优越之处,它的寿命长、自放电小、低温性能好、耐过充放电能力强,特别是维护简单,而且其密闭式电池可以任何放置方式加以使用,无须维护。其缺点是价格较贵,有污染。不过一只镉镍电池至少可重

复充放电使用数百次,这样使用镉镍电池往往比干电池还便宜,如图 3.47 所示。

镍镉电池是使用最广泛的化学电源之一。小至电子手表、电子计算器、电动玩具、电动工具的使用,也可用作高级计算机中的金属氧化物半导体(MOS)器件和信息存储器的电压保持(不间断电源)等;大至航标灯、坦克、潜艇,乃至行星探测器、大型逆变器等方面,也都使用镉镍蓄电池。密闭式镉镍电池,最初用于飞机启动、火箭和飞弹上。我国科学实验卫星就是在卫星表面有几十块太阳电池方阵与镉镍电池组配对,在卫星阴影期间由镉镍电池组供电。应该指出,由于镉电极的污染,使镉镍电池的研制和生产蒙上了一层阴影,代之而起的是氢镍电池等。

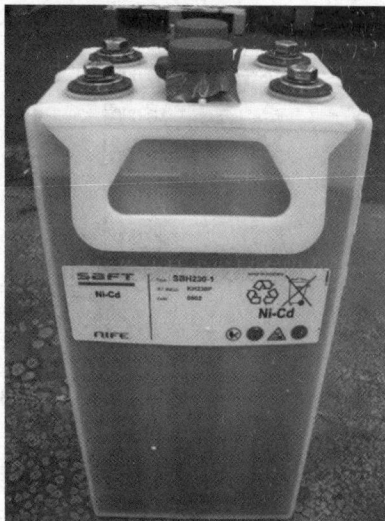

图 3.47　镍镉蓄电池单体

地铁车辆一般采用烧结式或袋式极板(中倍率、低倍率)镉镍碱性蓄电池,其特点是:

①结构牢固紧凑,维护成本低。

②耐过充过放。

③循环寿命长,可长达 10 ~ 20 年。

④荷电保持能力强。

⑤低温性能优越,-40 ℃下可进行放电。

⑥耐电力机械滥用。

⑦综合成本低的特点。

因此,世界上地铁车辆几乎都采用镉镍碱性蓄电池,有比较成熟的使用经验。目前使用的镉镍碱性蓄电池也是免/少维护型的,使用中只需一个季度或半年进行检查,如缺水可加一些水即可。

其特点是:

①自放电。蓄电池充电后,内部会发生缓慢的化学反应,时蓄电池慢慢失效。碱液的成分、储存的缓解温度都会对蓄电池的自放电产生影响。通常在 KOH 溶液中加入 LiOH 以降低自放电速率。

②使用寿命。放电条件(放电深度、环境温度、放电倍率等)对蓄电池的使用寿命有很大影响,特别是放电深度。达到使用寿命,蓄电池就会失效。

③记忆效应。蓄电池长期进行浅充浅放,会产生明显的充电、放电失效的情况。这种情况,蓄电池的性能可以恢复。

④镍镉电池还具有使用寿命长(充放次数高达数千次)、机械性能好(耐冲击和振动)、自放电小、低温性能好(-40 ℃)等优点,被广泛应用在各个领域。

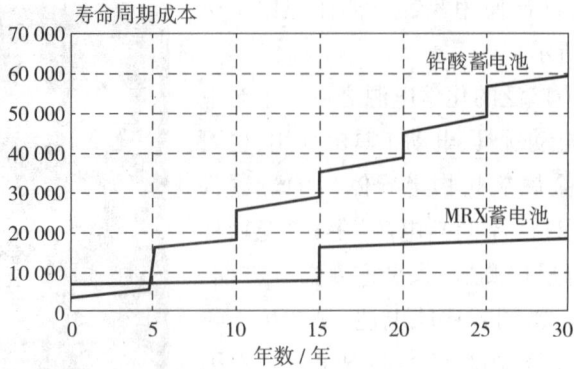

图 3.48　蓄电池使用寿命周期

(4)荷贝克 FNC-R 镍镉蓄电池

西安地铁二号线主要使用荷贝克公司纤维镍镉蓄电池 FNC-R。FNC-R，即 FNC-Rail，固定式纤维镍镉蓄电池-铁路型。它具有良好的大电流放电特性、耐过充放电能力强、维护简单等特性，被广泛地应用于电力机车、地铁、轻轨列车的紧急和一般照明电源，铁轨叉道处的信号和安全栏驱动电源，以及火车站，地铁站等应急照明电源，如图 3.49 所示。

图 3.49　荷贝克 FNC-R 镍镉蓄电池

1)特性结构及原理

①基本结构

A.纤维极板

其正极板为氧化镍，负极板为镉，是三维式的纤维结构，把活性物质镶嵌在纤维内，内阻极小，导电性好，质量轻，富有弹性。

B.隔离板

它是一种特殊的微孔隔离板。

C.蓄电池壳盖

它由防火、阻燃、无毒、不含卤的特殊 PP 材料或(Grilon-VO)组成。

D. 配件

所有的金属配件采用铜镀镍材料,极柱用特制的 O 形套圈密封。

E. 电解液

1. 19 kg/L KOH,整个使用过程中,不用更换电解液,能有效地保护环境不受污染。

②蓄电池工作原理

蓄电池充电时,将电能转变成化学能储存起来,放电时将化学能转变成电能放出,其反应为

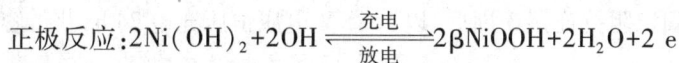

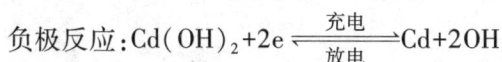

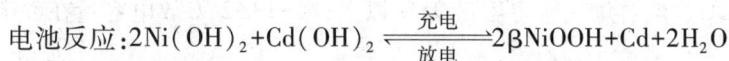

$$正极反应:2Ni(OH)_2 + 2OH \underset{放电}{\overset{充电}{\rightleftharpoons}} 2\beta NiOOH + 2H_2O + 2e$$

$$负极反应:Cd(OH)_2 + 2e \underset{放电}{\overset{充电}{\rightleftharpoons}} Cd + 2OH$$

$$电池反应:2Ni(OH)_2 + Cd(OH)_2 \underset{放电}{\overset{充电}{\rightleftharpoons}} 2\beta NiOOH + Cd + 2H_2O$$

电解液中的 KOH 不直接参加反应,充电时电极释水,而使电解液面略升高,放电时电极吸收水,而使电解液面略下降。

2) 蓄电池的基本参数

①电压

额定电压:碱性蓄电池的标称电压,为 1.2 V/单体。

浮充电压:列车输出的浮充电压,为 1.5 V/单体。

均充电压:蓄电池充电机充电电压,为 1.6 V/单体。

终止电压:电池放电终止电压,为 1.0 V/单体。

②放电电流 I

放电电流是指蓄电池工作时电流,5 h 率放电电流用 I5 表示,数值为 0.2 C5 A。

③电池容量

常温下(25 ℃),电池的容量是电池到达电池终止电压的时间及放电电流大小的乘积,可计算为

$$C_{测量} = I(A) \times T(h)$$

温度不同的情况下,电池所放出容量也是不一样的,温度对于蓄电池内的化学反应影响较大,一般不允许超过 45 ℃。为了控制蓄电池的温度,充电机在对蓄电池进行充电时,会依照蓄电池的温度随时调整充电电压(温度补偿)。

蓄电池在列车上进行充电一般处于浮充状态,时间一长,蓄电池内的活性物质会钝化,表现出蓄电池电压不均衡,影响蓄电池的性能。蓄电池充电状态的下降只能以恒流充电来扭转。通过专用的蓄电池充电机按照规定的方式对蓄电池进行均衡充放电,可激活蓄电池的活性物质,以此延长蓄电池的寿命。

3) 蓄电池主要性能

①自放电

在满充电的状态下,环境温度在 20±5 ℃下放置 28 天,其剩余容量在额定容量98%

以上。

②浮充电接受能力

蓄电池完全放电后,以 1.55 ~ 1.6 V 恒压充电 7.5 ~ 10 h,获得容量在 90% 以上。

③浮充电压差

蓄电池在浮充电时,电池组中单只电池的电压最高与最低的差值小于 0.02 V。

④过放电性能

以 0.515 的固定阻抗连接 3 周后,以 1.55 V 电压恒压充电 24 h,获得容量在额定容量的 90% 以上。

⑤低温性能

在 -6±2 ℃ 放电容量在额定容量 95% 以上;在 -18±2 ℃ 放电容量在额定容量 90% 以上。

⑥内阻

充电态内阻小于 3 mΩ。

⑦机械性能

• 冲击:冲击加速度 10 g。

• 振动:产品能承受振动频率为 1 ~ 100 Hz 的垂直、横向和纵向的正弦振动,能承受车辆在联挂和正常运行时的冲击和振动。

振动为频率的函数:

f 为 1 ~ 10 Hz 时,$A = 25/fmm$(正弦波)。

f 为 10 ~ 100 Hz 时,$A = 250/fmm$(正弦波)。

⑧免维护期

以 1.45 ~ 1.55 V 恒压充电使用,具有 3 年免维护期,但需要根据具体情况加蒸馏水,在使用寿命期内,不用更换电解液。

4)寿命

①循环寿命:蓄电池在 20±5 ℃ 条件下,充放电循环在 3 000 次以上容量不低于额定容量的 90%。

②使用寿命:蓄电池在 20±5 ℃ 条件下,使用寿命 20 年。

(5)蓄电池维护

为确保蓄电池令人满意的工作寿命,蓄电池的维护一般包括两个方面:一方面是预防性维护,另一方面是纠正性维护。如果在预防性维护中,发现了某个不足或缺陷,那么就会在纠正性维护中被改正。

蓄电池每一个的维护周期都是基于地铁列车系统的蓄电池平均使用周期而制订的。在使用一定时间后,应进行检查,检查内容大致包括:

1)电解液液面高度的测定

电解液液面高度直接影响蓄电池的温度。一般要求液面位于最高刻度线处,但不能高于最高刻度线,同时,液面也不能低于最低刻度线。当液面低于最高刻度线较多时,可通过加注蒸馏水的方法来补液,但应保证电解液的密度,蒸馏水的纯度必须符合 1989IEC 993 规定。

2)电解液密度的测定

电解液的密度直接影响蓄电池的容量,对于密度低于规定值的,应将蓄电池中的电解液全部排空后,重新调配电解液并加注,在重新加注以前,需彻底清洗蓄电池内侧壳体及极板。在更换电解液时,应采取必要的防护措施,以免对人体造成伤害。

3)蓄电池单体必须保持清洁与干燥

因为灰尘和潮湿会导致电流爬升。螺栓、连接片及电缆眼必须保持清洁,并且在维护期间的任何液体滴溅都必须用干净的抹布彻底擦拭干净。蓄电池也可使用水来清洗,但是不得使用任何溶剂与丝刷。如有必要,阀也须使用清水清洗。必须保证阀上没有污点,并且能被正确地盖上。

定期对接线排进行清洁、打磨,对联接螺母进行力矩校验,保证蓄电池之间连接牢固良好。为避免腐蚀,可使用薄薄的一层中性凡士林或防腐油在蓄电池的连接件处及电缆眼处。

4)蓄电池容量测试

蓄电池容量的测试应严格按照蓄电池供应厂家的要求进行。容量测试完成后,应按测试结果对蓄电池进行分组,容量相差较大的蓄电池不应混装在仪器使用。

镍镉蓄电池容量测试时需使用专业蓄电池放电设备对蓄电池进行恒流放电,放电电流为 I5 = 32 A,最小放电时间为 5 h,需定时测量蓄电池单体的放电电压,单体额定电压为 1.2 V,则放电终止电压不得小于 1.0 V;否则,则说明该块单体存在容量不足。

5)蓄电池容量恢复

一般针对镍镉蓄电池是可行的。对容量存在不足的蓄电池,使用专业充放电设备对蓄电池进行"三充三放"。在放电时,对容量不足的蓄电池进行容量测试,如果满足容量要求,则说明容量已恢复,可继续投入使用。如果在重新调整数次后,容量测试仍然不能令人满意,那么说明蓄电池已经达到它的寿命极限,需进行更换。

镍镉蓄电池容量恢复一般使用恒流充放电,维护方法如下:

①对蓄电池以 I5 = 32 A 进行放电,直至 1.0 V 的平均单体电压。

②暂停超过 8 h,如果可能可停歇一个夜晚。

③以 I5 = 32 A 电流恒流充电超过 7.5 h。

④暂停 2 h。

⑤以 I5 = 32 A 电流对蓄电池放电,直至 1.0 V 的平均单体电压。

⑥暂停超过 8 h,如果可能可停歇一个夜晚。

⑦以 I5 = 32 A 电流恒流充电超过 7.5 h。

在蓄电池放电时,对电池容量进行测试,单体电压不允许低于 1 V/单体,如果容量测试表明单体容量不足,那么重复上述步骤①到⑤直至容量不再上升。

(6)蓄电池中重金属的危害与回收

1)蓄电池重金属的危害

铅主要作用于神经系统、造血系统、消化系统、肝和肾等器官,能抑制血红蛋白的合成代谢,还能直接作用于成熟红细胞,对婴、幼儿的影响很大,它将导致儿童体格发育迟缓,慢性铅中素的儿童智力低下。铅的急性或慢性摄入人体,会造成神经代谢、生殖及精神等方面的疾病,严重时可导致死亡。

镍粉溶解于血液,参加体内循环,有较强毒性,能损害中枢神经,引起血管变异,严重者导致癌症。

镉不是人体所必需的微量元素,新生婴儿体内并没有镉,而是随着年龄的增长,逐渐累积起来的。镉具有肾毒性,它所致的肾损伤是不可逆的。同时,肾损伤后还可能继发骨质疏松、软骨症和骨折。在1993年,国际抗癌联盟就将镉定为IA级致癌物。基于以上原因,许多发达国家已建议禁止使用镉镍电池而镍氢电池已取代镉镍电池,避免了镉的使用。长期食用受镉污染的水和食物,可导致骨痛病,镉进入人体后,引起骨质软化骨骼变形,严重时形成自然骨折,以致死亡。

2)铅酸蓄电池的回收与再生产

铅酸蓄电池是世界上各类电池中产量最大、用途最广的一种,它所消耗的铅约占全球总耗铅量82%。从环保的角度来看,铅酸蓄电池也是对环境、人类健康危害最大的一种电池,如不采取较完善的回收制度,随意抛置的废铅酸蓄电池所分解出的重金属和有毒废液会对生态平衡和人体健康造成严重威胁。废铅酸蓄电池是固体废物中的危险者,随着我国汽车工业、通信和化学工业的迅速发展,对铅的需求不断提高。再生铅工业逐步发展为新兴产业。这样,蓄电池消费量的增大而导致废蓄电池的增多,使再生铅工业有了更多的原料来源。

国外在对废铅酸蓄电池的处理上也有相应的技术,废蓄电池经预处理后再回收利用铅,既减轻了工人的劳动强度,又减少了进炉的物料量,提高了炉料的铅品位。

3)镉镍废电池的回收

20世纪80年代以来,移动电话、笔记本电脑等便携式电子产品发展很快。这类电子产品所使用的镉镍电池的数量也相应迅速增加。虽然金属氢化物-镍电池有着镉镍电池无可比拟的优点,但其价格阻碍了其取代镉镍电池的步伐,镉镍电池仍占有接近一半的市场份额。镉镍电池中的镉是对人体和动植物都有严重毒害作用的元素,镍、钴也都是污染环境的重金属元素。同时,由于镉主要是作为锌冶炼的副产品生产的,来源非常有限。镍和钴也都是价值非常高的有色金属。因此,对镉镍废电池如不加以回收,不但会给环境带来严重的威胁,也是资源的重大浪费。

关于镉镍废电池的回收和分离,已有多项专利技术。蓄电池厂现在也开展了镉镍废电池的回收再利用。

【任务实施】

组织讨论铅酸性蓄电池和镍镉碱性蓄电池区别及使用考虑,简述蓄电池应用在城市轨道车辆的主要作用和基本类型,了解铅酸蓄电池和镍镉蓄电池内部原理及部分参数,掌握蓄电池维护方法及项目,简述蓄电池造成污染的危害性。

【效果评价】

评价表

项目名称	城市轨道交通车辆辅助供电系统		学生姓名	
任务名称	任务 4 蓄电池及日常维护		分数	
项 目			分值	考核得分
1. 对蓄电池应用在城轨车辆的主要作用和基本类型的掌握情况			20	
2. 对铅酸蓄电池和镍镉蓄电池内部化学原理的认知情况			15	
3. 对蓄电池维护方法及项目的掌握情况			15	
4. 对镍镉蓄电池相关参数及容量恢复方法的掌握情况			20	
5. 对蓄电池污染及回收的认知情况			15	
6. 编制学习汇报报告情况			10	
7. 基本素养考核情况			5	
教师简要评语:				
			教师签名:	

任务 5 辅助供电系统常见典型故障

【活动场景】

使用故障处理思路讨论方式来提升对辅助供电系统的认识。

【任务要求】

了解西安地铁二号线车辆辅助供电系统故障调查方法及相关故障。

【知识准备】

城市轨道交通车辆辅助供电系统故障在车辆日常检修中比较常见。故障大多由于输出负载故障原因导致,如空调、空压机等设备;另外,各类插头松动、电气元件损坏均会导致辅助供电设备故障。

对辅助供电设备检修时,提前对在辅助设备关键部位进行检查,避免故障的发生。在设备出现故障时,应留意观察故障的基本现象,参考厂家提供的故障处理建议进行故障判断。

(1)辅助逆变器故障调查方法

辅助逆变器故障调查流程如图 3.50 所示。

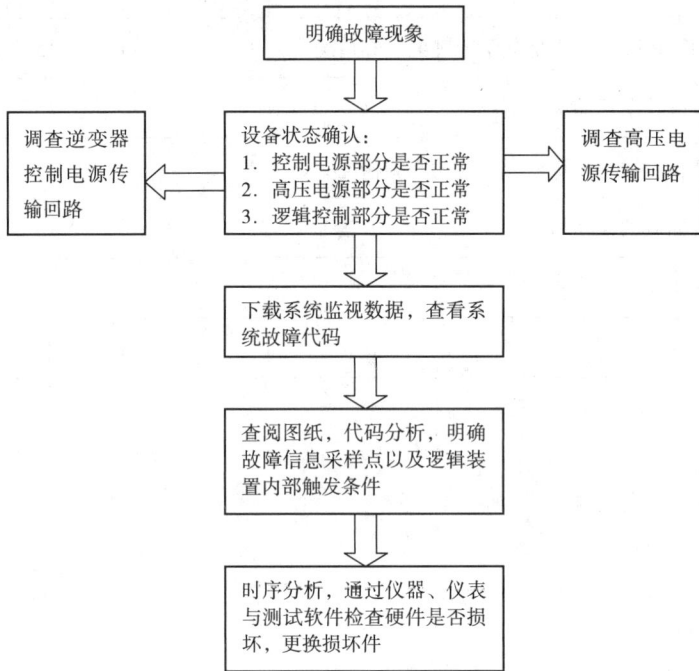

图 3.50　辅助逆变器故障调查流程

(2)滤波电容器低电压故障

在调试西安地铁二号线车辆时发现,操作受电弓降弓时,车辆的监控系统就会报"FCLVD 滤波电容器低电压故障",随后对此故障进行了调查。明确系统故障代码后,查看此故障触发条件为,当检测设备电压传感器检测到滤波电容器电压低于 850 V 时,判断为滤波电容器电压过低,断开主电路,报轻故障。

考虑受电弓降弓时高压电撤出与系统运转之间的关系,参考逆变控制时序后发现,正常流程为,在列车降下受电弓时,辅助逆变系统接收到降弓指令信号后,立即关闭门极信号,断开高压电源回路。而如果降弓指令信号断开,在列车降弓时,辅助逆变系统未收到信号,就导致系统则认为高压输入故障,从而报低电压故障。到现场查实后,发现确实为此条指令线断开导致此故障。

(3) IVLB 及 3phMK 触点不一致故障

此故障与逆变控制时序有直接的关系,一般发生在列车升弓启动辅助逆变器过程中。列车升弓启动辅助逆变器,在对输入电压判定符合要求,则输出让 HK 常闭触点断开的指令,HK 触头断开 5 s 后,系统输出 IVLB 和 3PhMK 闭合的指令,相应接触器闭合,逻辑单元接受闭合反馈信号,系统运行正常。而此故障 ATI 监控系统报"IVLB 和 3PhMK 触点不一致",单从 ATI 提报信息猜测应为 IVLB 和 3PhMK 两个接触器故障导致,但存在一个接触器故障的可能性很大,而同时出现两个接触器同一逻辑时序点故障的可能性很小,故需对此故障进行深一步的研究。

下载 SIV 内部数据分析,接触器动作指令均正常,发现两群 HK 放电接触器的指令与动作不正常,则进行分析可知,IVLB 和 3PhMK 在时序控制中闭合是有先决条件的,其中 HK 动作是先决条件中的一条。故可知分析结果为,逻辑单元发出 HK 动作指令后,两群 HK 均动作,IVLB 和 3PhMK 闭合的先决条件成立,执行闭合,但此时某一群 HK 出现接触不良,则IVLB 和 3PhMK 闭合的先决条件不再成立,导致系统自行保护封锁 SIV 逆变系统,并报出故障。

发现故障点,随后对故障点硬件进行查看,设备表面无异常,则采用设备换位跟踪的方式,将此设备换至列车另一端,发现故障转移,则说明为 HK 接触器故障,更换后正常。

(4) 蓄电池主要故障和排除方法

在蓄电池使用中常见故障如表 3.5 所示。

表 3.5　蓄电池主要故障和排除方法

序号	故障类型	故障分析	排除方法
1	金属零件锈蚀	空气湿度过大,工作环境中有酸性或碱性气体,电镀层被破坏	清洁单体间连接片、螺母等金属零件,严禁在蓄电池工作区存放酸性物质
2	单体电池外壳膨胀	透气塞堵塞	用热水清洗气塞至畅通或更换新气塞
		使用不当造成极板膨胀	以不影响使用为原则,否则更换单体电池
3	放电态蓄电池电压低于 1 V	电池过放电	电池重新充电检查
		电池无电解液	加电解液,重新充电,调整电解液密度
		电池内部短路	更换单体电池

续表

序号	故障类型	故障分析	排除方法
4	电解液泄露	充电时电解液液面超高	调整液面高度为标准值
		单体电池壳、盖损坏封口不严	检查单体电池壳、盖是否损坏，必要时更换单体电池
		极柱、气塞密封不严	拧紧螺母，更换损坏的垫圈、密封圈
5	电池电解液消耗过快	严重过充或高温下使用	补加蒸馏水，调整液面，加强通风降温措施，严格执行正确充电制度，检查充电电压，必要时加以调整
6	正常环境中工作电流达不到要求	个别单体电池短路	更换单体电池
		极柱螺母松动	拧紧螺母
7	放电时蓄电池电压低于 1 V	电池过放电	电池重新充电检查
		电池无电解液	加电解液重新充电调整电解液密度
		电池内部短路	更换单体电池
8	蓄电池内部析泡沫	电解液内部含有有机杂质	更换电解液
9	单体电池充电电压低于 1.4 V	电池微短路	更换单体电池
		充电时电解液温度过高	降低充电温度
10	容量降低	充、放电制度不正确	改用正确的充放电制度
		电池内部微短路	更换单体电池
		电解液量太少，露出部分极板	补加电解液，并在调整电解液密度后进行充电
		电解液中碳酸盐含量太高	更换新的电解液
		充电时缓解温度太高或太低	充电环境温度为 $20\pm5\ ℃$

续表

序号	故障类型	故障分析	排除方法
10	容量降低	个别单体电池容量低于额定容量的70%	更换单体电池
		电解液密度不在规定范围内	调整电解液密度至规定范围
11	单体电池及连接板有异常发热现象	个别单体电池短路	更换单体电池
		极柱螺母松动	拧紧螺母
12	充电开始单体电池电压异常高	单体电池无电解液	加入电解液并调整液面高度

(5)辅助供电系统正线应急故障处理

1)单台静止逆变器(SIV)不启动

故障现象:ATI 报故障,常规模式总体栏显示单台 SIV 无 380 V 交流输出,列车进行扩展供电。

处理思路:

①检查故障端司机室电器柜 SIVN 断路器是否跳闸,若跳闸则重新闭合。

②若未跳闸或闭合无效,按压司机台"VVVF/SIV 复位"按钮,如故障消除,继续运营;如故障未消除,终点站退出服务。

2)两台静止逆变器(SIV)不启动

故障现象:ATI 常规模式总体栏显示两台 SIV 无 380 V 交流电压输出,客室紧急照明启动。

处理思路:

①检查司机室右侧屏网压表显示是否正常,网压为 1 000 ~ 1 800 V。

②若网压正常,确认并操作激活端司机室电器柜内 SIVN 断路器在闭合状态,按压司机台"VVVF/SIV 复位"按钮,若复位后故障消除,继续运营。

③若 SIV 仍未正常工作,断开激活端 SIVN 后 5 s 重新闭合,若仍无效,报行调当前站清客后救援;若故障消除,运营到终点站后退出服务。

【任务实施】

组织讨论车辆低压电气接线故障查线方法及调查手段,简述辅助逆变器故障调查方法,分析蓄电池故障项目的排查思路,简述辅助供电系统正线应急故障处理思路。

【效果评价】

评价表

项目名称	城市轨道交通车辆辅助供电系统	学生姓名	
任务名称	任务5　辅助供电系统常见典型故障	分数	
项　目		分值	考核得分
1. 对辅助逆变器故障调查方法的掌握情况		25	
2. 对西安二号线车辆滤波电容器低电压故障调查的认知情况		10	
3. 对 IVLB 及 3PhMK 触点不一致故障的认知情况		10	
4. 对蓄电池故障项目的排查思路的认知情况		15	
5. 对辅助供电系统正线应急故障处理方法的掌握情况		25	
6. 编制学习汇报报告情况		10	
7. 基本素养考核情况		5	
教师简要评语： 　　　　　　　　　　　　　　　　　　　　　　教师签名：			

项目小结

　　通过本项目学习,了解我国轨道交通车辆辅助供电系统的发展经历及现状;掌握轨道交通车辆的辅助逆变电路结构、供电模式及工作原理;掌握城市轨道车辆辅助供电系统的设备组成及功能;初步了解城市轨道车辆的常见故障类型和分类;对国内成熟地铁线路车辆所采用的辅助供电技术了解,扩展了车辆辅助供电学习的思路。

思考与练习

1. 简述轨道交通车辆辅助供电系统输出电源类型。
2. 简述轨道交通车辆辅助供电系统组成部分及其功能。
3. 简述轨道交通车辆辅助逆变电路结构分类。
4. 简述轨道交通车辆辅助供电模式分类及对比。
5. 简述轨道交通车辆辅助供电系统所承担的负载。
6. 简述轨道交通车辆辅助供电系统三大组成功能模块及定义。
7. 简述西安地铁二号线辅助供电系统静止逆变器时序控制原理。
8. 简述车辆的辅助逆变器系统故障处理思路。
9. 简述铅酸蓄电池和镍镉蓄电池的主要特点。
10. 简述镍镉蓄电池维护项目及容量恢复的方法。
11. 简述镍镉蓄电池常见故障,并分析原因。
12. 简述辅助供电系统正线应急故障处理方法。

项目 **4**

列车控制及监控系统

【项目描述】

城市轨道交通车辆中,列车控制及监控系统是一个很重要的系统。该系统的主要功能是什么,主要分为哪些类型,该系统是如何工作的,通过本项目的学习,就能够解决这些问题。

【学习目标】

通过本项目的学习,要求掌握以下基本知识:

1. 了解列车控制及监控系统的功能。
2. 熟悉列车控制及监控系统的分类。
3. 掌握 TCN 列车通信网络的结构和功能。
4. 掌握 ARCNET 网络的结构和功能。
5. 掌握 LonWorks 网络的结构和功能。

【技能目标】

1. 能说出列车控制及监控系统的功能及分类。
2. 能描述 3 种典型的列车通信网络的结构和功能。

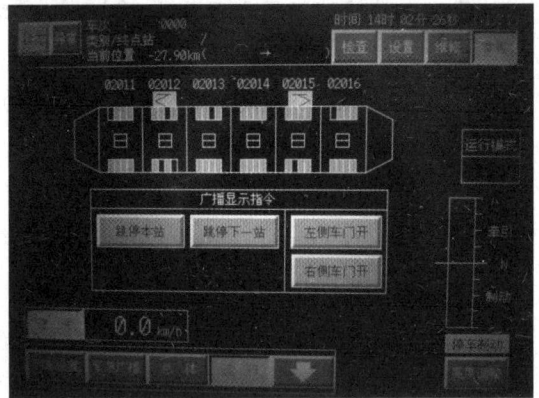

任务 1 列车控制及监控系统概述

【活动场景】

使用多媒体展示列车控制及监控系统相关内容。

【任务要求】

掌握列车控制及监控系统的基本功能及技术特点。

【知识准备】

(1)列车控制及监控系统简介

城市轨道交通车辆在正常的运行过程中,司机必须实时掌握车辆各系统运行状态,一旦列车出现问题,需要及时将异常信息反馈给司机,而实现该功能的正是列车控制及监控系统。该系统主要用于列车这一流动性大、可靠性要求高、实时性强与控制系统紧密相关的特殊环境的计算机局域网络,它属于控制网络的范畴。

列车控制及监控系统,也称为列车网络控制系统,它集列车控制系统、故障检测与诊断系统以及旅客信息服务系统于一体,以车载微机为主要技术手段,通过网络实现列车各个系统之间的信息交换,最终达到对车载设备的集散式监视、控制和管理的目的,实现城市轨道交通车辆的智能化、网络化与信息化。

(2)列车控制及监控系统结构和功能

列车控制及监控系统是列车的核心部件,它包括以实现各种功能控制为目标的单元控制机、实现车辆控制的车辆控制机和实现信息交换的通信网络。其主要结构如图4.1所示。

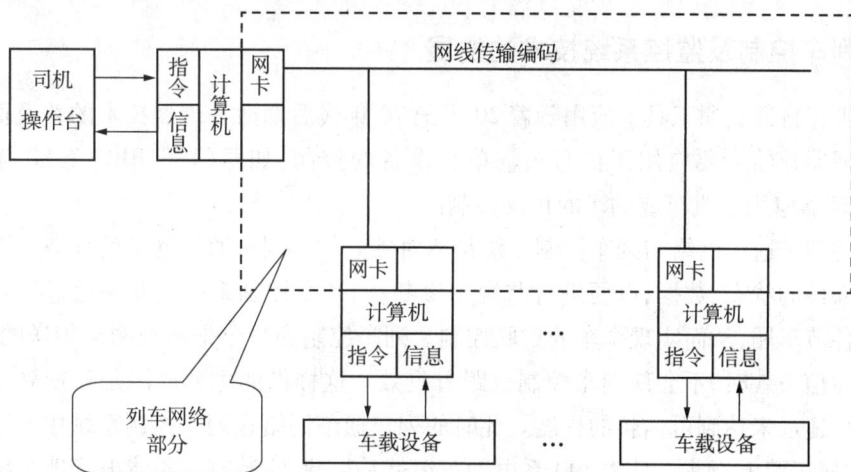

图4.1　列车控制及监控系统结构示意图

列车控制及监控系统连接全列车各车厢的可编程设备、传感器和执行机构,以便实现如下功能:

①实现全列车的牵引制动控制功能,能够由一个司机室操纵全列车的动车,将司机的操作命令传送到各个车厢的牵引制动单元。

②实现列车运用过程中各种可能需要的功能关联和电路连接,即逻辑控制功能。

③实现列车运行过程中的状态的实时监控,即进行列车各设备运行状态数据的采集、处理、传输、显示和记录,使司机通过司机台显示屏实时掌握列车各设备的运行状态。

④实现列车运行过程中的故障信息处理,即进行列车各设备故障信息的采集、处理、传输、显示及记录,并为列车乘务员提供故障的现场处理和排除的信息提示。

⑤实现列车辅助设备的控制功能,如空调的开关。

⑥为乘客信息系统提供列车运行到站信息,实现自动报站及到站信息显示。

(3)列车控制及监控系统技术的特点

由于列车控制及监控系统是在一种比较恶劣的环境下工作,具有较大振动和冲击,因此具有以下 3 个特点:

1)实时性要求高(时间的准确性、传递的快速性)

由于列车是高安全要求的运动型服务设备,因此首要的就是通信的实时性。

2)高速通信

由于列车中的设备日益增多,功能日益强大,需要通信的数据量越来越多。高速的网络通信不但可满足通信数据量的要求,而且还可保证网络的实时性。

3)可靠性要求高

由于列车控制及监控系统的工作环境恶劣,且对车上几乎所有的设备均进行监控和管理,如果网络设备一旦出了问题,将严重影响列车的安全运行,因此需要考虑冗余设计等可靠性设计的方法,以保证列车运行的安全。

(4)列车控制及监控系统技术的发展

计算机在轨道交通工具上应用随着 20 世纪 70 年代后期微处理器技术的普及而迅速发展。微处理器开始主要应用于机车车辆单个设备的控制,如西门子、BBC 于 80 年代初把 8086 微处理器应用于机车或动车的传动控制。

初期的列车通信网络与列车控制系统是相对独立的。列车通信网络的任务主要是搜集全列车各部件的状态、数据,以便进行监视和诊断;而列车控制系统主要是通过硬连线把命令传送到各节车厢,从而实现全车的重联控制。列车控制的命令是不经网络传送的,从而在列车网络通信失效时,不会使列车控制也跟着失效。这样做的主要原因是初期列车通信网络的可靠性还远未达到可信赖的程度。此时的列车通信网络在列车控制系统中并不是必不可少的,它属于锦上添花。日本 300 系电动车组就是如此,它装有车辆情报管理系统 TIS,该系统所提供的情报用于帮助乘务员采取对策,便于维修;控制的级位和命令采用硬连线直接传送,因而贯通全列车的硬连线比较多。

随着列车通信网络技术的发展,其可靠程度不断提高,功能也在不断增强。它已不再局限于监视、诊断所需的信息搜集,同时还传递控制所必需的信息,如各种控制命令都可通过网络传送到各车的各个部件,执行的结果也通过网络返回给司机。采用列车网络控制不仅可省去大量的重连线,而且可使全车各部件控制更加协调、精确和合理,从整体上提高了控制的技术水平。控制与监视、诊断合在一起,使信息更加丰富,渐渐就形成了列车控制及监控系统,提高了监视和诊断水平。20 世纪 90 年代初,产生了列车总线以满足机车和动车组重联控制的需要,如德国西门子的 DIN 43322 列车总线,美国 Echelon 的 LonWorks 总线,法国 WorldFIP 组织的 WorldFIP 总线,日本的基于 ARCNET 网络的列车总线,等等。至此,一些大的铁路电气设备公司以牵引控制系统为基础,以列车通信系统为纽带,以新器件和新工艺为载体,相继推出了广泛覆盖牵引、制动、辅助系统、旅客舒适设备控制和显示、诊断等方面的列车控制及监控系统。

如今,列车控制及监控系统技术逐步走向成熟。一些走在技术发展前列的公司,如德国的西门子公司、加拿大的庞巴迪公司等,都在致力于将自己公司的企业标准推向国际标准,逐步形成列车控制及监控系统标准化、模块化的硬件系列,以及全方位开发、调试、维护及管理的软件工具。例如,国际电工委员会 IEC 第 9 技术委员会 TC9 第 22 工作组 WG22 制订的"列车通信网络(简称 TCN)"标准已于 1999 年成为正式的国际标准《铁道电气设备 列车总线 第 1 部分 列车通信网络》(IEC 61375—1:1999)。美国 Echelon 的 LonWorks 总线紧跟在 IEC 61375 之后也成为国际标准《列车通信协议》(IEEE 1473:1999)(IEEE:美国电气与电子工程师协会),该标准同时包含 IEC 61375 规定的 TCN(IEEE 1473-T 型)和 LonWorks(IEEE 1473-L 型)两种总线形式。我国于 2002 年制订了铁道行业标准《列车通信网络》(TB/T 3035—2002)包含上述两大标准中所规定的列车网络系统。

【任务实施】

组织讨论列车控制及监控系统的结构及功能,列举列车控制及监控系统技术的特点,简述列车控制及监控系统技术的发展。

【效果评价】

评价表

项目名称	列车控制及监控系统		学生姓名	
任务名称	任务 1 列车控制及监控系统概述		分数	
项目			分值	考核得分
1. 列车控制及监控系统的相关知识的搜集、整理			10	
2. 是否有小组计划			5	
3. 列车控制及监控系统结构和功能的认知情况			20	
4. 列车控制及监控系统技术特点的认知情况			25	
5. 列车控制及监控系统技术发展的认知情况			25	
6. 编制学习汇报报告情况			10	
7. 基本素养考核情况			5	
教师简要评语:				
			教师签名:	

任务2　列车控制及监控系统的分类

【活动场景】

使用多媒体展示列车控制及监控系统的分类及相关内容。

【任务要求】

掌握列车控制及监控系统的分类及各种网络系统的特点。

【知识准备】

列车控制及监控系统的分类方法有很多,本书主要是按照网络来进行分类的。目前,国际上使用较为广泛的列车控制及监控系统主要包括 TCN 网络、ARCNET 网络、LonWorks 网络、CAN 网络等。下面简单介绍这 4 种网络的特点。

(1)TCN 网络

1)TCN 网络的起源和发展

TCN(Train Communication Network,列车通信网络)起源于欧洲,欧洲的铁路运输市场竞争较为激烈,用户对机车车辆及其控制技术的要求也较高,同时由于欧盟的形成,客观上对列车及其控制系统的互通、互联提出了更高的要求,各大列车电气部件供应商都退出了基于网络的控制系统。因为这些列车通信网络技术大都遵循各大电气设备供应商的企业标准或是不同国家的国家标准,基于不同网络技术的车载设备往往不能兼容,不同来源的铁道机车车辆也不能够相互连挂,为此 IEC 开始了列车通信网络的标准化之路。1988 年国际电工委员会(IEC)第 9 技术委员会(TC9),委托来自 20 多个国家(包括中国、日本和美国,以及欧洲国家,代表了世界范围的主要铁路运用部门和制造厂家)以及国际铁路联盟(UIC)的代表组成的第 22 工作组(WG22),共同为铁路设备的数据通信制订一项标准,使得各种铁道机车车辆能够相互连挂,车上的可编程电子设备可以互换。1999 年 6 月,经过长达 11 年的工作后,IEC TC9 WG22 在 ABB 公司的 MICAS 基础上,以及西门子的 DIN43322 和意大利的 CD450 等运行经验基础上制订的列车通信网络标准(Train Communication Network,TCN)——IEC 61375 正式成为国际标准。同年,美国电气与电子工程师协会(Institute of Electrical and Electronic Engineers,IEEE)也制订出了车载通信协议标准 IEEE 1473:1999 标准,并将 TCN 和 LonWorks 同时纳入其中。我国于 2002 年颁布的铁道行业标准《列车通信网络》(TB/T 3035—2002)也将其正式确认为列车通信网络标准。

2)TCN 网络的结构特点

TCN 网络的基本结构主要分为两层总线:一层是绞线式列车总线,另一层是多功能车辆总线。

①连接各车辆的绞线式列车总线(Wire Train Bus,WTB),列车重新编组时可自动配置,通信介质为双绞线,通信速率为1 Mbit/s。

②连接一节车辆内或车辆组各设备的多功能车辆总线(Multifunction Vehicle Bus,MVB),经优化具有快响应性,通信介质为双绞线或光纤,通信速率为1.5 Mbit/s。

(2)ARCNET 网络

1)ARCNET 网络的起源和发展

ARCNET 网络诞生于1977年,由美国的 Datapoint 公司制订,它是一种基于令牌传递(Token Passing)协议的现场总线,1999年成为美国国家标准 ANSI/ATA878.1。从 OSI 参考模型来看,它提供了网络的物理层和数据链路层服务,说明 ARCNET 能方便地在两个节点之间实现数据包的发送和接收。随着办公室网络系统需求由 ARCNET 向以太网转变,ARCNET 网络在实时控制系统中找到了新的用途。由于它具有快速性、确定性、可扩展性、支持长距离传输、软件开销小、错误自检测、进退网简单等特点,非常适合过程实时控制,近年来被广泛应用在各种自动化领域,现在全世界已有约450万个 ARCNET 节点应用于工业领域中,加入 ARCNET 行业协会(ATA)的企业已经遍布了工业领域的几乎所有行业。随着每年近50万新的 ARCNET 网络节点的安装,到2000年底 ARCNET 网络节点已经达到了600万个节点。日本的高速列车所使用的列车通信网络主要采用 ARCNET 网络,我国南车集团引进的日本川崎公司的高速动车组(CRH2)也使用了 ARCNET 网络。

2)ARCNET 网络的特点

由于 ARCNET 网络采用了优化的令牌传递协议,因此它具有以下5个特点:

①控制的确定性。

②信息的定向性。

③可发送广播信息。

④多种连接方式。

⑤良好的扩展性能。

(3)LonWorks 网络

1)LonWorks 网络的起源和发展

Lonworks 网络是美国 Echelon 公司于20世纪90年代初推出的一种现场总线技术,又可称为 LON 网络(Local Operating Network)(局部操作网络),它是用于开发监控网络系统的一个完整的技术平台,并具有现场总线技术的一切特点。其通信协议 LonTalk 支持 OSI 全部的7层模型,这是 Lonworks 总线最突出的特点。

LonWorks 技术提供了一个控制网络构架,给各种控制网络应用提供端到端的解决方案,它已经广泛地应用于楼宇自动化、交通运输、工业控制、能源及环境监测、家庭网络智能等领域,并被多个国际标准组织,包括 ANSI,AAR,SEMI,ASHRAE,IFSF 和 IEEE 认证为各自的行业标准。为了便于各个厂商的设备之间的互操作,以便更好地推动 LonWorks 技术。Echelon 公司联合 IBM,HP,Motorola 等公司成立了 LonMark 互操作性协会,其主要任务是负责制订和发布基于 LonWorks 的互操作性标准,使厂商和用户能够制造和使用可互操作的 LonWorks 产品。

自问世以来,LonWorks 技术经过不断的发展,已可通过路由器、网关、Web 服务器等设备充分利用互联网资源,将一个现场设备控制局域网络变成一个借助广域网跨越远程地域的控制网络,并提供端到端的各种增值服务。今后,LonWorks 技术在上述一些行业领域的应用地位将会不断巩固,并将继续得到不断的发展。

2)LonWorks 网络在轨道交通领域的应用

在轨道交通领域,LonWorks 可作为车辆总线及固定编组的列车总线。在国外,LonWorks 网络已成功应用在车门、辅助电源、照明、供暖及空调等的监视与控制,货车电空联合制动控制(ECP)以及机车的重联控制等领域。例如,美国纽约地铁网络控制系统、新泽西轻轨 Comet Ⅳ 项目、旧金山地铁制动系统监视与自动列车控制系统,Alstom 公司的牵引控制系统以及德国铁路的照明、供暖和空调控制系统,美国 AAR 以及德国、法国铁路的基于电力线的分布式货车制动控制系统,等等。在我国,LonWorks 网络主要应用在客车电气设备的监视与控制、内燃机车/动车组的重联控制等领域,已先后应用于"新曙光""神州""金轮"等动车组,同时也用于北京高质车和 25G 型客车、19K 型客车等车型。

(4)CAN 网络

1)CAN 网络的起源和发展

CAN 网络是由德国 Bosch 公司在 20 世纪 80 年代末提出的控制器局域网(Controller Area Network),最初 CAN 主要作为汽车上各电子控制装置 ECU 之间的信息交换网络。1993 年,CAN 已成为国际标准 ISO 11898(高速应用)和 ISO 11519(低速应用)。CAN 是一种基于载波侦听多路访问/冲突检测(CSMA/CD)机制的多主串行通信总线。CAN 通信协议主要描述设备之间的信息传递方式,其定义与开放系统互连模型(OSI)一致。CAN 的规范仅定义了模型的最下面两层:数据链路层和物理层。应用层协议可由用户定义成适合特别工业领域的任何方案,已在工业控制和制造业领域得到广泛应用的标准是 DeviceNet,CANopen 等。由于 CAN 总线具有较高的实时性和总线利用率,极低的成本,极高的抗噪声性能和灵活性,目前已在汽车、航空、工业控制、安全防护等领域中得到了广泛应用。

2)CAN 网络在轨道交通领域的应用

近年来,CAN 与 CANopen 协议在轻轨、地铁、货车等轨道车辆以及车门、空调、倾摆、制动、牵引以及旅客信息等控制子系统中获得了广泛应用。例如,SAB-Wabco 的基于 CANopen 的制动控制系统、德国货运和法国国铁的货车车辆网络、捷克 Unicontrol 公司开发的基于 CANopen 的模块化的控制系统 Unitrack Ⅱ、芬兰 EKE 电子公司开发的 WTB/CAN 网关、Selectron 在车辆翻新改造项目中使用的基于 CANopen 的分布式控制系统等。另外,Kontron,MEN,SMA 等公司可为用户提供满足铁路要求的带 CAN 接口的 CPU 控制板。Siemens，Alstom，Bombardier，Fiat，Stadler Rail，GE 等公司在其内燃机车、轻轨车辆、地铁等项目中也使用了 CAN 和 CANopen。

（5）几种常见网络性能对比

以上主要介绍了轨道交通车辆常用的 4 种网络系统，下面通过表4.1将各种网络的基本参数进行对比。

表 4.1　几种常用控制网络性能对比

控制网络协议	MVB			WTB	ARCNET	LonWorks	CAN
	ESD	EMD	OGF				
最大传输距离/m	20	200	2 000	860	100/10 000	500/2 700	40/10 000
最大传输速率/(bit·s⁻¹)	1.5 M			1 M	10 M	1.25 M/78 k	1 M/<5 k
传输介质	双绞线	双绞屏蔽线	光纤	双绞屏蔽线	双绞线、同轴电缆、光纤	双绞线、同轴电缆、光纤、无线、电力线、红外线	双绞线、同轴电缆、光纤
网络拓扑	总线形		星形	总线形	总线形、星形、树形	总线形、自由拓扑	总线形
访问方式	主从轮询				令牌环	p-坚持CSMA	CSMA/AMP
编码	曼彻斯特				NRZ	差分曼彻斯特	NRZ
最短用户数据长度/byte	2			0	1	1	1
最长用户数据长度/byte	32			128	507	228	8
最大节点数	256			32	256	127/子网	110
开发成本	一般			较高	一般	较高	低

【任务实施】

组织讨论 TCN 网络、ARCNET 网络、LonWorks 网络、CAN 网络的结构及功能，并对 4 种常见网络性能进行对比。

【效果评价】

评价表

项目名称	列车控制及监控系统	学生姓名	
任务名称	任务2　列车控制及监控系统的分类	分数	
项　目		分值	考核得分
1. 列车控制及监控系统分类的相关知识的搜集、整理		10	
2. 是否有小组计划		5	
3. TCN 网络发展及特点的认知情况		15	
4. ARCNET 网络发展及特点的认知情况		15	
5. LonWorks 网络发展及特点的认知情况		15	
6. CAN 网络发展及特点的认知情况		15	
7. 几种常见网络性能对比的认知情况		10	
6. 编制学习汇报报告情况		10	
7. 基本素养考核情况		5	
教师简要评语： 教师签名：			

任务3　TCN列车通信网络

【活动场景】

使用多媒体展示 TCN 列车通信网络的相关内容。

【任务要求】

掌握 TCN 列车通信网络的结构、工作原理及功能特点。

【知识准备】

(1)TCN 网络概述

1988 年国际电工委员会(IEC)第 9 技术委员会(TC9),委托由来自 20 多个国家(包括中国、日本和美国以及欧洲国家,代表了世界范围的主要铁路运用部门和制造厂家)以及国际铁路联盟(UIC)的代表组成的第 22 工作组(WG 22),共同为铁路设备的数据通信制订一项标准。TC9 工作组历经 10 年的努力工作,终于在 1998 年 11 月中国株洲的会议中,决定将列车通信网络 TCN(Train Communication Network)文件作为最终国际标准的草案 IEC-61375-1 进行发布。与此同时,IEEE 铁路运输车辆接口标准委员会也决定在 IEEE 用于车载数据通信的 IEEE P1473-T 标准草案中采用 TCN。至此,TCN 成为两个国际标准的内容。

(2)TCN 网络的结构

TCN 用来连接车载的各种可编程设备或者说是各类智能化设备,以支持列车控制、车厢控制、远程诊断及旅客信息服务等各种应用。TCN 列车通信网络采用分层结构,根据列车控制的特点,分为上、下两级层次:车厢网连接机车或车厢内部各种终端装置;较高一级的列车主干网连接机车和车厢各网络节点。列车通信网络中将列车主干网称为绞线式列车总线(Wire Train Bus, WTB),车厢网称为多功能车辆总线(Multifunction Vehicle Bus, MVB)。WTB 和 MVB 是两个独立的通信子网,这两种网络采用了不同的网络和协议的原因如下:

①列车总线能对列车总线节点命名和确定方位,这需要相当复杂的硬件和初运行过程,而对于设备固定的车辆总线来说是多余的。

②车辆总线比列车总线有更严格的定时要求,车辆总线上的响应时间约比列车总线快 10 倍。

WTB 和 MVB 之间通过一个列车总线节点(Node)相连,在应用层不同的总线之间通信时由此节点充当网关(Gateway)。有时也在车辆总线下设第三级总线,如连接传感器的总线或连接执行单元的控制总线,可把这些总线认为是车辆总线的一部分。列车通信网络结构如图 4.2 所示。

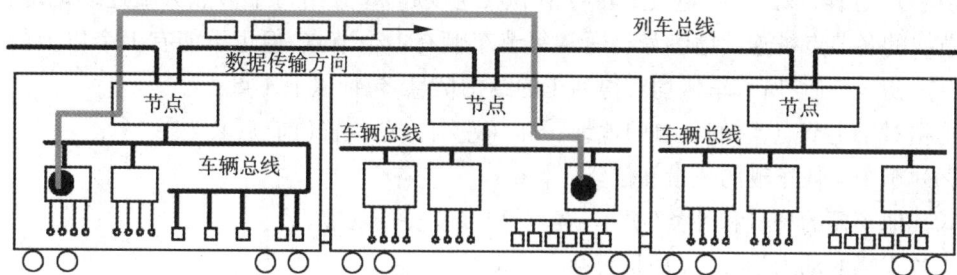

图 4.2　列车通信网络的两层结构

(3)绞线式列车总线 WTB

绞线式列车总线 WTB 由各个车厢内固定安装的电缆通过车厢之间的互联而构成。列车总线上连接的设备称为节点,每个车厢上可能有一个以上的节点。节点可能没有连接车辆总线,也可能由几个车辆总线合接而成。连接有车辆总线的节点可作为列车总线和车辆总线之间的网关。通常将有动力装置的车厢(动车或机车)内的节点成为主节点(Master Node),无动力装置的车厢内的节点称为从节点(Slave Node)。列车总线的拓扑结构采用物理上的总线形和逻辑上的环形。由于是共享总线,每一列车在一次运行中必须有一个且只有一个控制列车总线工作的节点,称为控制节点。控制节点必须是主节点,一般情况下以前导机车的主节点为控制节点,成为总线主设备(Bus Master)。在一个运行周期内,由总线主设备管理列车总线的运行,必要的时候总线主设备可以切换。列车总线是自由组态的,当列车编组改变时,列车总线自动重新构成,得到一个总线主设备,并自动指定各节点地址、位置及识别运行方向。如图 4.3 所示为 WTB 总线的结构示意图。

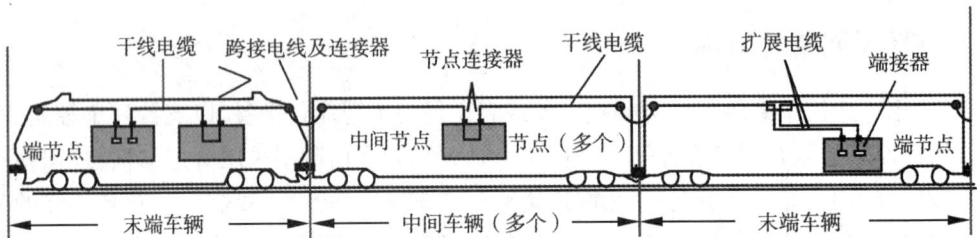

图 4.3　WTB 结构示意图

WTB 以德国 DIN 43322 和意大利 CD450 高速列车的经验为基础。WTB 的传输速率为 1 Mbit/s,使用专用的屏蔽双绞线电缆。电缆的布置采用冗余原则,在车辆的每一侧各有一根电缆。对于频繁改变其组成的列车组(如国际 UIC 列车组或市郊列车组),WTB 被设计成通过手插式跨接电缆或自动连接器来实现车辆之间的互联。WTB 无须中继器便可覆盖 860 m,此距离与 22 节 UIC 车辆对应。考虑到严酷的环境、连接器的存在以及总线的非连续性,建议采用数字信号处理器对曼彻斯特码信号译码。为了清洁可能被氧化的连接器触点,可施加一个清除电压。

WTB 最显著的特色是它具有以连续顺序给节点自动编号和让所有的节点识别何处是列车的右侧或左侧的能力。每当列车组成改变时(如连挂或摘除车辆),列车总线各节点执行"初运行"过程,该过程在电气上将各个节点连接起来,并给每个节点分配连续地址,于是列车总线的各节点被连续地编号。通常每节车辆有 1 个节点,但也可能有 1 个以上的节点或没有。初运行后,所有车辆均获得列车的结构信息,包括以下 4 点:

①相对于主节点,它们各自的地址、方向(左/右)和位置(前/后)。

②列车中其他车辆的数量和位置。

③其他车辆的型号和种类(机车、客车等)及支持的功能。

④各车辆的动力学性能(如是否存在传动装置)。

这些信息可帮助计算机推算列车长度和质量。

WTB 初运行是 WTB 支持开式列车自动动态编组的关键,在这个阶段,列车将完成自动编组,主要包括节点的连接、节点的地址分配,以及对节点端口定义工作。当列车结构发生改变时,特别是每次车辆连挂或解挂时,WTB 将要重新初运行,必然导致 WTB 添加、删除或重组这些车厢上的 WTB 节点,从而影响到列车的通信。一般来说,每发生一次列车结构的改变,就需要进行一个 WTB 网络结构的重构,即列车初运行。

(4)多功能车辆总线 MVB

车厢设备是通信网上各种信息的发源地,也是服务命令的执行机构。多功能车辆总线 MVB 在机车(动车)、车辆或正常操作期间不分开的动车组中是标准数据的传送载体。它既提供可编程设备之间的互联,也提供可编程设备与其传感器和执行机构之间的互联。与绞线式列车总线不同,多功能车辆总线具有固定的结构和地址,且拓扑结构为一对多点的主从方式。在一定的周期内,由一个总线管理器(Bus Administrator)负责管理整个多功能车辆总线,完成控制命令、状态采集及其他各种功能。必要时,总线管理器也可进行切换。由于列车的干扰状况和运行环境的恶劣程度是其他工业场合不可比拟的,因此,车厢通信总线的可靠性要求极高。同时,车辆总线要求通信具有强实时性,能在规定的采样周期内,及时响应操作命令,及时采集机车的工况参数,及时给出控制和指令,等等。如图 4.4 所示为 MVB 的结构示意图。

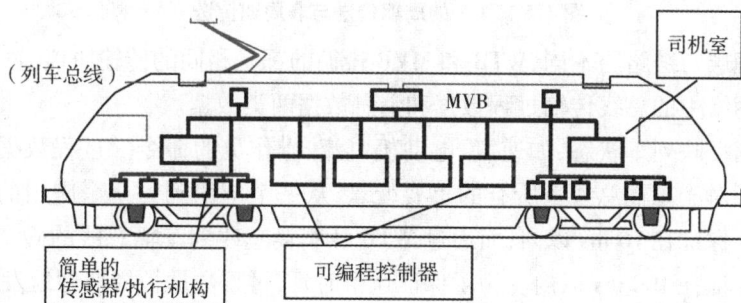

图 4.4　MVB 结构示意图

MVB 以在瑞士 Lok 460 机车上创始的总线为基础,并已在很多车辆使用过。车辆总线的引入可显著地减少电缆使用,并且可通过使用光缆增加可靠性。TCN 规定了多功能车辆总线 MVB 作为连接车辆内设备,以及在固定编组的列车组中连接各车辆间设备的车辆总线。MVB 的传输速率为 1.5 Mbit/s,可使用 3 种介质工作:

①20 m 以内采用电气短距离介质(ESD),允许使用标准的 RS-485 收发器,每段最多可支持 32 个设备。

②200 m 以内采用电气中距离介质(EMD),每段最多支持 32 个设备,采用双绞屏蔽线和变压器作电气隔离、允许使用标准的 IEC 61158-2 变压器和收发器。

③2 000 m 以内采用的光玻璃纤维介质(OGF),采用点对点或星形连接。

不同的介质可直接通过中继器互相连接。MVB 由一个集成的总线协议控制器支持,它能够构成简单的设备而无须处理器。MVB 控制器在物理层提供冗余:一个设备在两个互为冗余的线路上发送,但仅从一条线路上接收,同时监视另一条线路。MVB 具有高度完整性,以防止数据错误。由于采用可靠的曼彻斯特编码以及其校验的方式,因此能够达到 IEC 870-5FT2 级(HD=8)的标准。

（5）TCN 的实时传输协议 RTP

TCN 把网上的信息传输分为变量传输和消息传输。变量传输为周期性传输，消息传输为非周期性传输。列车总线的传输周期最低为 50 ms，而车辆总线的传输周期则取决于变量传输中最大的特征周期。TCN 定义了 3 类在网上传输的数据，即过程数据、消息数据和管理数据。过程数据采用变量传输，消息数据和管理数据采用消息传输。TCN 的信息传送如图4.5 所示。

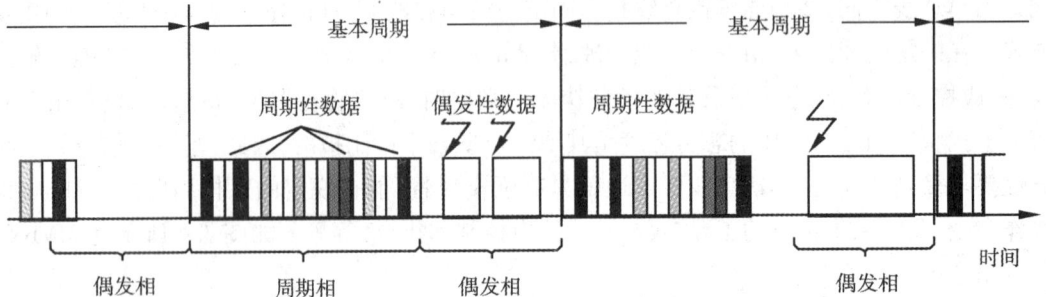

图 4.5　TCN 的周期传送与非周期传送

尽管在物理层与链路层不同，WTB 和 MVB 遵循的都是相同的传输协议。

列车通信网络中的总线传输过程数据和消息数据两类数据。

①过程数据反映列车状态，如速度、电动机电流、操作员的命令。过程数据的传送时间必须短而确定。对于车辆总线上所有的重要变量，从一个应用到另一个应用的确定性传送的传送时间必须保证在 16 ms 以内；而通过 WTB 从车辆总线到车辆总线的确定性传送的传送时间则必须保证在 100 ms 以内。为了保证这个时延，过程数据被周期性地发送。

②消息数据为不频繁传送但可能冗长的信息，如诊断或旅客信息。消息数据的长度在几个字节到几千个 8 位字节之间。消息数据的发送时延必须短，但允许变化。因此，消息数据按需要发送，并且可分帧发送。

1）周期性和偶发性介质访问

周期性和偶发性数据通信共享同一总线，但在各设备中被分别处理，用于 TCN 的所有总线应当提供这两种基本的介质访问。

周期性和偶发性（根据需要）数据发送由充当主节点的一个设备控制。这保证了确定性的介质访问。为此，主节点在基本周期中交替产生周期相和偶发相。周期相占用总线时间的固定时段，在此时段，主节点依次轮询各变量。周期相是与状态的发送相关联的。因为数据是周期性重复发送的，所以周期性数据无需目标设备确认。一个基本周期的大小在 MVB 上是 1 ms 或 2 ms，在 WTB 上是 25 ms。不很紧急的变量可以 2 个、4 个等基本周期长度的周期长度的周期发送，其最长周期是 1 024 ms。两个周期相间的偶发相允许设备按需要发送数据。偶发性发送是与事件的发送相关联的，事件是设备状态的改变，设备状态的改变引发发送要求。因此，事件必须得以确认，以确保不会丢失状态改变的信息。

2）过程变量发送

变量的发送由主节点触发,主节点广播一个请求发送某个变量的帧,而在此帧中并不指定变量源自哪个设备。在下一相,变量的源设备通过广播对所有的设备回答一个包含请求变量在内的帧。所有对此变量感兴趣的设备采集此值。帧的格式在初始化时被固定,以供所有的总线成员使用。

为了提高效率,每个从帧带有相同周期的若干变量,这些变量的集合被称作数据集。一个数据集包含数据和检查位,但不包含地址。每个变量由它相对于数据集起始地址的偏移量来标识。在 MVB 上,每个设备(作为源设备或作为宿设备)能够登记多达 4 096 个数据集。在 WTB 上,一个节点只能发出 1 个数据集,但能接收 32 个。数据集存储在一个共享的通信存储器中,通信存储器分别由应用和总线独立地进行访问。通信存储器实现了一个由总线刷新的分布式数据库。

源地址广播的规则允许应用和总线的操作独立进行。应用处理器仅在同步时中断接收或发送。应用过程和总线的周期特性可保证从一端到另一端传送的确定性。因为过程变量周期性地通过总线来发送,因此,在数据偶然丢失的情况下不需要明确的重发。为了对付持续的错误,总线控制器为每个变量提供了 1 个计数器,这个计数器表示在多久以前变量被刷新。此外,它也能随同每个变量发送 1 个校验变量以保证变量及时、正确地产生。应用可单个访问过程变量,也可更有效地按组访问过程变量。过程数据应用层按单个的应用变量安排被发送数据。它也可将数据形式转换成客户所使用的表示法。在列车总线和车辆总线间的网关复制从一条总线到另一条总线的变量,并能使周期同步。例如,在构成复合变量的场合,以及在构成电动机电流之和的场合下,网关也能执行合并然后发送它。

3）消息发送

各应用之间通过列车通信网络"透明"地交换信息。一个应用并不了解对方是驻留在同一总线、同一站,还是在 TCN 的其他任何地方。应用在客户机/服务器基础上通信。

一个会话包含两个消息:一个由客户机发出的呼叫和一个响应它由远程服务器发出的应答。消息被分成若干小包以便发送。每个包带有标识其源和目标的全部地址。列车总线各节点为各包定路线,并为此目的采用一个指示哪个设备正执行哪个功能的功能目录。重发协议用于流控制和出错恢复。这个传送协议仅由端设备执行,中间节点仅在特殊情况下(如初运行)才介入。

4）网络管理

网络管理提供对 TCN 进行配置、试运行和维护等服务。为此,可将一个网络管理者(如作为一个车辆设备)连接到 TCN。管理者能访问在同一车辆和其他车辆中连接到 TCN 的所有设备。

管理者通过代理者能够检查和修改其他设备的变量和参数,代理者是在每个能被管理的站中运行着的一个应用任务。代理者能局部访问被管理的对象,如过程变量、协议、内存、任务、时钟等。管理服务能够以管理者消息的格式读和写被管理的对象。

(6)TCN 列车通信网络应用举例

广州地铁二号线采用的是庞巴迪公司的列车控制与通信系统,简称 TCC。其系统的核心是列车控制单元 VTCU,它是一个总线管理器,连接 MVB 和 WTB,管理列车控制和网关通信。每个 3 车单元都有相同结构的 TCC 和硬件结构。

1)TCC 网络系统结构

广州地铁二号线列车编组为 6 节车厢编组,每 3 节车为一个单元。

二号线列车一个单元车的网络设备是个完整的 MVB 网络,可控制列车实现单元车运行。其中一节车内的设备按照 ESD 规范连接,3 车之间按照 EMD 规范连接,使用 trafo-MVB 介质。ESD 和 EMD 就组成了这个单元车的 MVB 网络。其网络拓扑如图4.6 所示。

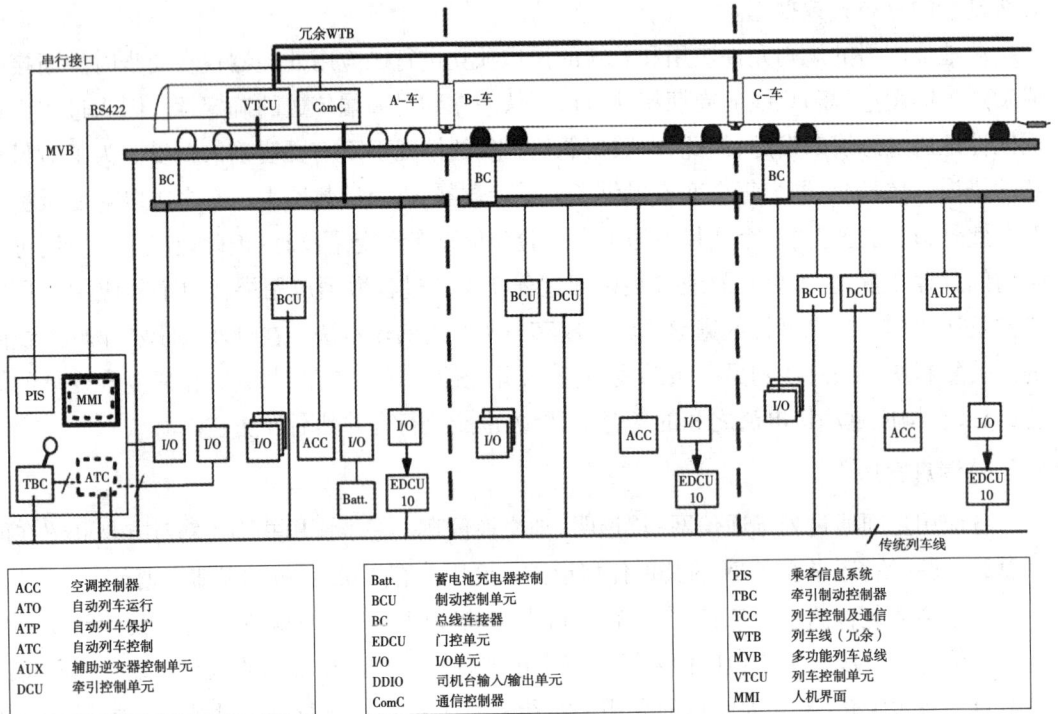

图 4.6 单元车的网络拓扑结构图

VTCU 通过 WTB 与另一个 VTCU 通信。所有全部的 3 车单元都是一个 trafo-MVB (EMD)总线。在每节车上,又是另一个 MVB(ESD)总线。ATO 通过 trafo-MVB(EMD)直接连接到 VTCU,以减少 ATO 与 VCUT 之间的传输延迟。

通信控制器 COMC 的一侧与 MVB 相连,用于和 VTCU 通信,它的另一侧通过串行接口与 PIS 系统相连。

牵引控制单元 DCU 和制动控制单元 BCU 通过 MVB(ESD)-BC(总线连接器)-MVB (EMD)与 VTCU 相连,每节车上有一个 BCU,BC(总线连接器)。B 车和 C 车上各有一个 DCU。

辅助单元 AUX 通过 MVB 与 VTCU 相连,C 车 AUX。

空调单元 ACC 通过 MVB 与 VTCU 相连,每节车都有 ACC。

蓄电池控制单元只通过硬线相连接,因此它只能传输故障分级,不能传输具体的故障诊断信息。

另外,每节车都有若干个输入输出模块 IO。IO 有两种,即数字输入输出单元 AX 和模拟输入输出单元 AX,分别处理数字信号和模拟信号的输入和输出。

2)TCC 网络系统的主要设备

①列车控制单元

列车控制单元 VTCU_GP 12 HK 01 是 MITRAC 牵引控制系统的一个自管理标准单元,电源和 VTCU 都装在一个机架内。

②通信控制器单元 COMC

COMC 单元是第三方设备和 MVB 之间的一个接口转换器,负责 MVB 通信协议和其他通信协议之间的转换。

COMC 包括两个 MVB 通道接口 X1 和 X2,一个双通道的 RS232 接口 X4,以及用于电源供电、设置地址和扩展更多通信通道的接口 X3。

③模拟输入输出单元 AX 和数字输入输出单元 DX

模拟输入输出单元 AX 和数字输入输出单元 DX 都是 MITRAC 牵引控制系统中的一个标准单元,用于把模拟或数字信号与 MVB 中的报文之间的转换。其中的数字信号包括一些 110 V 列车线控制信号,如列车方向、快制指令、紧制指令、开关门指令等。而模拟信号包括有列车速度、网压、主风缸气压等。

AX 模块含有 4 个模拟输入、2 个普通模拟输出以及 1 个蓄电池电压测量输入。而 DX 模块有 10 个数字输入、6 个数字输出。

④总线连接器 BCT

总线连接器 BCT 是列车控制网络中的一个网络设备,用于连接 EMD 介质和 ESD 介质,具有信号再生、超时传输和连续发送等功能。

总线连接器能够连接两个 MVB 的 EMD 段,一段有一个 trafo 连接介质接口,另一段有一个包含连接介质接口 ESD 接口。它能再生 MVB 信号并且能实现 MVB 规格上的一些基本监督功能。

总线连接器的前面板上有 7 个插口,X1—X7。其中,X7 来于电源供电和配置。X1 和 X2 是 MVB EMD 插口,用于连接 MVB 段 1 的中远距离总线 trafo 段 T1。X3 和 X4 是 EMD MVB 插口,用于连接中远距离总线 trafo 段 T2。X5 和 X6 是 ESD MVB 连接器,用于连接总线 ESD 段。

⑤司机显示器 MMI

司机显示器 MMI 直接通过 RS422 接口连接到列车控制单元的 VCUT 板上,是一个基于奔腾 MMX 166 MHz 的 PC,运行 Linux 操作系统,带有触摸屏的彩色 LCD 显示器,使用 64 M 的 CF 卡作为数据存储媒介。

它提高了一个最直观的界面显示给列车司机和维修人员,除了能显示列车最基本信息,如日期时间、车号、编组、网压、气制动缓解状态等,还能把 VTCU 中的故障数据都会按故障分级显示出来,是司机和维修人员了解车辆状态最直接的方式。

【任务实施】

　　组织讨论 TCN 列车通信网络的结构,列举 WTB,MVB 总线的特点,简述 RTP 协议的基本内容,简述广州地铁二号线列车通信网络的结构及主要设备。

【效果评价】

评价表

项目名称	列车控制及监控系统	学生姓名	
任务名称	任务3　TCN 列车通信网络	分数	
项　目		分值	考核得分
1.TCN 列车通信网络的相关知识的搜集、整理		10	
2.是否有小组计划		5	
3.TCN 列车通信网络结构的认知情况		20	
4.WTB 总线、MVB 总线、RTP 协议相关内容的认知情况		35	
5.广州地铁二号线列车通信网络相关内容的认知情况		15	
6.编制学习汇报报告情况		10	
7.基本素养考核情况		5	
教师简要评语: 教师签名:			

任务4　ARCNET 网络

【活动场景】

　　使用多媒体展示 ARCNET 网络的相关内容。

【任务要求】

　　掌握 ARCNET 网络的帧类型、工作机制、性能分析等内容。

【知识准备】

(1)ARCNET 网络概述

　　ARCNET 网络诞生于 1977 年,由美国的 Datapoint 公司制订,它是一种基于令牌传递(Token Passing)协议的现场总线,1999 年成为美国国家标准 ANSI/ATA 878.1。从 OSI 参考模型来看,它提供了网络的物理层和数据链路层服务,说明 ARCNET 能方便地在两个节点之间实现数据包的发送和接收。随着办公室网络系统需求由 ARCNET 向以太网转变,ARCNET 网络在实时控制系统中找到了新的用途。由于它具有快速性、确定性、可扩展性、支持长距离传输、软件开销小、错误自检测、进退网简单等特点,非常适合过程实时控制,近年来被广泛应用在各种自动化领域,现在全世界已有约 450 万个 ARCNET 节点应用于工业领域中,加入 ARCNET 行业协会(ATA)的企业已经遍布了工业领域的几乎所有行业。随着每年近 50 万新的 ARCNET 网络节点的安装,到 2000 年底 ARCNET 网络节点已经达到了600 万个节点。日本所使用的列车通信网络主要采用 ARCNET 网络,我国广州地铁四号线也使用了 ARCNET 网络。

(2)ARCNET 网络协议

　　从 OSI 参考模型来看,ARCNET 定义了 ISO/OSI 7 层参考模型当中的数据链路层和物理层,并开放底层接口,允许用户自行开发嵌入式设备。设计者应针对具体的应用自行设计应用层。

　　在物理层 ARCNET 规定可使用的传输介质有同轴电缆、双绞线、光纤,可满足绝大多数自动控制对速度、抗干扰性和物理介质的要求。一般来说,用同轴电缆作传输介质,最大传输距离为 300 m;若用双绞线作传输介质,最大传输距离约为 120 m。

　　ARCNET 的数据传输速率为 2.5 Mbit/s,最大传输距离可达 6.4 km;新型的 ARCNET plus 速率已从原来的 2.5 Mbit/s 增加到 100 Mbit/s(使用光纤时)。

　　ARCNET 支持总线形、星形以及分布式星形等拓扑结构,最多可支持 255 个节点互连,并可实现多主式连接。对于总线形,在不加中继器的情况下,可带 8 个节点,每个 ARCNET 物理节点包括一个数据链路层和通信控制器芯片和一个物理层的收发器芯片。每个节点有一个网络地址(MAC 地址),该地址由管理员通过 8 位拨码开关来设定。MAC 的地址范围是0～255。

　　在数据链路层,采用令牌传递实现介质访问。各节点通过传递令牌来协调网络使用权。一个站只有获得令牌才能访问总线。当一个站获得令牌,它可向其他站发起一次传输,也可向它的逻辑临站传递令牌。每得到令牌后只能发送一包数据。所有总线上的站是平等的,共享总线带宽。这样的机制避免了冲突,因此 ARCNET 用于实时系统具有明显的优点:设计者可准确预测每个站发送一条消息所需的时间。这一点对于需要及时响应控制的系统或机器人来说尤其重要。

ARCNET 网络具有效率高、节点进退网操作比较简单、实时性好等特点,用它作为列车通信网中的列车总线能够满足列车的特殊要求。

(3)ARCNET 网络帧的类型及其结构

虽然 ARCNET 遵从 IEEE802.4 协议,但是在具体帧结构上还是存在着差异。ARCNET 有令牌帧(ITT)、空闲缓冲区询问帧(FBE)、数据帧(PAC)、确认帧(ACK)、否认帧(NAK)等多种信息帧。其各帧结构如表4.2 所示。

表4.2　ARCNET 的帧结构

ITT	ALERT	EOT	DID	DID				
FBE	ALERT	ENQ	DID	DID				
PAC	ALERT	SOH	SID	DID	DID	COUNT	DATA	CRC	CRC
ACK	ALERT	ACK						
NAK	ALERT	NAK						

ARCNET 帧不管是哪种帧,都由 ALERT 引导,类似于 Ethernet 中使用的前导码。ALERT 由 6 比特间隔的传号(1)组成,传号(1)由正脉冲后跟负脉冲组成的双脉冲表示。空号(0)由无脉冲表示。

ITT 为令牌帧,它总是传递给它的后继工作站,EOT 是 ASCII 字符集中的传输结束控制符(04 hex),后跟的两个字节都是 DID(终点标识符),即后继工作站的地址,重复使用 DID 的目的是增加可靠性。

FBE 为空闲缓冲区询问帧,ENQ 是 ASCII 字符集中的询问字符(05 hex),它后跟的两个字节 DID 是想通过询问了解空闲缓冲器状态的工作站标识,DID 重复使用也是为了提高寻找终点工作站的可靠性。

PAC 为数据帧,SOH 是 ASCII 字符集中的标题开始字符(01 hex),SID 和 DID 表示源点和终点工作站的地址,CP 字段指示工作站在存储器中找到的是传输数据的起点,DATA 具有可变长度,处于 1 字节和 508 字节之间,用以携带用户数据,2 字节的 CRC 字段由发送站添加,用来保护 DATA 字段。

ACK 为确认帧,由 ALERT 和 ACK 组成。ACK 是 ASCII 字符集中的确认字符(06 hex)。当响应 FBE 帧而发送 ACK 时,表示接收工作站具有可供使用的缓冲器空间。ACK 帧之所以没有 DID 字段,是因为这种帧是作为广播方式发送的。

NAK 为否认帧,NAK 是 ASCII 字符集中的否认字符(15 hex)。当响应 FBE 帧而发送 NAK 时,表示接收工作站不具有可供使用的缓冲器空间。NAK 帧也没有 DID 字段,其原因与 ACK 帧相同。

（4）ARCNET 网络的工作机制

1）逻辑环的建立

在 ARCNET 网络中,每个节点均有唯一的 MAC(Medium Access Control)地址,其取值范围为 0～255,其中 O 是网络广播地址。每个节点在系统初始化或重构时确定它在逻辑环中的下一个节点,并将下一个节点的 ID 值保存在各自专用的寄存器 NID(Next ID)中,并按 MAC 地址从小到大的顺序构成一个逻辑环路。如图 4.7 所示为一个典型的 4 个节点的逻辑环。

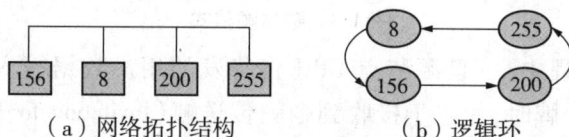

（a）网络拓扑结构　　　　　　（b）逻辑环

图 4.7　逻辑环的建立

令牌(ITT)是一个独特的信号序列,会在网上所有有效节点以有效方式通过,当一个独特的节点接收到令牌,它拥有独一无二的权力进行初始化传送序列或它必须把令牌交给逻辑上相邻的节点。这个节点在物理上可位于网络上的任何地方,它的地址仅高于拥有令牌的节点。令牌一旦传递过来,接收方同样地拥有进行初始化传送的权力,这个令牌传送序列以逻辑环方式对等地光顾到每一个节点,节点地址必须唯一,自 1～255,O 保留为广播信息。

2）节点的进网或退网

当一个节点加电或 840 ms(2.5 Mbit/s 速率下)没有收到令牌时,它即发出一个重构脉冲,使总线终止一切活动,造成令牌丢失,从而引发系统重构,经过重构形成新的逻辑环,新节点也就加入到网络中。重构时间的多少取决于网上节点的多少和数据传输速率的大小,通常为 20～30 ms。当一个节点由于故障或断电而退出网络时不需进行整个逻辑环的重构,因为当逻辑环的上一个节点(存有退网节点的 ID 值)向它发送令牌时,不能收到它的响应,因而令牌发送者将它的 NID 值加 1 重发令牌,直到收到响应,即找到逻辑环中新的下一个节点为止(实际上新的下一个节点就是故障节点在原逻辑环的下一个节点),节点的退网也就完成。

根据现场实际情况,多数网络故障是节点故障,对于 ARCNET 网络,只需该节点退网,即可保证网络中其他节点正常工作。由于节点退网无需网络重构,因而网络故障恢复时间很短。

3）数据的接收和发送

ARCNET 网络的数据传输速率为 156.25 Kbit/s～10 Mbit/s,其用户数据的长度为 0～507 字节,有两种 ARCNET 数据帧模式,其中短帧模式用户数据的最大长度为 253 字节,长帧模式用户数据的最大长度为 507 字节,只要按一定的格式将用户数据写入协控制器内置的 2 K RAM 中,在数据发送时,协议控制器会自动将其组织到 ARCNET 的数据帧中。传输数据在协议控制器内置的 2 K RAM 中的存放格式如图 4.8 所示。

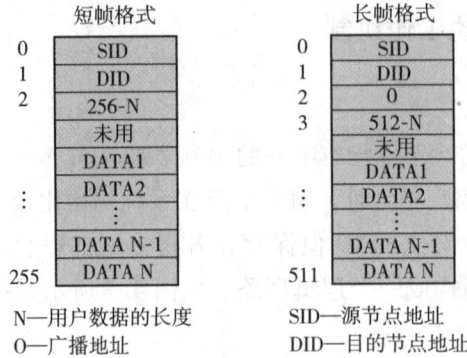

图4.8　数据帧格式

在数据传送的过程中,一旦源节点 CPU 将待发的用户数据写入协议控制器的内部 RAM,在该节点持有令牌时,相当于接收到令牌传送帧(Invitation to Transmit,ITT(简称令牌)),首先向目的节点发送一个空闲缓存查询帧(Free Buffer Enquiry,FBE),查询目的节点是否有足够的接收缓存,目的节点如有,则回答一个确认帧(Acknowledgement,ACK),否则回答一个否认帧(Negative Acknowledgement,NAK)。源节点只有收到来自目的节点的 ACK 帧后才向其发送一个含有用户数据的数据帧(Packet,PAC)。如果目的节点收到了数据,且通过 CRC 校验,则回送一个 ACK 帧,告诉源节点数据接收成功,否则目的节点不回发任何信息,导致源节点超时,源节点认为数据发送失败,等下一次收到令牌时重发该数据帧,至此节点传输过程结束,令牌被传递给下一个节点。如图 4.9 所示为节点 156 向节点 255 发送数据包的具体过程。

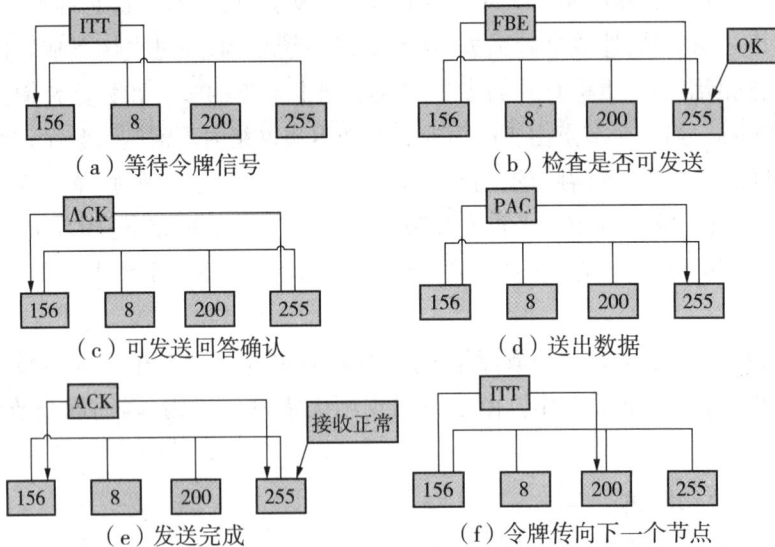

图4.9　数据的传送过程

ARCNET 支持广播消息。广播消息发出后无需回送确认帧,只需要源节点将目的节点地址置 0 即可。通过消息广播一次可将消息传送给网络上的所有节点,可见广播速度很快。

（5）ARCNET 网络的性能分析

1）安全机制

ARCNET 网络通过下列 4 种途径确保数据的安全传输：

①数据发送前通过发送 FBE 帧对目的节点的接收准备进行确认。

②每个数据帧中都含有一个 CRC-16 的帧校验序列。

③一旦令牌丢失，将引发重构，自动重构网络。

④协议控制器提供强大的网络故障诊断功能。

此外，由于协议控制器内置 2K RAM，可储存 8 页短帧模式的用户数据和 4 页长帧模式的用户数据，即使节点 CPU 不读取 RAM 中的数据，数据充满 RAM 也无关紧要，当 RAM 要溢出时，节点 CPU 在收到 FBE 帧可会送 NAK 帧，使 RAM 不再接收数据，此时源节点将不再发送数据，将令牌传送给下一节点，因此，即使某一节点无法通信，整个网络也不会锁闭。

2）数据吞吐量和总开销

由于 ARCNET 使用令牌传送机制来仲裁节点对网络的访问权，因而网络性能在时间上是可预测的或可确定的。正是由于 ARCNET 的时间可确定性，使其在工业实时控制领域中的应用经久不衰。反映局域网性能的一个重要参数就是"一个节点在能够发送信息之前必须等待的时间"，这个参数标识了各个节点每秒钟能发送的信息数，也就是网络的吞吐量。

在 2.5 Mbit/s 的数据传输速率下，ARCNET 协议控制器执行简单的令牌传送约需 28.2 μs（协议控制器响应时间 12.6 μs+令牌码传送时间 15.6 μs），因而令牌绕逻辑环一周的传递时间为 $28.2 \times N_{nodes}$（μs），N_{nodes} 为网络中活动节点数，一个节点从接收到令牌到发送数据为止，共需 117.2 μs 的处理时间，传输每个字节需 11 个时钟周期，一个字节的传输时间为 11×400ns=4.4 μs（速率为 2.5 Mbit/s 时，每个时钟周期为 100 ns）。因此，令牌绕逻辑环一周最坏情况下的传输时间是网上每个节点均有数据需要发送，其大小可表示为 $(28.2+117.2+4.4 \times N_{bytes}) \times N_{nodes}$（$N_{bytes}$ 为每个数据包发送的字节数），因而等待时间 T_W 的范围为

$$28.2 \times N_{nodes}\ \mu s < T_W < (145.4+4.4 \times N_{bytes}) \times N_{nodes}\ \mu s$$

若一网络中活动节点数为 100 个，令牌环绕一周约有 2% 的节点需要发送信息，其信息包的总长度为 100 字节，则一个节点发送数据等待时间为

$$T_W = (145.4+4.4 \times 100) \times 100 \times 2\% +28.2 \times 100 \times 98\% = 3\ 934\ \mu s$$

即一个节点在一秒钟内可发送约 256 个信息包。事实上 Datapoint 公司的实验表明即使在一个具有 175 个节点的重载网络中，节点有信息发送的次数与总的具有令牌的次数之比也很少超过 2%，由此可知，ARCNET 网络的性能也是很高的。

此外从数据传输的效率来看，若一个节点信息包的长度 253 字节，其传输总时间为 145.4+4.4×253=1 258.6 μs，传输数据所花时间为 4.4×253=1 113.2 μs，数据传输效率约为 88%（1 113.2/1 258.6×100% ≈88%），也是相当高的。

（6）ARCNET 网络应用举例

广州地铁四号线列车的列车网络控制系统简称为 TMS（Train Management System），它采

用的是以中央控制单元(CCU),本地控制单元(LU)为核心的列车通信网络架构,是基于ARCNET网络技术的分布式控制系统。

列车网络控制系统(TMS)集中提供了控制和监控车载系统和设备的功能,列车的驾驶、故障诊断、数据记录、事件分析和报告等功能都集成在一个分布式智能系统中,并与各子系统通信,相关的子系统包括:

①牵引系统。

②制动系统。

③辅助供电系统。

④空调系统。

⑤车门系统。

⑥列车乘客信息系统(PIDS)。

⑦列车自动控制系统(ATC)。

⑧列车无线通信系统。

1)TMS 网络系统结构

广州地铁四号线列车的编组方式为4节编组,该车的列车网络控制系统(TMS)拓扑图如图4.10所示。

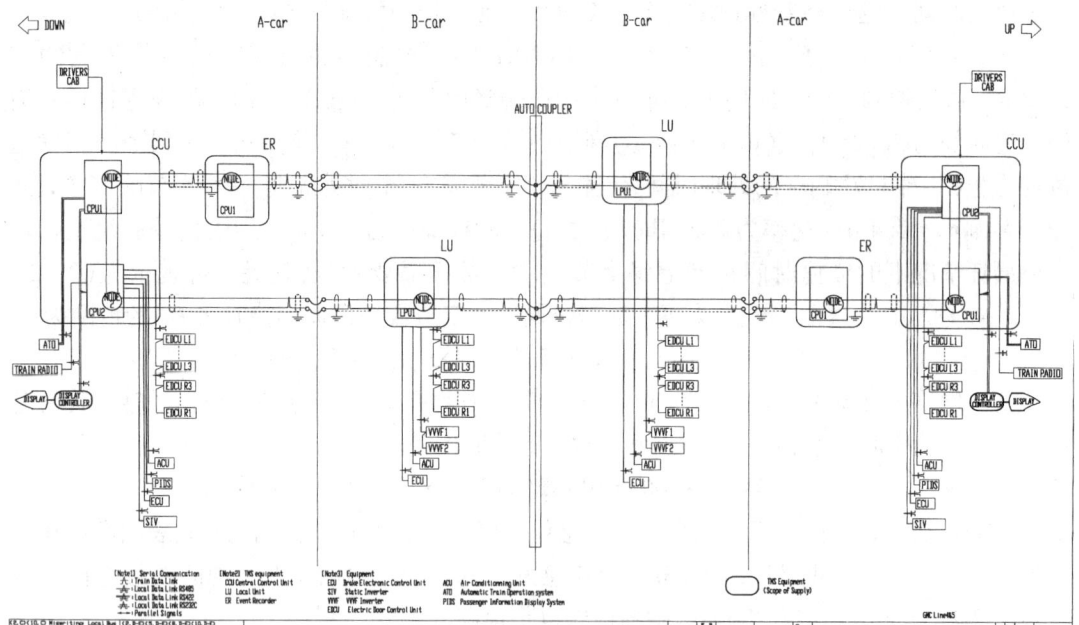

图4.10 列车网络控制系统拓扑图

TMS 有如下两层总线结构(见图4.10):

①列车总线

a.列车总线贯穿整列车,连接 CCU,LU 和 ER(事件记录仪)。

b.网络拓扑采用了环形(见图4.11)。

c.每个节点在数据接收正常完成后,将接收到的数据到传递下一个节点。

②车辆总线

a. 车辆总线连接 TMS 和车辆上的其他设备。

b. 使用了 3 个标准,即 RS485,RS422 和 RS232C。

由于 TMS 网络上的 CCU 和 LU 用总线连接成环形(见图 4.11),每个设备节点均有两条数据通信路径,因此,任何单一设备故障不会中断其他正常的设备(LU,CCU,ER)的通信。

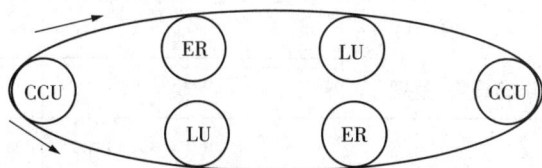

图 4.11 TMS 数据通信冗余结构示意图

2)TMS 网络系统主要设备简介

①中央控制单元 CCU

CCU 安装在每个头车的司机室,包括两个中央处理单元(CPU1 和 CPU2),具有一个额外的接口用于显示单元。CCU 中的 CPU1 承担着列车信息管理系统的管理以及全局控制应用程序的运行。CPU1 的网关提供了一个通过列车总线与其他 TMS 单元通信(CPU2,LU)的接口。CPU1 通过 RS422 串行总线与显示单元通信。作为一个附加功能,CPU2 提供了一个后备接口来实现与显示单元的 RS422 串行通信,CCU 通过 RS422 接口向 DU 给出显示控制信号。

②本地控制单元 LU

LU 安装在中间车中,由两个本地处理单元组成(LPU1 & LPU2)。主要用来提供 LU 与各种设备和智能列车子系统之间的接口,如空气制动系统、牵引系统以及用于监视的辅助供电系统。LU 提供 LPU 和已定义设备及系统之间的并行信号通信接口。

③司机室显示屏

用于为司机提供人机界面的 TMS 显示终端设备安装在每个司机室,它包括了显示单元(DU)和显示控制器(DC),并通过 RS422 进行串行通信。该显示终端为具有触摸屏输入系统的彩色液晶显示器(LCD),具备触摸屏输入系统的高性能,高分辨率的彩色显示器。

④事件记录仪 ER

事件记录仪 ER 装置安装在每个头车,包括一个 IC 卡读写器(IC 卡为非接触、闪存型),通过 TMS 系统记录列车上检测到的故障、重要的操作信号和各装置性能参数。本装置能对所有重要的操作进行记录,如司机通过操作紧急停车按钮或者警惕开关、紧急门等引起的紧急制动。另外,所有的非正常操作包括对不正当侧车门进行的操作都将被记录。ER 事件记录仪的采样间隔为 1 s,采样容量不低于 6 h,最低可同时记录 32 个通道数据。

【任务实施】

组织讨论 ARCNET 网络的网络协议,简述 ARCNET 网络帧的类型及其结构,简述 ARCNET 网络的工作机制,简述广州地铁四号线 TMS 系统的结构及主要设备。

【效果评价】

评价表

项目名称	列车控制及监控系统	学生姓名	
任务名称	任务 4　ARCNET 网络	分数	
项　目		分值	考核得分
1. ARCNET 网络的相关知识的搜集、整理		10	
2. 是否有小组计划		5	
3. ARCNET 网络协议的认知情况		20	
4. ARCNET 网络帧类型及结构、ARCNET 网络的工作机制及性能分析的认知情况		35	
5. 广州地铁四号线列车通信网络相关内容的认知情况		15	
6. 编制学习汇报报告情况		10	
7. 基本素养考核情况		5	
教师简要评语： 　　　　　　　　　　　　　　　　　　　　　　　　教师签名：			

任务 5　LonWorks 网络

【活动场景】

　　使用多媒体展示 LonWorks 网络的相关内容。

【任务要求】

　　掌握 LonWorks 的通信协议及特点。

【知识准备】

(1) LonWorks 网络概述

LonWorks 网络是美国 Echelon 公司于 20 世纪 90 年代初推出的一种现场总线技术,又可称为 LON 网络(Local Operating Network)(局部操作网络),它是用于开发监控网络系统的一个完整的技术平台,并具有现场总线技术的一切特点。其通信协议 LonTalk 支持 OSI 全部的 7 层模型,这是 LonWorks 总线最突出的特点。

LonTalk 协议通过其专用的神经元芯片上的硬件和固件实现,提供介质存取、事务确认和点对点通信服务,从而完成网络通信和相应的控制任务调度。其网络拓扑结构可以是自由形、总线形、环形、星形,或是不同形式的自由组合。而通信介质也包括双绞线、电力线、光纤、同轴电缆、射频、红外线等多种介质,并且多种媒介可以在同一个网络中混合使用。另外,其应用程序采用面向对象的设计方法,通过网络变量或者显示消息模式把网络通信的设计简化为参数设置,大大地提高了开发速度。

LonWorks 技术提供了一个控制网络构架,给各种控制网络应用提供端到端的解决方案,它已经广泛地应用于楼宇自动化、交通运输、工业控制、能源及环境监测、家庭网络智能等领域,并被多个国际标准组织,包括 ANSI,AAR,SEMI,ASHRAE,IFSF 和 IEEE 认证为各自的行业标准。为了便于各个厂商的设备之间的互操作,以便更好地推动 LonWorks 技术。Echelon 公司联合 IBM,HP,Motorola 等公司成立了 LonMark 互操作性协会,其主要任务是负责制订和发布基于 LonWorks 的互操作性标准,使厂商和用户能够制造和使用可互操作的 LonWorks 产品。

自问世以来,LonWorks 技术经过不断的发展,已可通过路由器、网关、Web 服务器等设备充分利用互联网资源,将一个现场设备控制局域网络变成一个借助广域网跨越远程地域的控制网络,并提供端到端的各种增值服务。今后,LonWorks 技术在上述一些行业领域的应用地位将会不断巩固,并将继续得到不断的发展。

(2) LonWorks 网络的通信协议

Neuron 芯片(神经元芯片)利用其内部的 3 个微处理器中的两个执行一个完整的网络协议——LonTalk 通信协议。LonTalk 是 LonWorks 技术的通信协议的标准,与其他现场总线技术不同的是它提供了遵循国际标准化组织(ISO)定义的开放系统互连(OSI)模型,提供了 OSI 参考模型所定义的全部 7 层服务。其各层功能如表 4.3 所示。

表 4.3　LonTalk 协议的各层功能

序号	层　次	服　务	Lon 提供的服务	处理器
7	应用层	网络应用	标准网络类型	应用 CPU
6	表示层	数据表示	网络变量、外部帧传输	网络处理器
5	会话层	远程遥控	请求/响应,认证,网络管理	网络处理器

续表

序号	层　次		服　务	Lon 提供的服务	处理器
4	传输层		端对端的可靠传输	应答、非应答、点对点及双重检测	网络处理器
3	网络层		传输分组	地址、路由	网络处理器
2	链路层	LLC 子层	帧结构	帧结构,CRC 错误检查数据解码	MAC 处理器
		MAC 子层	介质访问	可预测 CSMA,冲突避免优先级	MAC 处理器
1	物理层		电路连接	介质、电气接口	MAC 处理器

LonTalk 协议对 OSI 的 7 层协议的支持使 LonWorks 网络能够直接面向对象通信,具体实现就是采用网络变量这一形式。网络变量使节点之间的通信只通过网络变量互相连接便可完成。

LonTalk 协议提供一套通信服务,使装置中的应用程序能在网上对其他装置发送和接收报文而无需知道网络拓扑、名称、地址或其他装置的功能,以便设定有界事务处理时间。对网络管理业务的支持使远程网络管理工具能通过网络和其他装置相互作用,包括网络地址和参数的重新配置,下载应用程序,报告网络问题和节点应用程序的起始、终止、复位。

如上所述,LonTalk 协议是一个分层的,以数据包为基础的对等的通信协议。通信中,每个包由可变数目的字节构成,长度不定,并且包含应用层(第 7 层)的信息以及寻址和其他信息。信道上的每个装置监视在信道上传输的每个包,经判断若自己是收信人则处理该包,得到其中的数据信息或者网络管理信息,并发送应答报文给发送装置。

为了处理网上的报文冲突,LonTalk 协议使用类似以太网所用的"载波监听多路访问"(CSMA)算法。LonTalk 协议建立在 CSMA 基础上,提供介质访问协议,因而可根据预测的网络业务量发送优先级报文和动态调整时间片的数目。通过动态调整网络带宽,采用 P-坚持 CSMA 协议的算法使网络能在极高网络业务量出现时继续运行;而在业务量较小时不降低网络速度。

LonTalk 协议与以往的数据网络通信协议相比较,具有以下特点

①发送的报文一般都是很短的数据(通常几个到几十个字节)。

②通信带宽不高(从几千 bit/s 到 2 Mbit/s)。

③网络上的节点往往是低成本、低维护的单片机。

④多节点,多通信介质。

⑤可靠性高。

⑥实时性高。

(3)LonWorks 网络的互操作性

LonWorks 技术推动了真正的互可操作设备的系统的发展,1994 年由 Echelon 公司和致力于建造互可操作产品的 LonWorks 用户集团成立了 LonMark 互可操作协会,以致力于发展

互可操作性标准,认证符合标准的产品以及发扬互可操作系统的优点。协会发布各种产品技术规范和准则,以保证根据这些规则设计的产品互可操作。协会还编制和公布功能性行规,详尽介绍应用层接口,包括专用或通用控制功能所需的网络变量、配置属性、系统设定和上电动作。协会还致力于下述两个领域:标准收发器和相应的物理信道的准则;节点应用程序的结构分析和文件编制。目前这两个 LonMark 准则分别包含在文件"LonMark 1~6 层互可操作性准则"和"LonMark 应用层互可操作性准则"中。

(4)LonWorks 网络的特点

LonWorks 网络控制技术在控制系统中引入了网络的概念,在该技术的基础上,可方便地实现分布式的网络控制系统,并使得系统更高效、更灵活、更易于维护和扩展。具体有以下特点:

1)开放性和互操作性

LonWorks 网络协议完全遵循 ISO/OSI 的 7 层参考模型,而且是完全开放的,对任何用户都是对等的。其协议已被一些国际标准组织确认为标准,如 EIA 709 和 IEEE 1473。网络协议完整到任何制造商的产品都可实现互操作。该技术提供的 MIP(微处理器接口程序)软件允许开发各种低成本网关,方便了不同系统的互联,也使得系统具有高的可靠性。

2)通信介质

可采用包括双绞线、电力线、无线、红外线、光缆等在内的多种介质进行通信,并且多种介质可在同一网络中混合使用。这一特性使得不同工业现场的不同设备实现互联,增强了网络的兼容性。

3)网络结构

能够使用所有现有的网络结构,如主从式、对等式以及客户机/服务器式(Client/Server)。

4)系统结构灵活

LonWorks 网络拓扑结构灵活多变,可根据具体应用工程的结构特点采用不同的网络连接方式,支持总线形、环形、自由拓扑形等网络拓扑。这样可最大限度地降低布线系统的复杂性和工作量,提高系统可靠性。

5)分布式无主站控制

LonWorks 网络采用无主站点对点的对等结构,各节点地位均等,每个节点都能完成控制和通信功能,而不依赖于计算机、PLC 或其他形式的中央处理器。部分节点的故障不会造成系统瘫痪,提高了系统的稳定性,降低了维护难度。

除上述特点外,LonWorks 控制网络在功能上就具备了网络的基本功能,它本身就是一个局域网,和 LAN 具有很好的互补性,又可方便地实现互联,易于实现更加强大的功能。LonWorks 以其独特的技术优势,将计算机技术、网络技术和控制技术融为一体,实现了测控和组网的统一,而在此基础上开发出的 LonWorks/IP 功能将进一步使得 LonWorks 网络与以太网更为方便的互联。

（5）LonWorks 网络应用举例

某国内铁路客车采用 LonWorks 网络,列车上的主要监控对象如下:

①列车各节车厢的空调总电流(含制冷、采暖工况)、故障显示、温度显示、空调集控、温度设定。

②车厢的供电、照明工况和控制。

③塞拉门工况、塞拉门故障。

④轴温报警器。

⑤防滑器。

⑥烟火报警器。

通信介质为双绞屏蔽线,列车编组最大为 18 辆,包括发电车和行李车。全列车的轴温报警器采用独立的 FSK 网络通过集中转换连接到列车级 LonWorks 网络,车辆级设备防滑器、空调控制器、车门控制器和烟火报警器分别通过网关连接到车辆级 LonWorks 网络。供电和照明等设备通过内置 LonWorks NEURON CHIP 的供电监控器连接到车辆级 LonWorks 网络;列车级 LonWorks 网络采用总线形结构,车辆级 LonWorks 网络采用自由拓扑形结构。二级 LonWorks 网络通过代理节点实现信息交换与介质隔离,既保证了通信距离和驱动能力,又为施工带来了方便。该车网络拓扑图如图 4.12 所示。

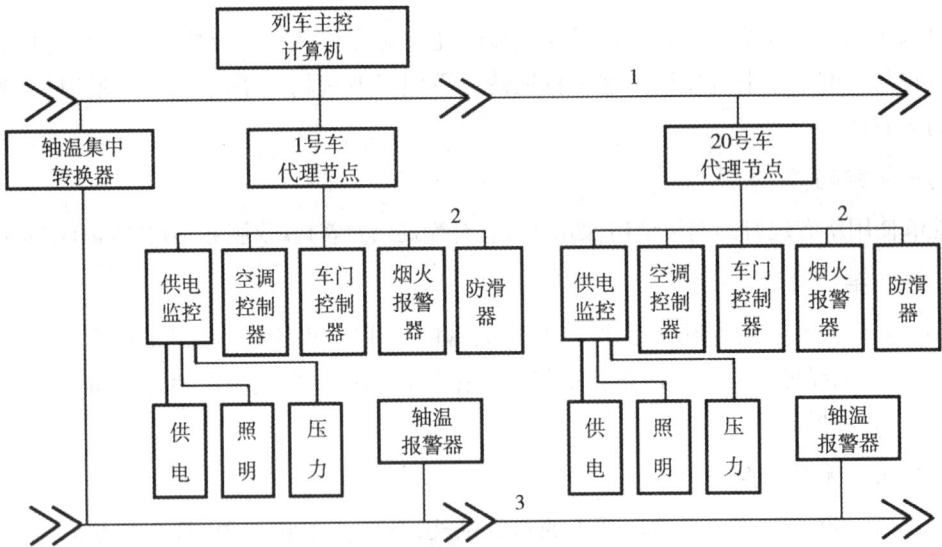

图 4.12　TMS 数据通信冗余结构示意图

1—列车级 LonWorks 网线;2—车辆级 LonWorks 网线;3—集中型轴温报警器 FSK 网线

【任务实施】

组织讨论 LonWorks 网络的通信协议,简述 LonWorks 网络的互操作性,简述 LonWorks 网络的特点,简述某国内铁路客车的 LonWorks 网络系统的结构。

【效果评价】

评价表

项目名称	列车控制及监控系统		学生姓名	
任务名称	任务5 LonWorks 网络		分数	
项 目			分值	考核得分
1. LonWorks 网络的相关知识的搜集、整理			10	
2. 是否有小组计划			5	
3. LonWorks 网络通信协议的认知情况			20	
4. LonWorks 网络的互操作性、网络特点的认知情况			35	
5. 某国内铁路客车的 LonWorks 网络系统结构的认知情况			15	
6. 编制学习汇报报告情况			10	
7. 基本素养考核情况			5	
教师简要评语：				
				教师签名：

项目小结

城市轨道交通车辆在正常的运行过程中,司机必须实时掌握车辆各系统运行状态,一旦列车出现问题,需要及时将异常信息反馈给司机,而实现该功能的正是列车控制及监控系统。该系统主要用于列车这一流动性大、可靠性要求高、实时性强与控制系统紧密相关的特殊环境的计算机局域网络,它属于控制网络的范畴。

列车控制及监控系统,也称为列车网络控制系统,它集列车控制系统、故障检测与诊断系统以及旅客信息服务系统于一体,以车载微机为主要技术手段,通过网络实现列车各个系统之间的信息交换,最终达到对车载设备的集散式监视、控制和管理的目的,实现城市轨道交通车辆的智能化、网络化与信息化。

思考与练习

1. 简述列车控制及监控系统的结构和功能。
2. 简述列车控制及监控系统技术的特点。
3. 简述列车控制及监控系统的分类。
4. 简述 TCN 网络的结构。
5. 试述 ARCNET 网络的工作机制。
6. 简述 LonWorks 网络的特点。

参考文献

[1] 黄济荣.电力牵引交流传动与控制[M].北京:机械工业出版社,1998.

[2] 李永东.交流电机数字控制系统[M].北京:机械工业出版社,2002.

[3] 冯江华.轨道交通永磁同步牵引系统研究[J].机车电传动,2010(5).

[4] 王渤洪,石清伶.日本铁路机车车辆传动用永磁同步电动机的研究概述[J].机车电传动,2010(5).

[5] 冯晓云.电力牵引交流传动及其控制[M].北京:高等教育出版社,2009.

[6] 郑琼林,赵佳,攀嘉峰.直线电机轮轨交通牵引传动系统[M].北京:中国科学技术出版社,2010.

[7] 宋雷鸣.动车组传动与控制[M].北京:中国铁道出版社,2009.

[8] 秦娟兰,贾武通,龙明贵,等.城市轨道交通车辆电机[M].成都:西南交通大学出版社,2010.

[9] 彭俊彬.动车组牵引与制动[M].北京:中国铁道出版社,2009.

[10] 张喜全.列车牵引传动与控制[M].成都:西南交通大学出版社,2010.

[11] 陶生规,梁建英.城市地铁与轻轨车辆辅助系统综述[J].电力机车技术,2001,24(3).

[12] 康亚庆.地铁车辆辅助系统两种供电网络的分析[J].现代城市轨道交通,2009,27(4).

[13] 陶艳.列车网络控制技术原理与应用[M].北京:中国电力出版社,2010.

[14] 谢维达.电力牵引与控制[M].北京:中国铁道出版社,2010.

[15] 李国平.列车通信网络 WTB/MVB 与 LonWorks 的技术比较与应用[J].铁道车辆,2004,42(1).

[16] 彭权威.基于 LonWorks 的列车通信网络仿真研究[J].电子元器件应用,2010,12(10).

[17] 张元林.列车控制网络技术的现状与发展趋势[J].电力机车与城轨车辆,2006,29(4).

[18] 陈伟文,凌玉华,颜毅斌.CANopen 总线协议在地铁通信网络中的应用[J].可编程控制器与工厂自动化,2010(3).

[19] 王磊.列车网络控制系统的分析与研究[D].成都:西南交通大学,2008.

［20］左峰.基于 ARCNET 的列车控制网络的开发［D］.北京:北京交通大学,2009.

［21］张兴宝.西安地铁 2 号线车辆防空转/滑行系统［J］.电力机车与城轨车辆,2012(5).

［22］禹建伟,张兴宝.西安地铁 2 号线车辆牵引逆变器保护系统［J］.城市轨道交通研究,2013(3).

［23］张兴宝.浅析西安地铁 2 号线车辆停放制动原理及整改方案［J］.机车电传动,2012(5).